潮汕环线高速公路建设与创新

建设关键技术篇

李 勇 刘广宇 蒲春平 主编

人民交通出版社

北京

内 容 提 要

本书以潮汕环线高速公路工程为依托，结合全线建设条件，阐述了不同路段软基处理技术，榕江特大桥、韩江东特大桥及其他常规桥梁设计、施工及检测关键技术，华美山隧道与西环山隧道设计与施工关键技术、超前地质预报技术，互通立交结构形式与优化技术等建设成果。

本书内容丰富、数据翔实，可供从事桥梁和隧道工程设计、施工、科研、管理工作的人员和高等院校相关专业师生参考。

图书在版编目(CIP)数据

潮汕环线高速公路建设与创新.建设关键技术篇／李勇，刘广宇，蒲春平主编. — 北京：人民交通出版社股份有限公司，2024.11. — ISBN 978-7-114-19678-2

Ⅰ.U412.36

中国国家版本馆 CIP 数据核字第 2024CZ1546 号

Chaoshan Huanxian Gaosu Gonglu Jianshe yu Chuangxin:Jianshe Guanjian Jishu Pian

书　　名：	潮汕环线高速公路建设与创新：建设关键技术篇
著 作 者：	李　勇　刘广宇　蒲春平
责任编辑：	李　坤　李学会
责任校对：	赵媛媛　卢　弦
责任印制：	刘高彤
出版发行：	人民交通出版社
地　　址：	(100011)北京市朝阳区安定门外外馆斜街 3 号
网　　址：	http://www.ccpcl.com.cn
销售电话：	(010)85285857
总 经 销：	人民交通出版社发行部
经　　销：	各地新华书店
印　　刷：	北京科印技术咨询服务有限公司数码印刷分部
开　　本：	787×1092　1/16
印　　张：	19
字　　数：	380 千
版　　次：	2024 年 11 月　第 1 版
印　　次：	2024 年 11 月　第 1 次印刷
书　　号：	ISBN 978-7-114-19678-2
定　　价：	76.00 元

(有印刷、装订质量问题的图书，由本社负责调换)

本书编委会

主编

李 勇　刘广宇　蒲春平

参编单位及人员

广东潮汕环线高速公路有限公司

潘正中　黄群标　冯浩轩

中交公路规划设计院有限公司

易绍平　崔立川　黄月超

广西交通设计集团有限公司

韦作明　吴应升　王一汉

河海大学

贺冠军　李国维

北京支盘地工科技开发中心

张国梁　徐永洁

中交公路长大桥建设国家工程研究中心有限公司

过 超　付佰勇　励彦德

前言

潮汕环线高速公路是连接汕头、潮州和揭阳三市的高速公路通道，与深汕高速公路东段一起，形成了环绕整个汕头市的高速公路系统，使广东省东部地区（简称"粤东"）三市更为紧密地联系在一起，对加快形成粤东综合交通网络，实现粤东地区"五年大变化""十年大发展"目标有重要的推动作用。本书首先介绍了潮汕环线高速公路项目的工程概况，并系统总结了软基处理技术、桥梁工程设计与施工、隧道工程设计与施工、互通立交结构形式与优化技术等方面的技术成果。

本书由广东潮汕环线高速公路有限公司李勇、刘广宇、蒲春平担任主编。编写过程中，得到广东潮汕环线高速公路有限公司潘正中、黄群标、冯浩轩，中交公路规划设计院有限公司易绍平、崔立川、黄月超，广西交通设计集团有限公司韦作明、吴应升、王一汉，河海大学贺冠军、李国维，北京支盘地工科技开发中心张国梁、徐永洁，中交公路长大桥建设国家工程研究中心有限公司过超、付佰勇、励彦德等的帮助与支持，在此谨表谢忱。

限于编者水平，书中难免存在不妥之处，恳请读者批评指正。

编　者
2024 年 8 月

目录

1 工程概况 ·· 1
  1.1 建设条件 ··· 1
  1.2 工程范围和规模 ··· 8
  1.3 设计标准及主要技术指标 ··· 11
  1.4 全线主要工程量 ·· 22
  1.5 主要参建单位及标段划分 ··· 25

2 软基处理技术 ·· 28
  2.1 常用软基处理方法 ·· 28
  2.2 新型地基处理方法 ·· 36
  2.3 潮汕环线软基特点及方案比选 ··· 42
  2.4 牛田洋地区软基处理技术 ··· 47

3 桥梁工程设计与施工 ·· 59
  3.1 桥梁工程概况 ··· 59
  3.2 榕江特大桥设计与施工 ··· 85
  3.3 韩江东特大桥 ··· 145
  3.4 常规桥梁 ··· 165
  3.5 沿海深厚覆盖层桩基 ·· 182
  3.6 桥梁抗风 ··· 188

4 隧道工程设计与施工 ·· 216
  4.1 华美山隧道 ··· 216
  4.2 西环山隧道 ··· 229
  4.3 超前地质预报 ··· 239

5 互通立交 ··· 245
  5.1 互通形式 ··· 245
  5.2 交叉形式 ··· 259

1 工程概况

1.1 建设条件

潮汕环线高速公路是广东高速公路网规划"十纵五横两环"高速公路主骨架网中的加密线,是潮汕三市干线公路网的重要环线。全长 82.23km 的潮汕环线呈半环形穿过汕头、潮州、揭阳三市,将进一步优化粤东地区高速公路网布局,引领汕潮揭都市圈融合发展,加快融入粤港澳大湾区经济圈。

1.1.1 粤东地区经济发展规划

广东省位于我国大陆南部,地处北纬 20°08′~25°32′和东经 109°40′~117°20′之间,南北宽约 800km,东西长约 1000km,东邻福建省,北接江西省、湖南省,西抵广西壮族自治区,南临南海。广东省是我国经济最发达的省(区、市)之一,但广东省各地区经济发展并不平衡,除了珠三角地区外,其他地区的经济发展相对滞后。粤东地区一般特指潮州、汕头、揭阳、汕尾、梅州五个地级市。粤东地区拥有充足的土地、劳动力和水电资源,其土地面积占全省的 8.6%,人口占全省的 16.2%,但 2011 年生产总值仅占全省的 6.7%。粤东地区的经济发展水平与广东省经济发展平均水平相比仍有相当大的差距。

要实现粤东地区"五年大变化",并为"十年大发展"打下良好基础,需要完善的交通运输系统来支撑。潮汕环线高速公路是连接粤东五市中汕头、潮州、揭阳三市的高速公路,也是南澳岛与外界联系的高速公路,还连接了潮汕机场,把粤东的重要发展区域紧密地串联起来,对于加快沿线及粤东地区的工业化进程、推进现代农业发展、改变经济增长方式、促进区域协调发展和粤东一体化发展具有重要的意义。

1）汕头市经济发展目标

项目建设前,2014年汕头市实现生产总值1716亿元,较前一年增长9%,高于全国、全省平均增长水平。为贯彻广东省第十次党代会精神和粤东工作会议精神,汕头市按照"三年打基础,五年大变化,十年大发展"的总体部署,制定了战略任务,主要目的是打造东部城市经济带、工业经济带、生态经济带"三大经济带",其中工业经济带重点发展石化、能源、船舶等临港工业及装备制造业,配套现代物流业,为建设粤东新型工业中心提供发展空间和产业支撑。"三大经济带"强化提升粤东城镇群中心集聚辐射功能。

交通引领发展战略是汕头市城市发展六大战略规划之一,规划汕头带状都市向两端进一步延伸,南至揭阳普宁、北至潮州饶平,同时中部以主城区与揭阳、潮州主城区同城化畅达联系,构建"1主2副、1带2轴"汕潮揭一体化大都市区,三市以汕头为中心,有机衔接、合理分工、联动发展。

2）潮州市经济发展目标

潮州市地处广东省东部,东邻福建省,西连揭阳市,北通梅州市,濒临南海,是广东的"东大门"。围绕"加快转型升级,建设幸福潮州"的总体要求,为加快实现"五年大变化,十年大发展"的奋斗目标,潮州市构建了"一核、两带、八区"的潮州现代产业格局,形成分工协同、层次分明、错位发展的有机整体。力求现代化滨江城市功能更加完善,城市空间得到拓展,基本建成完善便捷的交通网络和公共基础设施。

3）揭阳市经济发展目标

揭阳市经济社会发展的主要目标是:经济持续快速发展、社会建设全面加强、民生福祉显著改善、发展环境日益优化、改革开放不断深化。

为实现经济发展规划,揭阳市设置了汕揭梅发展轴、揭潮发展轴和揭普惠发展轴。三条发展轴上的城镇是未来发展的重点,每条发展轴依托现有城镇基础,培育各自的服务核心和发展动力核心,形成带状组团式空间布局结构,在城镇之间保持必要的生态廊道和绿化隔离带。揭阳市还规划了"四带""九区"的空间布局,其中"四带"是指四大产业带,"九区"是指九大产业集聚区。这一布局旨在构建具有揭阳特色的现代产业经济格局。

1.1.2 公路交通规划

广东省综合运输体系"十二五"规划计划构筑以空港、海港和陆路交通站场枢纽为中心,以铁路干线、高速公路以及城际轨道交通为骨架,普通公路、内河航道和油气管道为基础,各种运输方式层次分明、衔接顺畅的一体化运输网络。进一步推进高速公路特别是国家高速公路粤境段和出省通道项目建设,继续完善珠三角高速公路网络,加强联系粤东西北与珠三角地区的高速公路建设,推进跨珠江口通道建设,增强珠江口东西两岸的联系。

广东省高速公路网总体规划方案是以"十纵五横两环"为主骨架,以53条加密联络线为补充,形成以珠江三角洲地区为核心,以沿海为扇面,以主要城市(港口)为龙头,向粤北山区和内陆省(区)辐射的高速公路网络,如图1-1所示。

粤东地区运输体系是广东省运输体系的重要组成部分,总体战略目标如下:粤东地区形成以海港(汕头港、汕尾港、潮州港、揭阳港)、空港(揭阳潮汕机场)、厦深铁路潮汕站等为中心,铁路、高(快)速公路以及城际轨道交通为骨干,普通公路为基础,内河航道为补充,各种运输方式相互衔接,内外联系紧密,层次

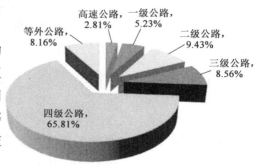

图1-1 2013年广东省公路等级构成示意图

分明、布局完善、结构优化、功能完备,安全、便捷、环保、开放的现代化综合交通运输体系;粤东地区范围内实现1小时交通圈。

1)汕头市交通运输发展规划

根据汕头市修编的《汕头市干线公路网规划(2006—2020年)》,干线公路网总体发展目标是:以建设区域性中心城市、经济强市,形成粤东城镇群中心的战略定位为基本出发点,全面提高公路网络化水平和技术等级,形成由国道、省道和重要县乡公路组成,以高速公路、快速公路为骨架,外连粤东主要城市、内沟通城市中心区、周边区县、港口、机场、物流园区、客货站场、重要旅游景点、大型工业园区的公路网络,2010年初步实现公路网络现代化;2015年实现市域1小时经济圈、粤东地区2小时经济圈;到2030年,建成能力充分、结构合理、衔接顺畅、层次分明、运行高效、服务优质、绿色发展的现代化综合交通运输体系。

2)潮州市交通运输发展规划

潮州市公路干线发展目标是,到2025年高速公路所占比重有较大幅度增长,公路技术等级再上一个台阶。

3)揭阳市交通运输发展规划

根据《揭阳市公路网规划(2006—2030年)》,揭阳市公路网规划总体目标为:揭阳市公路网络进一步完善,高速公路主骨架网络、干线公路网络全面形成,全市公路网络总体功能完善、层次分明、布局合理,高速公路外联各市、内通各区县和重要经济开发区,高等级公路与各乡镇等重要结点相连,农村公路通行顺畅、便捷;公路网络完全能够适应社会经济发展需要,公路运输不但能够很好地满足社会经济发展需要,而且能适当超前社会经

济的发展。

潮汕环线高速公路横贯汕头市,连接了粤东四市中的汕头市、潮州市和揭阳市,承担了长途、中途、短途三部分交通功能。潮汕连接线的建设打通了汕头、揭阳这两个粤东经济增长中心的快速运输通道,并有效拉近了汕头与揭阳中心城区的距离,加强了汕头与揭阳的交通联系,促进了两市的合作发展。

1.1.3 自然地理条件

1) 地形地貌

潮汕环线高速公路选线所处地形较简单,地势起伏明显,以三角洲冲积平原为主,约占全区域面积的68%,丘陵、台地面积次之,约占32%。潮汕环线高速公路选线与区内山体和河流的走向多数呈大角度斜交。丘陵区地表岩石风化较弱,山体表面可见大量砖石。平原区地形平坦,水网密集,城镇、村庄、湿地和农田密布。受地质构造的影响,山地、河流谷地、水库主要呈北西—南东方向展布。

潮汕环线高速公路选线大都从韩江、榕江冲洪积平原区及河流谷地通过,多为农田、鱼塘及村舍。平原及河谷由韩江、榕江和其支流及其他一些小河流侵蚀、冲积而成,主要由第四系三角洲沉积、港湾式三角洲沉积、海成堆积、河流冲洪积而成的软土、粉质黏土、砂层、卵石、砂质黏土组成。汕梅共线路段大部分位于低山丘陵地貌区,地形起伏变化较大。

2) 气象

潮汕环线高速公路所处位置属南亚热带季节风气候,为华南沿海台风区(Ⅳ南),处于赤道低气压带和副热带高气压带之间,在东信风区之中;地处亚欧大陆的东南端,受海陆的影响很大;冬半年常吹偏北风,夏半年常吹偏南风或东南风,是明显的季风区;夏季又处于西北太平洋低纬度地区台风盛行区域中。

常年雨水充沛,无霜期长,春季潮湿,阴雨日多;初夏气温回升,冷暖多变,常有暴雨,盛夏虽高温但少酷暑,常受台风袭击;秋季凉爽干燥,天气晴朗,气温下降明显;冬季无严寒,但有短期寒冷。年日照2000~2500h,日照最短为3月份。年降雨量1300~1800mm,多集中在4—9月份。年平均气温21℃,年平均最低气温在0℃以上,最高气温36℃。最高气温多出现于7月中旬至8月初受太平洋副热带高压控制期间。

3) 水系

潮汕环线高速公路所在区域水系发达,属韩江和榕江水系,如图1-2和图1-3所示。公路选线所经地段水库不多,主要为汕梅高速公路共线路段的新安水库。新安水库位于桑浦山麓东侧,距离高速公路共线段约370m,在桩号K34+060(汕梅桩号K20+120)的附近,属于灌溉用水库,为小型水库。

图1-2 韩江　　　　　　　　　　图1-3 榕江

4）水文地质

潮汕环线高速公路地理位置属于南亚热带季节风气候，年平均降水量在1300～1800mm之间，因此终年无雪少霜，地表水水系发育，地下水的补给充沛。丘陵地区基岩裂隙发育，河谷和平原地区地形平坦，有利于大气降水的渗入补给和汇集，从而有利于形成丰富的地表水以及地下裂隙水、孔隙水及断裂破碎带状水。每年的4—9月为汛期，雨水集中，常伴有洪水出现，与本区地形和降雨情况有关。根据地下水的赋存特征，场区内地下水类型可分为第四系松散层类孔隙水及基岩裂隙水两类。

潮汕地区江河水质状况一般，2010年度汕头市河流监测评价结果表明，属Ⅱ类和Ⅲ类水质的断面有3个，Ⅳ类水质断面1个，Ⅴ类水质断面1个，劣Ⅴ类水质断面4个，练江汕头段水质污染严重。对潮汕地区江河水进行水样勘探，所取地表水样中，对混凝土具微腐蚀性样品2件、弱腐蚀性样品2件；对混凝土结构中的钢筋具微腐蚀性样品1件，弱腐蚀性样品1件，中等腐蚀性样品2件。环境作用等级为B～D级。

5）地震和新构造运动

潮汕环线高速公路选线区域属于华南中、新生代大陆活化造山带的组成部分。该区地壳在地质历史上经过多期构造运动的改造，岩浆活动强烈，断裂构造发育，构造线延伸主要呈北西—南东方向和北东—南西方向。总体上看，区内北西向断裂为控制性断裂构造，对线路影响较大，北东走向断裂次之。选线地区在新构造区划上位于潮汕第四纪断陷盆地区。区内断裂虽然均形成于第四纪之前，但在第四纪时期仍有一定的活动性，主要表现为正断层方式活动。

根据《中国地震动参数区划图》（GB 18306—2015）及本项目地震安全性评价报告，项目区地震基本烈度大部分为8度，仅潮汕连接线K10至终点地震基本烈度为7度；地震动峰值加速度大部分为0.20g，仅潮汕环线高速公路K74至终点地震动峰值加速度为

$0.15g$，拟建高速公路工程的重要构造物应提高1度进行抗震设防。

6) 沿线地层岩性

沿线地层主要分为沉积层和岩浆岩，沉积岩在区内地层以第四系最常见，不仅分布面积广，而且厚度大，主要分布在平原三角洲和各河谷中。

7) 不良地质与特殊性岩土

潮汕环线高速公路选线地段内可能出现的不良地质问题主要有断裂破碎带、滑坡、崩塌、水土流失、泥石流、饱和砂土液化、放射性花岗岩、孤石、岩爆及高地温、潜在的浅层气等。特殊性岩土主要有软土、高液限土、膨胀性岩土等。

8) 工程地质分区

根据地形地貌、地质构造、地层年代成因、岩性组合及地层岩土工程特征，结合工程地质调绘、勘探及试验成果，将潮汕环线高速公路全线划分为第四系松散土类冲积平原区（Ⅰ区）、第四系松散土类山间洼地区（Ⅱ区）、丘陵坚硬岩基岩区（Ⅲ区）三个工程地质分区。

Ⅰ区主要工程地质问题为软基问题及桥位区分布的饱和砂土液化问题，Ⅱ区主要工程地质问题为基岩球状风化孤石及桥位区分布的饱和砂土液化问题。这两区基本无影响公路工程场地稳定性的不良地质存在，工程地质条件尚可，适宜进行公路工程的建设。

Ⅲ区路基、桥梁、隧道工程地质条件尚好，边坡工程地质条件稍差，区内总体工程地质条件一般。本区的不良地质和特殊性岩土主要是崩塌、水土流失、放射性花岗岩、高液限土、基岩球状风化孤石等。

1.1.4 制约建设方案的主要因素

1) 沿线城镇规划对路线方案的影响

潮汕环线高速公路起点潮南井都段沿线人口、房屋分布密度不大，一般沿国、省道的城镇和居民点分布相对稠密。该段路线主要沿山及空阔未规划地段进行布线，区域的建设和规划主要围绕乡镇周围，对路线方案的影响较小。

汕头市金平区与揭阳市空港区交界处是汕头市规划的中部经济带，应考虑线路对经济带的影响最小；潮阳、潮南区的城镇及规划布局呈四边形。东面的潮阳市区，路线方案选择要兼顾北面沿G324分布的乡镇、西面沿S237分布的乡镇、南面沿S337和深汕高速公路之间规划的工业区这四个片区的整体布局，做到服务范围最广。

2) 沿线重大建筑物对公路建设的影响

潮汕环线高速公路所经的各区镇，近10年来城市建设和基础设施建设发展很快，给高速公路的实施带来了一定的难度。在高速公路建设实施过程中,存在拆迁祠堂、祖坟等情况,由于潮汕地区居民有深厚的文化传统和乡土观念,项目推进过程中存在较多的困难。为避免对沿线经过的主要道路、建(构)筑物等的影响和干扰,路线需适当绕避,但这样工程量有所增加,特别是增加了交叉设置难度,扩大了部分互通式立体交叉(简称互通立交)的规模。

3)沿线河流、文物古迹、农林水利设施等对路线方案的影响

潮汕环线高速公路一期工程跨越的河流主要为榕江、练江;二期工程跨越的河流主要为韩江干、支流,均通过架设桥梁横跨,走廊内无明显的文物古迹。位于一期工程影响区内的较大型水库为汕头市潮阳区的河溪水库、新丰水库、新铺水库、青官水库,路线方案应尽可能绕避水库,其中青官水库为灌溉水库,对其影响较小。二期工程影响区内的较大型水库为汕梅高速公路西侧的新安水库,路线保持汕梅高速公路既有平纵面,距离该水库约370m,该水库为灌溉水库,影响较小。

4)农、林业布局对路线方案的影响

潮汕环线高速公路部分区段对农、林布局有一定的影响,为适应农、林布局的需要,需要设置合理的跨河和排灌桥涵设施,以保持原有的排灌体系;为了将对环境的影响降到最低,考虑采取合理的防护设施,并通过植草种树等绿化方式,恢复原有的自然景观。

5)征地拆迁对路线方案的影响

拟建的潮汕环线高速公路建设里程长,占用土地较多。路线方案选择时,本着"十分珍惜和合理利用每寸土地,切实保护耕地"的基本方针,贯彻执行"最严格的耕地保护制度",以尽量少占耕地、良田和经济林,减少拆迁工程量为原则,尽可能利用山体和坡脚地。

线路沿线局部地区房屋较为密集,对路线方案的影响较大,路线方案布设应从房屋最为稀薄处,以最短的距离通过。结合当地的规划,规划道路采用高架形式,以减少拆迁量。

1.1.5 筑路材料及运输条件

潮汕环线高速公路沿线地形以平原、微丘为主,路基填料相对欠缺,因此采用集中设置取土坑和利用路基开挖土石方填筑路基的方式,土质一般为低液限黏土,取土场运距相对较大。选择取土坑时本着节约用地的原则,选择高岗荒地或结合当地土地开发综合利用规划。

潮州、汕头、揭阳市的石料资源较丰厚,多为花岗岩,质地坚硬,规格齐全,能满足工程需要。工程中需要的大量砂石可部分自产,可部分外购。韩江主流及外砂河均蕴藏着丰富的河砂,年均输入砂量719万t,是汕头市建筑材料的主要来源。河砂多为中粗砂,储量丰富,砂质纯净,矿物成分以石英为主,其次为长石等,不含侵蚀性矿物,级配良好,杂质

少，可作为路基填料及水泥混凝土用砂。

工程中所需要的沥青、木材、钢材和水泥主要由市场供应。近几年汕头市基础设施飞速发展，汕头水路运输发达，是国内唯一拥有内海湾的港口城市，厦汕铁路、广澳港疏港铁路、深汕高速公路、汕汾高速公路、G206、G324、S231、S232、S233、S335与全国铁路、公路形成网络，交通方便，外购材料可直达现场。另外，沥青混凝土路面面层应采用进口优质沥青。沿线水资源较为丰富，水质纯净，对混凝土无侵蚀性，可直接作为工程用水。

1.1.6 拟建项目与其他交通的衔接

潮汕环线高速公路影响区域的主要公路有深汕高速公路、汕梅高速公路、汕汾高速公路，准备在建的汕湛高速公路、潮惠高速公路，G206、G324、S231、S232、S233、S335、金鸿公路等。潮汕环线高速公路均与这些高速公路、国(省)道相交并设互通立交，将汕头境内及周边的干线公路和高速公路网间紧密连接起来。环线通过既有或规划公路与铁路的站场相连，形成公路、铁路立体交通运输网络。

项目区域内主要河流均通航，汕头境内主要港口为马山港、广澳港、海门港、石港、南澳港；潮州境内主要港口为潮州港；揭阳境内主要港口为揭阳港、神泉港和靖海港。潮汕环线高速公路的建成，完善了粤东地区的高速公路网，方便疏导粤东地区的港口交通和物资集散。

潮汕环线高速公路区域内有揭阳潮汕国际机场和汕头外砂国际机场，汕头外砂国际机场民航业务整体转移到揭阳潮汕国际机场，其投产后对整个粤东地区的交通格局将产生较大影响。潮汕环线高速公路建成后，通过便捷的干线道路网络与汕汾、汕梅、深汕、汕湛、潮惠等高速公路和G206、G324进行交通转换，可快速抵达机场，从而承担粤东地区空运客、货的部分集散任务。

1.2 工程范围和规模

1.2.1 工程地理位置

潮汕环线高速公路位置如图1-4所示。

潮汕环线高速公路是汕头市干线公路网规划中的第二环线，从汕头、潮州、揭阳三市之间的三角区域通过，成为继汕梅高速公路后又一条紧密联系粤东三市的高等级公路；与深汕高速公路东段一起，成为环绕汕头中心城区的环形高速公路，有效地连接了澄海、潮阳等汕头重要市(区)，因此潮汕环线高速公路是对粤东干线路网布局的完善与提升。

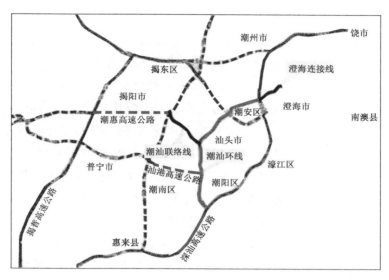

图 1-4 潮汕环线高速公路位置示意图

1.2.2 工程规模

潮汕环线高速公路一期工程起点位于揭阳市揭东县(现为揭东区)的地都镇溪头村，路线呈北南走向，连接揭阳、汕头两市。

潮汕环线高速公路二期工程主路线呈东西走向，经过汕头市澄海区，潮州市湘桥区、潮安区，揭阳市空港区。

1）潮汕环线高速公路项目一期、二期工程总建设规模

(1) 主线。路线全长约58.67km，共设桥梁49156m/36座，均为特大桥、大桥，共设隧道4座，长5177m，桥隧总长度为54.33km，占路线总长度的92.61%。主线共设互通立交13座，其中与高速公路相接的枢纽立交5座，一般立交8座(含1座预留)。

(2) 汕梅共线段。路线全长10.832km，共设桥梁1765.5m/16座(含主线上跨分离)，其中大桥1015.5m/3座，中小桥750m/13座，桥梁占路线长度的比例为16.3%。汕梅共线段设互通立交1座。

(3) 潮汕联络线。路线全长15.718km，共设桥梁15275m/10座(含主线上跨分离)，均为特大桥、大桥，桥梁占路线长度的比例为97.18%。潮汕联络线共设互通立交3座，其中与高速公路相接的立交2座，与地方道路相接的立交1座。

(4) 澄海连接线。路线全长7.851km，共设桥梁971m/11座(含主线上跨分离)，其中大桥1座，中桥10座，桥梁占路线长度的比例为12.37%。

全线设匝道收费站8处，主线收费站1处，管理中心1处，养护工区1处，不设服务区。

2）一期工程规模

潮汕环线高速公路一期起点位于揭阳市空港区的地都镇溪头村附近，设溪头枢纽互通立交与已建成通车的汕梅高速公路相接，路线呈北东—南西走向，终点位于潮南区井都镇，设牛路枢纽互通立交与建成通车的深汕高速公路相接。

潮汕环线高速公路一期从起点处向西在军民村上跨建成通车的汕梅高速公路，然后路线偏西南方向前进，在新寮上跨G206和金凤规划路，然后跨越榕江偏西方向进入潮阳区境内，经西胪镇、河溪镇、金浦街道，在河溪水库以东上跨S234进入西环山，然后偏南方向前进，在河溪镇上坑村上跨待建的汕湛高速公路，在金浦街道寨外村上跨G324，在南门村南面上跨练江，然后进入潮南区境内，经井都镇，路线继续向南前进，在井都镇神山村上跨S337，然后在牛路接已建成通车的深汕高速公路。

本项目一期工程主线全长36.424km，路线经过揭阳空港区、汕头金平区、潮阳区和潮南区；潮汕联络线均位于汕头潮阳区。沿线经过地区主要为平原区和低山区。主线共设桥梁28188m/22座（含主线上跨分离），均为特大、大桥，全线共设隧道4座，共计5177m，桥隧总长度33365m，桥隧占路线长度的比例为91.6%。

3）二期工程规模

潮汕环线高速公路二期工程起点与澄海连接线对接，起点桩号为K0+000，路线往西沿着饶砂村、井美村、园山村南侧布线，在侯邦七落古建筑群北侧50m处布线，随后在饶砂村西南侧设置磷溪互通立交，在江东华侨中学以西设置江东互通立交，两个互通立交分别服务于潮州新区核心区以南和西部的交通出行，路线在K9+300处在二级水源保护区以北约150m处跨越韩江，经过下新安村以南的空地布线，路线偏向西南方向，跨越东升添福学校南侧的规划梅汕高铁动车应用所，然后沿着后郭村、银湖村、大吴村之间布线，经过文成珠袋、文成胶石、萌煌珠饰等工厂区，在松昌中学西北侧约50m处通过，紧接着路线跨过潮汕公路，在K15+650处设置浮洋互通立交与兴潮大道相接，随后，路线高架于兴潮大道，与兴潮大道共线高架路段长度约为3.5km，最后，路线进入揭阳市揭东县境内，在汕梅高速公路登岗互通立交以南约300m处与汕梅高速公路T形交叉，设置登岗互通立交（Y形）与原登岗互通立交形成复合式互通立交，本项目二期工程的设计终点为K22+242.676，新建主线路线长度为22.242km。

潮汕环线高速公路二期工程主线起点对接澄海连接线，经过汕头市澄海区，潮州市湘桥区、潮安区，揭阳市揭东区，主要控制点为：

(1)汕头段：厦深高铁—汕汾高速公路—上北村。

(2)潮州段：磷溪镇—韩江东溪—X051—江东镇—韩江西溪—二级水源保护区—水源保护区—汕梅高铁动车应用所—松昌中学—潮汕公路—兴潮大道—登岗互通立交—汕

梅高速公路—汕梅高铁。主线全长22.242km,共设桥梁20968m/14座(含主线上跨分离),均为特大、大桥,桥隧占路线长度的比例为94.27%,主线共设互通立交5座,包括与高速公路相接的枢纽立交2座,一般立交3座。

汕梅共线段位于原汕梅高速公路登岗互通立交(新建玉湖互通立交)与潮汕环线一期起点(溪头互通立交)之间,位于潮安区,主要控制点:登岗互通立交—五嘉陇大桥—沙溪互通立交—溪头互通立交。汕梅共线段设互通立交1座。

澄海连接线主控点:G539—莲花镇—奕东村—下北村—厦深高铁。澄海连接线全长7.851km,共设桥梁971m/11座(含主线上跨分离),其中大桥1座,中桥10座,桥梁占路线长度的比例为12.37%。

1.3 设计标准及主要技术指标

1.3.1 技术指标

根据潮汕环线高速公路的性质、沿线地形地貌、地质、交通量预测、通行能力和服务水平评价结果,从可持续发展的角度出发,结合使用效益等情况,潮汕环线一期工程方案全线设计速度为100km/h,起点至汕湛高速公路(K33+085~K53+775)采用双向六车道高速公路标准,路基宽33.5m,汕湛高速公路至终点(K53+775~K69+940)采用双向四车道高速公路标准,路基宽26m;潮汕联络线设计速度均为100km/h,采用双向四车道高速公路标准,路基宽26m,行车道、中间带、硬路肩、土路肩宽度按《公路工程技术标准》(JTG B01—2014)的有关要求确定,桥涵与路基同宽。主要技术指标见表1-1。

主要技术指标(一期)　　　　　　　　　　　　　表1-1

项目		单位	指标			
			潮汕环线		潮汕连接线	
道路等级			高速公路		高速公路	
设计速度		km/h	100		100	
			规范值	采用值	规范值	采用值
车道数			6(4)		4	
路基宽度		m	33.5(26)	33.5(26)	26	26
停车视距		m	160	160	160	160
平面指标	一般最小半径	m	700	1000	700	1000
	不设超高的最小半径	m	4000	4500	4000	—
纵面指标	最大纵坡	%	4	3.45	4	1.5
	最小坡长	m	250	275	250	600
桥涵设计荷载			公路-Ⅰ级	公路-Ⅰ级	公路-Ⅰ级	公路-Ⅰ级
地震动峰值加速度		m/s²	0.2g	0.2g	0.2g	0.2g

根据潮汕环线高速公路的性质、沿线地形地貌、地质、交通量预测、通行能力和服务水平评价结果,从可持续发展的角度出发,结合使用效益等情况,潮汕环线二期全线(K0+000～K22+242)设计速度为100km/h,采用双向四车道高速公路标准;汕梅高速公路共线段对应汕梅高速公路桩号范围(K14+425.665～K25+257.868,长10.832km)设计速度为100km/h,远期应采用双向八车道高速公路标准,近期维持双向四车道高速公路标准;澄海连接线(CLK0+000～CLK7+851,长7.851km)设计速度为80km/h,采用双向四车道一级公路标准。行车道、中间带、硬路肩、土路肩宽度按《公路工程技术标准》(JTG B01—2014)有关要求确定,桥涵与路基同宽。主要技术指标见表1-2。

主要技术指标(二期)　　表1-2

项目		单位	指标					
			潮汕环线		汕梅共线段		澄海连接线	
道路等级			高速公路		高速公路		一级公路	
设计速度		km/h	100		100		80	
			规范值	采用值	规范值	采用值	规范值	采用值
车道数			4		8		4	
路基宽度		m	26	26	41	41	24.5	24.5
停车视距		m	160	160	160	160	110	110
平面指标	一般最小半径	m	700	1062.55	700	1550.84	400	1100
	不设超高的最小半径	m	4000	—	4000	4500	2500	—
纵面指标	最大纵坡	%	4	2.8	4	2.0	5	2.257
	最小坡长	m	250	500	250	410	200	350
桥涵设计荷载			公路-I级	公路-I级	公路-I级	公路-I级	公路-I级	公路-I级
地震动峰值加速度		m/s²	0.2g	0.2g	0.2g	0.2g	0.2g	0.2g

注:地震动参数是根据《广东省地震烈度区划图》暂定,其具体参数应根据《地震安全性评估报告》再行确定。

1.3.2 设计规范

本工程的勘察设计过程和成果必须符合国家有关工程建设标准强制性条文和交通运输部关于公路勘察设计方面现行的标准、规范、规程、定额、办法、示例以及招标项目所在地关于公路工程勘察设计方面的文件、规定。

在勘察设计工作中必须使用我国《工程建设标准强制性条文》(公路工程部分)和表1-3所示标准、规范(不限于)。

设计标准、规范　　　　　表 1-3

序号	标准、规范名称	编号
1	公路工程技术标准	JTG B01—2014
2	公路工程名词术语	JTJ 002—1987
3	公路自然区划标准	JTJ 003—1986
4	公路桥梁抗震设计细则①	JTG/T B02-01—2008
5	公路建设项目环境影响评价规范	JTG B03—2006
6	公路环境保护设计规范	JTG B04—2010
7	公路勘测规范	JTG C10—2007
8	公路工程地质勘察规范	JTG C20—2011
9	公路工程卫星图像测绘技术规程	JTG/T C21-02—2014
10	公路立体交叉设计细则	JTG/T D21—2014
11	公路工程抗震规范	JTG B02—2013
12	公路水泥混凝土路面设计规范	JTG D40—2011
13	公路工程水文勘测设计规范	JTG C30—2015
14	公路土工试验规程②	JTG E40—2007
15	公路路线设计规范	JTG D20—2017
16	公路路基设计规范	JTG D30—2015
17	公路沥青路面设计规范	JTG D50—2017
18	公路水泥混凝土路面设计规范	JTG D40—2011
19	公路排水设计规范	JTG/T D33—2012
20	公路桥涵设计通用规范	JTG D60—2015
21	公路圬工桥涵设计规范	JTG D61—2005
22	公路钢筋混凝土及预应力混凝土桥涵设计规范③	JTG D62—2004
23	公路桥涵地基与基础设计规范④	JTG D63—2007
24	公路钢结构桥梁设计规范	JTG D64—2015
25	公路隧道设计规范⑤	JTG D70—2004
26	公路隧道照明设计细则	JTG/T D70/2-01—2014
27	公路隧道通风设计细则	JTG/T D70/2-02—2014
28	公路交通安全设施设计规范	JTG D81—2017
29	公路工程混凝土结构防腐蚀技术规范⑥	JTG/T B07-01—2006
30	公路项目安全性评价规范	TG B05—2015
31	公路工程结构可靠度设计统一标准	GB/T 50283—1999
32	道路工程制图标准	GB 50162—1992
33	公路工程基本建设项目设计文件编制办法	交公路发〔2007〕358号

续上表

序号	标准、规范名称	编号
34	公路工程基本建设项目概算预算编制办法⑦	JTG B06—2007
35	公路工程概算定额⑧	JTG/T B06-01—2007
36	公路工程预算定额⑨	JTG/T B06-02—2007
37	公路工程机械台班费用定额⑩	JTG/T B06-03—2007
38	公路工程建设项目用地指标	建标〔2011〕124号
39	长途通信干线电缆线路工程设计规范	YD 2002—1992
40	通信线路工程设计规范	YD 5102—2010
41	电信网光纤数字传输系统工程施工及验收暂行技术规定	YDJ 44—1989
42	通信局(站)防雷与接地工程设计规范	YD 5098—2005
43	通信管道工程施工及验收规范⑪	GB 50374—2006
44	民用闭路监视电视系统工程技术规范	GB 50198—2011
45	数据中心设计规范	GB 50174—2017
46	国际电工协会系列标准	ITU-T
47	建筑物防雷设计规范	GB 50057—2010
48	民用建筑电气设计规范	JGJ 16—2008
49	市内通信全塑电缆线路工程设计规范	YDJ 9—1990
50	通信线路工程验收规范	YD 5121—2010
51	电气装置安装工程电缆线路施工及验收规范⑫	GB 50168—2006

注：①该规范现行版本为《公路桥梁抗震设计规范》(JTG/T 2231-01—2020)。
②该规范现行版本为《公路土工试验规程》(JTG 3430—2020)。
③该规范现行版本为《公路钢筋混凝土及预应力混凝土桥涵设计规范》(JTG 3362—2018)。
④该规范现行版本为《公路桥涵地基与基础设计规范》(JTG 3363—2019)。
⑤该规范现行版本为《公路隧道设计规范 第一册 土建工程》(JTG 3370.1—2018)。
⑥该规范现行版本为《公路工程混凝土结构耐久性设计规范》(JTG/T 3310—2019)。
⑦该规范现行版本为《公路工程基本建设项目概算预算编制办法》(JTG 3830—2018)。
⑧该规范现行版本为《公路工程概算定额》(JTG/T 3831—2018)。
⑨该规范现行版本为《公路工程预算定额》(JTG/T 3832—2018)
⑩该规范现行版本为《公路工程机械台班费用定额》(JTG/T 3833—2018)。
⑪该规范现行版本为《通信管道工程施工及验收标准》(GB/T 50374—2018)。
⑫该规范现行版本为《电气装置安装工程 电缆线路施工及验收标准》(GB 50168—2018)。

1.3.3 预测交通量

通过对项目影响区社会经济、交通运输现状及发展规划的调查分析，预测交通量一期工程结果见表1-4，二期工程结果见表1-5，预测特征年为2021年、2025年、2030年、2035年、2040年、2045年。

一期工程交通量预测（单位：veh/d）　　　　　表1-4

路段	起点	终点	里程(km)	2021年	2025年	2026年	2027年	2028年	2029年	2030年	2040年	2045年
潮油环线主线	牛路立交	井都立交	1.946	13452	19446	20316	21642	22656	23635	25178	33348	36729
	井都立交	舵岗立交	3.600	16412	23725	24874	26498	27509	28805	30686	40643	44763
	肿岗立交	金浦立交	3.100	17198	24860	26084	27787	28881	30267	32244	42706	47035
	金浦立交	华阳立交	7.500	21073	30462	32051	34144	35253	36955	39369	52143	57429
	华阳立交	河溪立交	4.515	27578	39865	41669	44390	45168	47418	44514	58958	64935
	河溪立交	桑田立交	3.285	28803	41636	43555	46399	47309	49698	46944	62175	68479
	桑田立交	舵西立交	6.943	27836	40239	43267	46092	46982	49350	46572	61684	67937
	能西立交	溪头立交	5.100	26022	37617	40473	43116	43812	45973	42975	56919	62689
潮汕连接线	金灶立交	西胪立交	9.925	16534	23901	25459	27119	28287	29931	31885	42227	46234
	西胪立交	桑田立交	5.443	16984	24551	26154	27862	29081	30780	32790	43430	47833
全线平均	全线平均		51.37	21385	30914	32778	34918	35926	37770	37918	50220	55258
	增长率(%)		—	—	9.66%	5.88%	6.53%	2.44%	4.91%	1.54%	2.86%	1.95%
分段平均	主线平均		35.99	23389	33810	35798	38136	39068	40988	40357	53451	68870
	主线六		19.24	27471	39711	42233	44991	45809	48100	45241	59920	65995
	主线四		16.75	18371	26556	27891	29712	30785	32249	34354	45502	50114
	潮汕联线		15.37	16693	24131	25705	27382	28568	30232	32206	42653	46800

二期工程交通量预测（单位：veh/d）　　　　　表1-5

路段	起点	终点	里程(km)	2021年	2025年	2026年	2027年	2028年	2029年	2030年	2040年	2045年
潮汕环线主线	溪头立交	沙溪立交	4.174	40625	56583	59766	62891	65890	69061	72518	96048	105785
	沙溪立交	登岗立交	6.658	38645	54011	57077	60079	62950	65985	69302	91789	101094
	登岗立交	浮洋立交	5.614	21645	31931	33188	35097	36826	38668	40736	53954	59424
	浮洋立交	江东立交	7.230	20090	29683	30793	32546	34109	35773	37652	49869	54925
	江东立交	磷溪立交	4.510	18726	27712	28692	30309	31725	33234	34947	46286	50978
	磷溪立交	上北立交	3.090	17898	26515	27417	28950	30278	31692	33305	44111	48583
澄海连接线	上北立交	莲花立交	6.120	12399	18566	20409	21485	23245	24919	26090	34555	38058
	莲花立交	起点	2.700	7685	11751	13150	13751	15006	16143	16740	22172	24420
全线平均	全线平均		40.10	23195	33468	35240	37151	39079	41082	43157	57160	62955
	增长率(%)		—	—	9.60%	5.29%	5.43%	5.19%	5.13%	5.05%	2.85%	1.95%
分段平均	共线段主线		10.83	39408	55002	58113	61163	64083	67170	70541	93430	102902
	新建主线		21.26	19885	29387	30477	32210	33750	35391	37245	49330	54331
	澄海连接线		8.003	10956	16479	18187	19117	20723	22233	23228	30764	33883

在交通量预测结果和技术标准依据的指导下，同时将以下因素作为拟定设计技术标准的重要影响因素：沿线地质状况；沿线地形地貌；沿线城镇的规划发展；对环境影响的考虑；沿线其他重要的交通干线、水利、电力、通信等公共设施位置；对大型结构物的考虑；对工程造价的考虑；所连接的高速公路及相关国、省道的技术标准。

1.3.4　技术标准选择的评价指标

公路设施的主要功能是为车流便捷、快速、安全地运行提供良好的条件和环境，国家颁布的公路设计标准和规范也正是从这一基本原则出发。公路流通功能最直接的反映指标为公路通行能力和服务水平，这两项指标实际上也是对公路基本功能的综合反映。通行能力能满足远景交通量，是对工程技术标准的基本要求；而服务水平则从车辆运行状态的角度，对工程技术标准提出了更全面的要求。

通行能力是实现服务水平的基础，对通行能力的要求，最终体现于服务水平的满足程度上。因此对服务水平的要求已经包含了对通行能力的要求。如果所选择的设计标准在满足技术经济要求的前提下，既能提供足够的通行能力，又能保证车辆的快速和顺畅，则所选择的技术标准就是合理和可行的。因此，本工程以服务水平作为技术标准论证的主要评价指标。

1.3.5　技术标准的论证

1）公路等级的认定

公路根据使用任务、功能和适应的交通量分为高速公路、一级公路、二级公路、三级公路、四级公路五个等级。各级公路远景设计年限年平均昼夜交通量见表1-6。

各级公路远景设计年限年平均昼夜交通量（单位：veh/d）　　　　表1-6

公路等级	适应交通量范围	备注
高速公路	>15000	折算成小客车
一级公路	>15000	折算成小客车
二级公路	5000~15000	折算成小客车
三级公路	2000~6000	折算成小客车

从交通量预测分析结果来看，潮汕环线一期工程远景交通量预测（折合成小客车）全线平均值为53451veh/d，根据《公路工程技术标准》（JTG B01—2014）满足高速公路能适应的年平均日交通量要求；潮汕连接线远景交通量预测（折合成小客车）全线平均值为42653veh/d，根据《公路工程技术标准》（JTG B01—2014）满足一级公路能适应的年平均

日交通量要求。因此通过使用任务、功能和适应的交通量三方面综合分析，潮汕环线的公路等级采用高速公路的标准，潮汕连接线的公路等级采用一级公路的标准。

从交通量预测分析结果来看，潮汕环线二期工程远景交通量预测（折合成小客车）全线平均值为49330veh/d，根据《公路工程技术标准》（JTG B01—2014）满足高速公路能适应的年平均日交通量要求；澄海连接线远景交通量预测（折合成小客车）全线平均值为30764veh/d，根据《公路工程技术标准》（JTG B01—2014）满足一级公路能适应的年平均日交通量要求。潮汕环线的公路等级采用高速公路的标准，澄海连接线的公路等级采用一级公路的标准。

2）设计速度的确定

潮汕环线高速公路建设里程长，所经区域地形、地质条件复杂多变，各路段控制因素各不相同。路线多次穿越河流、隧道、桥梁等结构物及互通立交，为减少占用耕地和降低对地方规划的影响，大部分路段经过城镇房屋密集区，设计速度受沿线民房布局制约性较大。

设计速度除了主要依据地形条件、地质条件、通行能力和工程规模确定外，同时还应考虑以下因素：

（1）宜与地形、地质条件和其他控制条件相适应，不宜过分强调高标准而造成高填深挖和工程造价的大幅提高，也不宜为过度迁就局部地形或个别控制因素而降低设计标准，影响到公路的使用功能，且应与前后衔接的高速公路相协调。

（2）前后路段能相互衔接，设计速度的变化应以20km/h为一级，分级逐步调整，避免技术标准出现突变。

（3）分段应有一定的长度，避免频繁地调整设计标准，设计路段的划分不宜小于15km。

（4）保证运行速度与设计速度协调性，同一路段设计速度与运行速度差值不应大于20km/h。

（5）本项目路线设计里程较长，沿线所经区域城镇密集，相关规划影响因素多，因此宜以适当高的标准进行控制，并纳入地方规划中，为后续实施预留空间。

3）相邻公路的设计速度

潮汕环线一期起点接汕梅高速公路，终点与深汕高速公路相连，潮汕连接线起点接潮汕环线，终点接潮惠高速公路。沿线串连了汕梅、汕湛、深汕、潮惠等高速公路，以及G206、G324、S234、S237、S337等多条国深道。潮汕环线二期起点接汕汾高速公路，终点与汕梅高速公路相接；澄海连接线起点接G539，终点接潮汕环线高速公路。沿线串连了汕汾、汕梅等高速公路，以及G539、S233、S232、S231等多条国省道。

如果设计速度过低，将影响其快速疏导交通的功能。相关高速公路的设计速度及车道数见表1-7。

相关高速公路的设计速度及车道数一览表　　　　表1-7

项目名称	设计速度(km/h)	车道数(条)	备注
深汕高速公路	100	4	已通车
汕湛高速公路	120	6	实施阶段
汕梅高速公路	100	4	已通车
汕汾高速公路	100	4	已通车
潮惠高速公路	100	4	实施阶段

4) 设计速度最终确定

潮汕环线所经区域以低山平原为主,地形制约路线设计的因素不多。汕梅高速公路设计速度为100km/h、汕湛高速公路的设计速度为120km/h,终点接深汕高速公路,设计速度为100km/h。可见起终点相接道路设计速度为100km/h,同时中间相接的汕梅高速公路及汕汾高速公路设计速度也均为100km/h,唯汕湛高速公路设计速度为120km/h,但是与汕湛高速公路相接段需要穿越西环山,受地形地势影响较大,同时潮汕地区人多地少,建筑物密集,若采用较高指标将增大工程规模与征地拆迁规模。

潮汕环线推荐线的平纵面指标中,平曲线半径最小值为1062.553m,纵坡最大值为2.8%,符合设计速度为100km/h的高速公路设计标准,不符合设计速度为120km/h的高速公路设计标准。因此从相接高速公路设计速度及降低工程规模和造价方面考虑,潮汕环线全线设计速度拟按100km/h控制。

潮汕连接线为连接潮汕环线和潮惠高速公路的联络线,长约15.368km,其起点接潮汕环线,设计速度为100km/h;终点接潮惠高速公路,设计速度为100km/h,因此潮汕联络线设计速度拟按100km/h控制。

澄海连接线为连接G539和潮汕环线高速公路的连接线,长约8.003km,其起点接G539,设计速度为60km/h;终点接潮汕环线,设计速度为100km/h,因此潮汕联络线设计速度拟推荐按80km/h控制。

5) 车道数的确定

根据《公路工程技术标准》(JTG B01—2014)的有关规定,并参考《道路通行能力》《交通工程手册》等的相关内容,车道数采用以下公式进行计算:

$$N = AADT \times K \times D/C_D \tag{1-1}$$

式中:AADT——年平均日交通量(pcu/d);

　　　K——设计小时交通量占年平均日交通量的比例,本项目取0.085;

　　　D——方向分布系数,最大方向上交通量占总交通量的百分比,本项目取0.505;

C_D——高速公路每车道的设计通行能力[pcu/(h·ln)],当设计速度$V=100$km/h时,$C_D=1600$pcu/(h·ln);一级公路每车道的设计通行能力,当$V=80$km/h时,$C_D=1250$pcu/(h·ln)。

按二级服务水平考虑,本项目远景设计年,潮汕环线一期起点至汕湛高速公路(K33+085~K53+775,长20.29km,短链400m)需采用双向六车道高速公路标准,汕湛高速公路至终点(K53+775~K69+940,长16.165km)采用双向四车道高速公路标准;潮汕联络线需采用双向四车道高速公路标准(LK0+720~LK16+438,长15.718km)。从经济、适用的角度出发,推荐潮汕环线起点至汕湛高速公路(K33+085~K53+775)采用双向六车道高速公路,汕湛高速公路至终点(K53+775~K69+940)采用双向四车道高速公路;潮汕联络线(LK0+720~LK16+438)采用双向四车道高速公路。

为保持本项目二期各路段的一致性,新建主线路段(即汕汾高速公路至汕梅高速公路,K0+000~K22+242.676,长22.242km)均采用双向四车道高速公路。汕梅高速公路共线路段对应汕梅高速公路桩号范围(K14+425.665~K25+257.868,长10.832km)远期采用双向八车道高速公路标准。共线段在本项目建成初期2021年的交通量为39408pcu/d,满足四车道高速公路通行要求,而到2025年,交通量为55002pcu/d,已经达到扩建要求,因此,建议本项目的汕梅共线路段在2025年扩建通车。澄海连接线应采用双向四车道一级公路标准(CLK0+000~CLK7+851,长7.851km)。

1.3.6 通行能力分析

通行能力分析的主要目的是求得在不同运行质量情况下一小时所能通行的最大交通量,亦即可求得在指定的交通运行质量条件下所能承担交通的能力。

因此,通行能力分析过程中同时要进行运行质量的分析,使公路规划、设计及交通管理等与运行质量联系起来,以便合理地使用公路工程资金、提高公路工程和汽车运输的综合经济效益。

1)通行能力计算

参照《公路路线设计规范》(JTG D20—2017)及《交通工程手册》提供的高速公路路段通行能力分析方法,高速公路在实际公路交通条件下的设计通行能力计算公式为:

$$C_r = C_d \times f_N \times f_{hv} \times f_p \tag{1-2}$$

式中:C_r——实际条件下的设计通行能力(veh/h);

C_d——设计通行能力(pcu/h),设计速度$V=100$km/h,六车道高速公路单向的$C_d=4200$pcu/h,四车道高速公路单向的$C_d=2800$pcu/h;

f_N——六车道及其以上高速公路的车道数修正系数,取0.98~0.99;

f_{hv}——交通组成对通行能力的修正系数,$f_{hv} = \dfrac{1}{1+\sum P_i(E_i-1)}$,其中 P_i 为车型 i 的交通量占总交通量的百分比,E_i 为车型 i 的车辆折算系数;

f_p——驾驶员总体特征对通行能力的修正系数,通常在 0.95～1.00 之间。

2) 交通运行状况分析

各级服务水平的交通流量状况见表 1-8。

各级服务水平的交通流量状况表　　　　表 1-8

服务水平	交通流量状况
一级	交通量小、驾驶员能自由或较自由地选择行车速度并以设计速度行驶,行驶车辆不受或基本不受交通流中其他车辆的影响,交通流处于自由流状态,超车需求远小于超车能力,被动延误少,为驾驶员和乘客提供的舒适便利程度高
二级	随着交通量的增大,速度逐渐减小,行驶车辆受别的车辆或行人的干扰较大,驾驶员选择行车速度的自由度受到一定限制,交通流状态处于稳定流的中间范围,有拥挤感。到二级下限时,车辆间的相互干扰较大,开始出现车队,被动延误增加,为驾驶员提供的舒适便利程度下降,超车需求与超车能力相当
三级	当交通需求超过二级服务水平对应的服务交通量后,驾驶员选择车辆运行速度的自由度受到很大限制,行驶车辆受别的车辆或行人的干扰很大,交通流处于稳定流的下半部分,并已接近不稳定流范围,流量稍有增长就会出现交通拥挤,服务水平显著下降。到三级下限时行车延误的车辆达到 80%,所受的限制已达到驾驶员所允许的最低限度,超车需求超过了超车能力,但可通行的交通量尚未达到最大值
四级	交通需求继续增大,行驶车辆受别的车辆或行人干扰更加严重,交通流不稳定。靠近下限时每小时可通行交通量达到最大值,驾驶员已无自由选择速度余地,交通流变成强制状态。所有车辆都以通行能力对应的、但相对均匀的速度行驶。一旦上游交通需求和来车强度稍有增加,或交通流出现小扰动,车流就会出现走走停停状态,此时能通过交通量很不稳定,其变化范围从基本通行能力到零,时常发生交通阻塞

高速公路的速度-流量关系如图 1-5 所示。

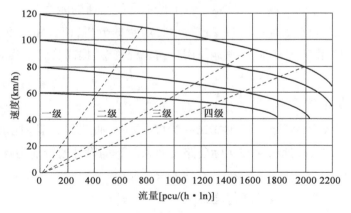

图 1-5　高速公路的速度-流量关系图

根据交通量和通行能力计算出饱和度,一期工程实际条件下各路段远景设计年(2040年)的服务水平见表 1-9、表 1-10。

潮汕环线远景设计年(2040年)各路段的服务水平($V=100$km/h)　　表1-9

基本路段	高峰小时交通量 [pcu/(h·ln)]	V/C	交通流密度 [pcu/(km·ln)]	服务水平
溪头立交—鮀西立交	814	0.39	10	二级
鮀西立交—桑田立交	883	0.42	11	二级
桑田立交—河溪立交	890	0.43	11	二级
河溪立交—华阳立交	844	0.40	11	二级
华阳立交—金浦立交	1119	0.54	14	二级
金浦立交—舻岗立交	917	0.44	12	二级
舻岗立交—井都立交	872	0.42	11	二级
井都立交—牛路立交	716	0.34	9	二级

潮汕连接线远景设计年(2040年)各路段的服务水平($V=100$km/h)　　表1-10

基本路段	高峰小时交通量 [pcu/(h·ln)]	V/C	交通流密度 [pcu/(km·ln)]	服务水平
桑田立交—西胪立交	932	0.45	12	二级
沙溪立交—溪头立交	906	0.43	12	二级

根据交通量和通行能力计算出饱和度,参照图1-8确定路段车辆的可能运行速度,同时参照表1-9、表1-10,确定实际条件下各路段远景设计年(2040年)的服务水平,见表1-11~表1-14。

潮汕环线远景设计年(2040年)各路段的服务水平($V=100$km/h)　　表1-11

基本路段	高峰小时交通量 [pcu/(h·ln)]	V/C	交通流密度 [pcu/(km·ln)]	服务水平
上北立交—磷溪立交	947	0.45	12	2
磷溪立交—江东立交	993	0.48	13	2
江东立交—浮洋立交	1070	0.51	14	2
浮洋立交—登岗立交	1158	0.55	15	2
登岗立交—沙溪立交	985	0.47	13	2
沙溪立交—溪头立交	1031	0.49	13	2

汕梅共线段远景设计年(2040年)各路段的服务水平($V=100$km/h)　　表1-12

基本路段	高峰小时交通量 [pcu/(h·ln)]	V/C	交通流密度 [pcu/(km·ln)]	服务水平
登岗立交—沙溪立交	985	0.47	13	2
沙溪立交—溪头立交	1031	0.49	13	2

澄海连接线远景设计年(2040年)各路段的服务水平($V=100$km/h)　　表1-13

基本路段	高峰小时交通量[pcu/(h·ln)]	V/C	交通流密度[pcu/(km·ln)]	服务水平
G539平交—莲花立交	476	0.24	7	1
莲花立交—上北立交	742	0.37	10	2

澄海连接线远景设计年(2040年)各路段的服务水平($V=80$km/h)　　表1-14

基本路段	高峰小时交通量[pcu/(h·ln)]	V/C	交通流密度[pcu/(km·ln)]	服务水平
G539平交—莲花立交	476	0.26	7	1
莲花立交—上北立交	742	0.41	11	2

3)服务水平评价

根据通行能力和服务水平的计算结果分析,潮汕环线一期工程全线设计速度为100km/h,起点至汕湛高速公路(K33+085~K53+775)采用双向六车道高速公路标准,汕湛高速公路至终点(K53+775~K69+940)采用双向四车道高速公路标准;潮汕联络线设计速度为100km/h,采用双向四车道高速公路标准。远景设计年各路段的服务水平能维持在二级,因此选定的设计技术标准能够满足公路通行能力和服务水平的要求。

潮汕环线二期全线推荐采用设计速度100km/h,推荐采用双向四车道高速公路标准;汕梅高速公路共线段推荐采用设计速度100km/h,远期推荐采用双向八车道高速公路标准,近期维持双向四车道高速公路标准;澄海连接线推荐采用设计速度80km/h,推荐采用双向四车道一级公路标准。远景设计年各路段的服务水平基本能维持在二级,因此选定的设计技术标准能够满足公路通行能力和服务水平的要求。

1.4　全线主要工程量

1.4.1　一期工程主要工程量

潮汕环线高速公路项目一期工程主要工程量见表1-15。

一期工程主要工程量　　表1-15

序号	指标名称	单位	潮汕环线	潮汕联络线
一、基本指标				
1	公路等级		高速公路	高速公路
2	设计速度	km/h	100	100
3	占用土地	亩	4699.8	1369.7
4	拆迁建筑物(混凝土及砖屋)	m²	27392	14250

续上表

序号	指标名称		单位	潮汕环线	潮汕联络线
一、基本指标					
5	拆迁电信、电力线/电杆		m/根	32700/912	12250/342
6	估算总金额		万元	—	—
7	平均每公里造价		万元		
二、路线					
8	路线总长		km	36.424	15.718
9	平均每公里交点数		个	0.43	0.53
10	平曲线最小半径		m	1200	860
11	平曲线长占路线总长		%	53.5	42.5
12	直线最大长度		m	2895.5	2938.1
13	最大纵坡		%/处	-3.45/1	1.5/2
14	最短坡长		m	480	630
15	竖曲线占路线总长		%	62.5	55.5
16	平均每公里纵坡变更次数		次	0.94	1.06
17	竖曲线最小半径		m	—	—
18	凸形		m/个	11000/1	16326.5/1
19	凹形		m/个	10000/1	10000/1
三、路基、路面					
20	路基宽度		m	33.5/26	26
21	计价土石方数量	土方	1000m³	493.808	630.896
		石方	1000m³	212.000	9.381
22	平均每公里计价土石方		1000m³	248.436	630.896
23	软土路基		km	1.701	2.79
24	不良地质处理		m²	72913	114390
25	防护工程及排水(浆砌片石)		1000 m³	21.15	28.087
26	植草		1000 m³	14285	16124
27	沥青混凝土路面		1000 m³	64.719	63.79
四、桥梁、涵洞					
28	设计车辆荷载			公路-Ⅰ级	公路-Ⅰ级
29	特大桥、大桥		m/座	28188m/22	15275m/10
30	中桥		m/座		216/13
31	涵洞		道	60	4
32	平均每公里涵洞道数		道	1.45	1.25

续上表

序号	指标名称	单位	潮汕环线	潮汕联络线
五、隧道				
33	隧道	m/座	5177/4	—
六、路线交叉				
34	互通立交	处	8	3
35	分离式立交	座	—	—
36	机耕通道涵	处	10	6
37	人行通道涵	处	—	—

注:1 亩≈666.67m²。

1.4.2 二期工程主要工程量

潮汕环线高速公路项目二期工程主要工程量见表1-16。

二期工程主要工程量　　　　表1-16

序号	指标名称	单位	潮汕环线	汕梅共线段	澄海连接线
一、基本指标					
1	公路等级		高速公路	高速公路	一级公路
2	设计速度	km/h	100	100	80
3	占用土地	亩	2464.2	777.5	670.2
4	拆迁建筑物(混凝土及砖屋)	m²	60966	5000	4465
5	拆迁电信、电力线/电杆	m/根	14075/202	3000/75	1395/31
6	估算总金额	万元	—	—	—
7	平均每公里造价	万元	—	—	—
二、路线					
8	路线总长	km	22.242	10.832	7.851
9	平均每公里交点数	个	0.517	0.554	0.50
10	平曲线最小半径	m	1062.553	1550.84	1100
11	平曲线长占路线总长	%	60.207	55.85	50.232
12	直线最大长度	m	3793.238	1298.751	1376.468
13	最大纵坡	%/处	-2.8/1	2.0/1	2.257/1
14	最短坡长	m	500	410	350
15	竖曲线占路线总长	%	52.418	55.50	44.38
16	平均每公里纵坡变更次数	次	1.176	1.225	1.125
17	竖曲线最小半径	m	—	—	—
18	凸形	m/个	12500/1	13000/1	16000/1
19	凹形	m/个	10000/1	10000/1	12000/1

续上表

序号	指标名称		单位	潮汕环线	汕梅共线段	澄海连接线
三、路基、路面						
20	路基宽度		m	33.5/26	41	24.5
21	计价土石方数量	土方	1000m³	199.55	966.03	158.44
		石方	1000m³	—		
22	平均每公里计价土石方数量		1000m³	486.71	106.555	133.14
23	软土路基		km	0.41	9.066	1.19
24	不良地质处理		m²	41910	462366	60690
25	防护工程及排水（浆砌片石及混凝土）		1000m³	86.078	52.379	1.098
26	植草		1000m²	47.475	99.462	16.861
27	沥青混凝土路面		1000m²	31.01	207.35	46.31
四、桥梁、涵洞						
28	设计车辆荷载			公路-Ⅰ级	公路-Ⅰ级	公路-Ⅰ级
29	特大桥、大桥		m/座	20968m/14	1015.5/3	971m/11
30	中桥		m/座	—	750/13	—
31	涵洞		道	24	4	40
32	平均每公里涵洞道数		道	—	0.37	3.36
五、隧道						
33	隧道		m/座	—	—	—
六、路线交叉						
34	互通立交		处	5	1	1
35	分离式立交		座	—	—	—
36	机耕通道涵		处	—	4	5
37	人行通道涵		处	—	—	—

1.5 主要参建单位及标段划分

1.5.1 主要参建单位

1）设计单位

潮汕环线高速公路项目设计单位包括中交公路规划设计院有限公司和广西壮族自治区交通规划勘察设计研究院。

2）监理单位

潮汕环线高速公路项目监理单位包括武汉大通公路桥梁工程咨询监理有限责任公司

和长沙华南土木工程监理有限公司。武汉大通公路桥梁工程咨询监理有限责任公司负责1~6标段,长沙华南土木工程监理有限公司负责7~14标段。

3)检测单位

潮汕环线高速公路项目检测单位包括深圳高速工程检测有限公司和广东华路交通科技有限公司。第一检测中心实验室由深圳高速工程检测有限公司负责组建实施,主要负责1~6标段;第二检测中心实验室由广东华路交通科技有限公司负责组建实施,主要负责7~14标段。

4)施工单位

潮汕环线高速公路项目涉及的施工单位共13家,见表1-17。

潮汕环线高速公路项目施工单位　　　　　表1-17

序号	单位名称	序号	单位名称
1	中铁四局集团有限公司	8	中交第二公路工程局有限公司
2	中铁十一局集团有限公司	9	中交第二航务工程局有限公司
3	中铁十二局集团有限公司	10	中交路桥建设有限公司
4	中铁十七局集团有限公司	11	广东冠粤路桥有限公司
5	中铁十八局集团有限公司	12	保利长大工程有限公司
6	中铁隧道局集团有限公司	13	广州市公路工程公司
7	中铁大桥局集团有限公司		

1.5.2 标段划分

潮汕环线高速公路项目共划分为14个标段,见表1-18。

潮汕环线高速公路项目标段划分　　　　　表1-18

标段	里程桩号	长度(km)	单位名称
第1标段	K0+000~K4+075.399、CLK0+000~CLK7+851	11.926399	中铁四局集团有限公司
第2标段	K4+075.399~K9+729.821	5.654422	中铁大桥局集团有限公司
第3标段	K9+729.821~K17+280.822	7.551001	中铁十二局集团有限公司
第4标段	K17+280.822~K22+242.676	4.961854	中铁十七局集团有限公司
第5标段	K33+085.910~K40+130	7.04409	广东冠粤路桥有限公司
第6标段	K40+130~K44+970	4.84	中交第二公路工程局有限公司
第7标段	K45+400~K50+128	4.728	中铁隧道局集团有限公司
第8标段	K50+128~K54+630	4.502	中铁十八局集团有限公司
第9标段	K54+630~K61+177.5	6.5475	保利长大工程有限公司

续上表

标段	里程桩号	长度(km)	单位名称
第10标段	K61+177.5~K67+637.5	6.46	中交第二航务工程局有限公司
第11标段	K67+637.5~K69+940	2.303	广州市公路工程公司
第12标段	LK0+720~LK9+904	9.184	中铁十二局集团有限公司
第13标段	LK9+904~LK16+438	6.534	中铁十一局集团有限公司
第14标段	K52+922~K54+612.94 华阳枢纽互通B、C、F匝道桥	1.69094	中交路桥建设有限公司

2 软基处理技术

2.1 常用软基处理方法

2.1.1 预应力高强度混凝土管桩(PHC 管桩)

1) 简介

PHC 管桩是采用先张预应力离心成型工艺,并经过 10 个大气压(1.0MPa 左右)、180℃左右的蒸汽养护,制成的一种空心圆筒形混凝土预制构件。成型产品如图 2-1 所示。

图 2-1 PHC 管桩

2) 工艺流程

PHC 管桩一般通过锤击或静压的方法沉桩,具体施工工艺流程如图 2-2 所示。

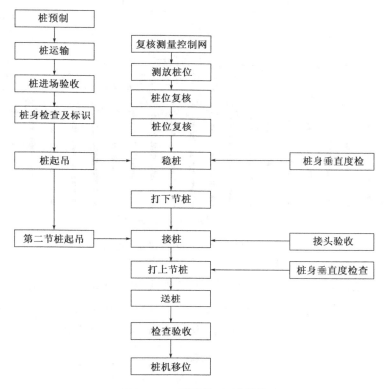

图 2-2 PHC 管桩施工工艺流程

2.1.2 水泥粉煤灰碎石桩(CFG 桩)

1)简介

CFG 桩是水泥粉煤灰碎石桩的简称,由碎石、石屑、砂、粉煤灰掺水泥加水拌和,用各种成桩机械施工而成的可变强度桩。通过调整水泥掺量及配合比,桩身强度等级可控制在 C15~C25 之间,是介于刚性桩与柔性桩之间的一种桩型。

2)施工方案

互通区内地层以砂性土为主,与淤泥呈夹层、互层发育,地下水位高,采用 CFG 桩复合地基进行处理,设计桩间距 1.6~2.2m,桩径 0.4m,桩长 11~24m,呈正方形布置。CFG 桩横断面如图 2-3 所示。

在 CFG 桩大面积施工前,应在现场选一块场地进行试桩,根据试桩确定合理的施工工艺,并对按设计要求(桩径、桩长、桩间距)制成的桩进行单桩承载力、复合地基承载力、复合地基模量试验。根据试验结果,与设计单位进行沟通并复核、修正设计。

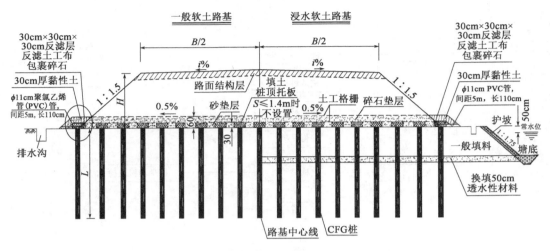

图 2-3 CFG 桩横断面示意图(尺寸单位:cm)
B-路基顶宽;H-路基高度;S-砂垫层厚度;L-桩长

根据设计图纸确定施工区域及桩位平面布置形式,在施工前统一进行测量放线,在桩中心点上打30cm深的孔,灌入白灰做标记或用其他明显标志明示,并在非加固区域埋设护桩,在施工时随时复核桩位的准确性;桩位偏差应小于50mm。CFG桩帽平面图如图2-4所示。

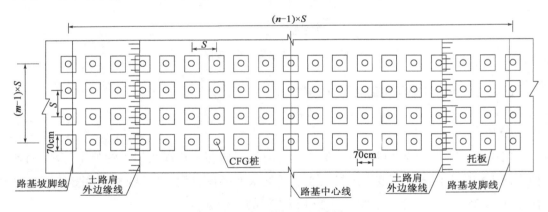

图 2-4 CFG 桩帽平面示意图
S-桩间距;m-桩行数;n-桩列数

CFG桩采用长螺旋钻孔内泵压灌注成桩,该工艺具有穿透能力强、振动小、低噪声、无泥浆污染等优点。施工时选用的钻机钻杆顶部必须安装排气装置,当桩端土为饱和粉土、砂土、卵石且水头较高时宜选用下开式钻头。工作面宜高出桩顶设计高程300~500mm,施工工作面较软时应采取相应施工措施加固(铺设工作垫层等),保证桩机正常施工并严格控制桩位偏差、垂直度及素混凝土坍落度。应杜绝在泵送混合料前提拔钻杆,提拔钻杆时应连续泵料,不得停泵待料,避免造成混凝土离析、桩身缩径和断桩现象。

成孔至设计深度后,钻机停钻,同时开始灌注混合填料。当混合填料充满钻杆芯杆后再开始提升钻杆。混合料应拌和均匀,每盘料拌和时间不宜小于60s,混合料坍落度控制在160~200mm。桩机就位后,应认真校对位置,以确保桩体垂直度偏差不大于1%。成桩后,钻管的提拔速度宜控制在1.2~1.5m/min。

CFG桩施工顺序由靠中线侧向两侧对称施打,采用间隔跳打法施工。桩顶须设置托板,托板顶面或桩顶面应设置30cm厚碎石褥垫层,采用级配碎石,最大粒径应小于40mm。砂砾垫层设置至坡脚外1m的位置,并用30cm厚的黏土封层,坡脚位置处的泄水管入水口设置土工布包裹碎石的反滤层。反滤土工布采用SNG-PP-300-3型聚丙烯针刺非织造土工布,单位面积质量为300g/m²,厚度不小于2.4mm,幅宽不小于3m。纵横向断裂强度不小于9.5kN/m,纵横向断裂伸长率不超过50%,垂直渗透系数不小于0.05cm/s,纵横向撕破强度不小于0.24kN,CBR顶破强度不小于1.5kN。

碎石垫层顶部和底部各铺设一层双向土工格栅。土工格栅幅宽不小于2m,搭接长度不小于30cm,并用U形钉每隔2m按正方形将格栅拉紧固定。土工格栅采用双向聚酯焊接土工格栅PET50-50,技术参数为:纵横向抗拉强度≥50kN/m,纵横向延伸率≤10%,焊接点极限剥离强度≥500N/m,幅宽5m;土工格栅采用聚酯原生料生产,网孔尺寸为6cm×6cm。

当桩顶托板填土高度小于50cm时,严禁用大型压路机碾压,应随机选取5%的桩检验桩距和桩径;应随机选取总桩数10%的桩进行低应变试验,检测桩长与施工记录偏差应在20cm内。每个工点应随机选取0.1%的桩且不少于3根桩进行静载试验,要求单桩容许承载力达到设计要求值。

混凝土灌入量不低于桩的设计体积,同时保证单桩充盈系数不小于1.0,否则重新成桩。

2.1.3 素混凝土桩

1) 简介

混凝土材料:通常混凝土的强度等级采用C20,素混凝土桩不配置受力筋,必要时可以配置构造筋。常用桩径为300~500mm,长度不超过25m。素混凝土桩见图2-5。

2) 施工方案

(1) 施工准备

图2-5 素混凝土桩

测量放样,收集施工场地工程地质勘察报告,建筑场地邻近的高压电缆、电话线、地下管线、地下构筑物及障碍物等调查资料,采用长螺旋钻机套柴油发电机组。平整压实场地,保证混凝土搅拌运输车能通行,平整后地面比桩顶高10cm。

(2)确定打设顺序桩机就位

从中心向外推进施工(圆环形布桩方式)或从一边向另一边推进施工(正方形或梅花形网格状布桩方式),钻机就位前要做好测量放线工作,确定正确的桩位,钻机安放要平稳,对正桩位,钻头中心与桩位偏差不大于2cm,桩垂直度偏差小于1%。

(3)钻孔灌桩

①钻进成孔:关闭钻头阀门,卷扬机下放钻杆至钻头触及地面时,启动钻机锤头,将钻杆旋转下沉至桩底设计高程。

②混合料搅拌:按设计配合比配制混合料,严格控制粗集料粒径,一般选为10～30mm或更小,必要时掺加泵送剂及其他外加剂,混合料坍落度宜为180～200mm。

③灌料、提升:当钻机钻至桩持力层时,开动混凝土输送泵灌料,当输送管及钻杆芯管充满混合料后启动卷扬机匀速提升钻杆,边灌料、边提升,直至施工设计桩顶高程,提升速度宜控制在2～3m/min,严禁先拔管后灌料,掌握好灌料与提钻的时间差,尽量避免提升灌料过程中出现停机待料现象。在流塑性土中要控制提钻速度,保证成桩质量。钻出的泥土要及时清开,灌后桩顶宜比设计桩顶高15cm。

(4)钻孔弃土的清运

施工时,钻孔弃土应及时清运,且应在桩施工完3d后进行,以避免因桩混凝土强度低而影响桩头完整性。机械开挖时,采用50型小型挖掘机,以避免扰动基底土层。弃土清运应与桩施工配合进行,严禁设备碰撞桩体,避免造成浅部断桩。弃土清运时应注意保护桩位放线点,避免桩位点移位或丢失。

(5)混凝土桩桩间保护土层的清运

开挖过程中应用水准仪进行测量,控制高程,以避免超挖。桩间保护土层开挖、清运过程中,应合理安排开挖、清运顺序,避免开挖和运输机械直接在基底面上行走,造成基底土层的扰动。如需在已开挖完成的基底面上行走,应采取铺设木板等保护措施,以保证基底土在施工过程中不受扰动。在桩间保护土层开挖、清运过程中,应注意成品桩的保护,特别是采用机械开挖、清运的情况下,应有专人指挥机械,严禁机械碰撞桩头,以避免造成浅部断桩。

(6)破桩头接托板

桩头凿除可采用常规凿桩头方法,凿桩头时需人工清除余土至设计高程,桩顶须平整无浮浆。待素混凝土桩桩检合格后,再施工托板,托板与桩头相接处用C25混凝土浇筑。

(7) 砂垫层、碎石垫层施工

设计先铺 30cm 砂垫层，压实度不小于 90%。砂垫层应宽出路基两侧坡脚 100cm，并用 30cm 厚的黏土封层，砂垫层采用小型振动夯夯实，再铺设 30cm 碎石垫层，坡脚位置处的泄水管入水口设置土工布包裹碎石的反滤层。

(8) 堆载预压

等载部分填土压实度和填料要求与上路床相同，对于超载部分，沉降量 +0.5m 范围内，填土压实度应不小于 96%，超过部分的压实度应不小于 90%。填料最小强度和最大粒径与下路堤的要求一致。

2.1.4 高压旋喷桩

1) 简介

高压旋喷桩是用高压旋转的喷嘴将水泥浆喷入土层与土体混合，形成连续搭接的水泥加固体。高压旋喷桩施工占地少、振动小、噪声较低，但容易污染环境，成本较高，对于特殊的不能使喷出浆液凝固的土质不宜采用。高压旋喷桩成桩机械见图 2-6。

2) 适用范围

(1) 高压旋喷桩适用于淤泥、淤泥质土、流塑、软塑或可塑黏性土、粉土、砂土、黄土、素填土和碎石土等地基。

(2) 当土中含有较多的大粒径块石、坚硬黏性土，含大量植物根茎或有过多的有机质时，对于淤泥和泥炭土以及已有建筑物的湿陷性黄土地基的加固，应根据高压喷射注浆试验结果确定高压旋喷桩的适用程度。

图 2-6　高压旋喷桩成桩机械

(3) 对于基岩和碎石土中的卵石、块石、漂石呈骨架结构的地层，地下水流速过大和已涌水的地基工程，由于地下水具有侵蚀性，应慎重采用高压旋喷桩。

(4) 高压旋喷桩可用于既有建筑和新建建筑的地基加固、深基坑止水帷幕、边坡挡土或挡水、基坑底部加固、防止管涌与隆起、地下大口径管道围封与加固、地铁工程的土层加固或防水、水库大坝、海堤、江河堤防、坝体坝基防渗加固、构筑地下水库截渗坝等工程。

3）施工注意事项

(1) 高压喷射注浆所采用的水泥品种和标号,应根据环境和工程需要确定,一般情况下,宜采用标号为42.5的普通硅酸盐水泥,可根据需要加入适量的外加剂及掺合料。使用其他水泥注浆时应得到设计单位的许可。

(2) 正式施工前在地质勘察孔附近进行不少于5根的工艺性试桩,以检验施工设备的适宜性,确定施工参数。水泥、外加剂和搅拌水泥浆所用的水经检验合格后方可使用。制浆机主轴转速不低于60r/min,混合搅拌时间不得小于4min,浆液搅拌均匀后应该过筛,储浆池内的水泥浆应继续搅拌,超过4h的浆液不得使用。

(3) 钻孔位置偏差应小于5cm,竖直度偏差应小于1.5%,装接钻杆时在接头处缠绕麻絮或止水胶布等以确保接头密封。

(4) 喷射孔与高压浆泵之间的距离应小于50m,喷射注浆参数达到规定值后提升注浆管,分段提升的搭接长度应大于0.1m。

(5) 在高压喷射注浆过程中出现压力陡然下降、上升或大量冒浆等异常情况时,查明原因并及时采取处置措施。对需要扩大加固范围或提高强度的工程,采取负喷措施,即先喷一遍清水再喷一遍或两遍水泥浆。

(6) 加强对裂缝、孔压和侧向位移的监测。施工对路堤稳定、邻近建筑有影响时,应采取跳孔施工、添加速凝剂或调整施工参数、施工顺序等措施。

(7) 质量检验应在28d后进行,将所有桩头挖出,检验桩数,随机选取5%的桩检查桩距、孔径;应随机选择0.5%且每个工点不少于15根桩,采用双管单动取样器做抽芯检测。每根抽芯的桩每隔2m取1组芯样进行无侧限抗压强度试验,28d无侧限抗压强度不小于2.0MPa,复合地基承载力不小于100kPa。

2.1.5 挤密碎石桩

1）简介

碎石桩是以碎石(卵石)为主要材料制成的复合地基加固桩。碎石桩和砂桩等在国外统称为散体桩或粗颗粒土桩。散体桩是指无黏结强度的桩。由碎石桩或砂桩等散体桩和桩间土组成的复合地基亦可称为散体桩复合地基。在国内外广泛应用的碎石桩、砂桩、渣土桩等复合地基都是散体桩复合地基。

2）适用范围

碎石桩适用于挤密松散的砂土、粉土、素填土和杂填土地基。在复合地基的各类桩体中,碎石桩与砂桩同属散体材料桩,加固机理相似。随被加固土质不同机理有所差别:对砂土、粉土和碎石土具有置换和挤密作用,对黏性土和填土,以置换作用为主,兼有不同程度的挤密和促进排水固结的作用。碎石桩在工程中主要应用于软弱地基加固、堤坝边坡加固、消除可液化砂土的液化性、消除湿陷性黄土的湿陷性等方面。

3）施工质量控制

（1）在制桩过程中，各段桩体均应符合密实电流、填料量和留振时间等方面的要求。制桩时宜将水量关小，填料时将振冲器提出孔口加料，或边振边填。

（2）施工现场应实现开设泥水排放系统，将制桩过程中产生的泥水集中引入沉淀池，沉淀池底部沉积的泥浆可定期挖出送至指定地点。

（3）碎石桩的施工顺序为从中间向外围进行，或由一边推向另一边。

（4）碎石桩施工结束后，路堤进行填筑前，注意设置沉降观测设备。

（5）碎石桩的质量控制应贯穿施工的全过程。施工过程中必须随时检查施工记录和计量记录，并对照规定的施工工艺，对每根桩都进行质量评定。

（6）当实际贯入量没有达到设计要求时，应在原位将桩管打入，补充灌碎石后复打一次，或在旁边补桩。

（7）施工中选用适宜的桩尖结构。当选用活瓣桩靴时，砂性土地基宜采用尖瓣形，黏性土地基宜采用平底形。

2.1.6 排水固结法

1）简介

排水固结法是一种对软土地基进行处理的方法，它通过在软土地基中设置竖向排水井（砂井或塑料排水板等），使土中的孔隙水被慢慢排出，孔隙比减小，地基发生固结变形，地基土的强度逐渐增长。这种方法适用于饱和黏性土、冲填土等饱和黏性土及杂填土地基的处理。

2）原理

地基在附加荷载作用下，通过布置竖向排水井（砂井或塑料排水袋等），使土中的孔隙水被慢慢排出，孔隙比减小，地基发生固结变形，地基土的强度逐渐增长。

3）排水固结的方法

（1）堆载预压法

在建筑场地临时堆填土石等，对地基进行加载预压，使地基沉降能够提前完成，并通过地基土固结提高地基承载力，然后卸去预压荷载建造建筑物，以消除建筑物基础的部分均匀沉降，这种方法称为堆载预压法。

一般情况下预压荷载与建筑物荷载相等，但有时为了减少次固结产生的沉降，预压荷载也可大于建筑物荷载,一般预压荷载的大小约为建筑物荷载的1.3倍,特殊情况可根据工程具体要求来确定。

为了增加堆载预压地基的固结速度,常与袋装砂井法并用,称为砂井堆载预压法。

砂井法适用于渗透性较差的软弱黏性土,对于渗透性良好的砂土和粉土,无须采用砂井排水固结处理地基。含水平夹砂或粉砂层的饱和软土,水平向透水性良好,不用砂井处理地基也可获得良好的固结效果。

(2) 真空预压法

真空预压法是一种软土地基处理方法,它通过在需要加固的软土地基表面先铺设砂垫层,然后埋设垂直排水管道,再用不透气的封闭膜使其与大气隔绝,通过砂垫层内埋设的吸水管道,使用真空泵或其他真空手段抽真空,使其形成膜下负压,增加地基的有效应力。这种方法可以加速土体排水固结,提高地基的承载力和稳定性。

(3) 降水预压法

降水预压法是用水泵抽出地基地下水来降低地下水位,减少孔隙水压力,使有效应力增大,促进地基加固。降水预压法适用于饱和粉土及饱和细砂地基。

(4) 电渗排水法

电渗排水法的基本原理为:在土中插入金属电极并通以直流电,由于直流电场的作用,土中的水从阳极流向阴极,然后将水从阴极排除,而不让水在阳极附近补充,借助电渗作用逐渐排除土中的水。在工程上常利用电渗排水法降低黏性土中的含水率或降低地下水位以提高地基承载力或边坡的稳定性。

目前,降水预压法和电渗排水法应用还比较少。

2.2 新型地基处理方法

2.2.1 小直径挤扩支盘桩

1) 小直径挤扩支盘桩的优点

与管桩软基处理技术相比,挤扩支盘桩可有效缩短桩长,降低桩基长细比,且不需节段接长,桩体内钢筋通长布置,结构形式优,可靠性高,经济技术效益明显。与管桩相比,挤扩支盘桩由于桩身支、盘截面承载力得以发挥,并能根据土层物理力学性质进行动态调整,可有效缩短桩长,扩大盘腔截面,降低桩基长细比。此外,由于缩短并减少了桩长,还可以节约混凝土和钢材等,实现施工过程绿色、节能、环保,具有明显经济和社会效益。小直径挤扩支盘桩成桩如图 2-7 所示。

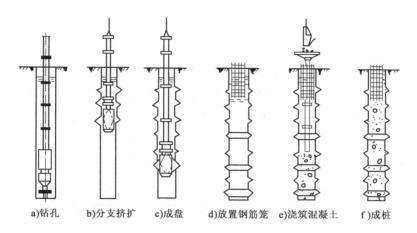

图2-7 小直径挤扩支盘桩成桩示意图

2) 软弱地基、特殊土地基挤扩支盘桩合理结构形式

结合现场试验段及部分模型试验,开展软弱地基、特殊土地基条件下支盘桩路基桥整体结构选型、承载板选型、托梁选型等研究。同时结合施工方案、桩基布置、桩基直径等参数,分析地基处理的设计原则、适用条件、合理桩径、间距及连梁尺寸构造。

此外,开展现场小直径挤扩支盘桩桩基内力及长期沉降变形监测,并进行监测数据反分析研究。采用在支盘桩内埋设FBG监测桩身受力、桩顶设置轴力计传感器监测桩顶受力、桩顶连梁顶设土压力计监测梁顶压力、桩顶连梁内埋设FBG监测连梁受力、土体埋设孔压计监测地基受力,变形监测采用土体埋设沉降计的方式监测桩体沉降和梁底脱空情况,利用柔性位移计监测土工格栅受力情况等。

3) 支盘桩、框架梁的承载机理及连接技术

对比分析静定式、超静定式设计理念以及托梁式、固结式的桩-梁(板)不同连接方式的结构特性。基于数值方法、模型试验、现场试验等手段分析不同连接方式下挤扩支盘桩-梁(板)-土共同作用关系,支盘桩路基桥结构在垂向、纵向、横向荷载、温度梯度力作用下的实际承载机理等,并最终比选最优的桩-梁(板)连接技术。

4) 软基处理小直径挤扩支盘桩施工关键技术研究

软基地区挤扩支盘桩作为路基桥的基础,其桩径小、桩长短,会存在支或盘位于较软弱的黏土层中的情况,支盘桩挤扩后容易发生缩颈或坍孔,对此开展施工技术和控制技术的研究,重点开展防坍孔缩颈泥浆研发、钢筋笼刚度提高、施工效率提高等改进措施,分析钢筋笼外裹钢丝网方案的可行性,实现软基处理小直径支盘桩的质量优化。

2.2.2 陀螺桩

1）陀螺桩介绍

陀螺桩是一种浅层地基处理技术，和传统的碎石换填法有近似之处。它是在建筑物地基表面铺设陀螺状的混凝土块并充填碎石，形成一个具有一定强度的可抵抗筏式变形的地基形式。所配置的钢筋（顶层连接钢筋网、底层定位钢筋网及连接钢筋）有显著增强效果。加载的荷重通过陀螺桩而约束、压缩填充的碎石，减小了下层土体侧向变形，加固地基，减小沉降。由于桩体间碎石的作用，陀螺桩复合地基呈柔性。陀螺桩复合地基具有较大的扩散角，使应力均扩散到地基中，同时能够约束下部地基，抑制下部地基的横向变形，提高承载力并减少沉降。因此它可以分散建筑物、构筑物的荷载，防止发生不均匀沉降现象。陀螺桩实物见图2-8。

图2-8 陀螺桩

2）陀螺桩主要特点

陀螺桩是一种浅层地基处理技术，一般在深厚的淤泥以及饱和软黏土地层上修建非高层建筑物时，采用这项地基处理技术，可以避免采用复杂的深基础，具有较好的抗不均匀沉降能力。混凝土陀螺桩是在建筑物地基表面铺设陀螺形的混凝土块，其结构形式如图2-9所示。陀螺桩基础适合于软土地基及地震区的砂土地基，不但对地基具有补强作用，而且能将上部荷重均匀地传给地基。用陀螺桩处理后的地基，横向变形受到约束，因此会显著降低沉降量，同时也使应力分布更加均匀，从而提高地基承载力。陀螺桩基础用途广泛，且施工简单，因此，在我国沿海地区软土地基处理及海岸防波堤工程中得到了广泛应用。

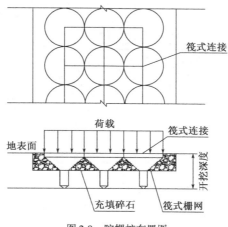

图 2-9　陀螺桩布置图

3）陀螺桩的优势

（1）地基处理时使用陀螺桩不仅可以减少沉降量，还可以提高承载力；

（2）单层陀螺桩能使瞬时沉降和固结沉降分别减为未处理地基的 1/3～1/2 和 1/3；

（3）双层陀螺桩可使瞬时沉降和固结沉降分别减为未处理地基的 1/4～1/3 和 1/9；

（4）室内试验表明，陀螺桩的长期沉降仅为碎石基础的 1/2；

（5）陀螺桩具有显著减少基础沉降的作用，这是由于陀螺桩的锥体和桩体能防止基础下部地基的侧向流动；

（6）现场载荷试验结果表明，陀螺桩的承载力为天然地基的 1.5 倍；

（7）对于偏心荷载作用，陀螺桩的承载力提高幅值更大，当偏心距为 $B/6$（B 为基础宽度）时，设置 1 层陀螺桩的地基承载力为天然地基的 2 倍，设置 2 层的为 3 倍；

（8）陀螺桩还具有抗液化和抗地震的效果。

4）受力机理

陀螺桩以其特殊的形状，对碎石进行挤压，使陀螺桩地基形成具有一定强度的整体结构的板块（碎石和混凝土的板块）。但由于桩体间碎石的作用，陀螺桩复合地基呈柔性。陀螺桩复合地基具有较大的扩散角，使应力均匀扩散到地基中；同时能够约束下部地基，抑制下部地基的横向变形，提高承载力并减少沉降。陀螺桩的工作原理如图 2-10 所示；采用陀螺桩的地基和传统地基的承受荷载和沉降量曲线对比如图 2-11 所示，可以看出，在同样沉降量的情况下，陀螺桩的传力更均匀，承载能力更大。不同基础应力扩散图如图 2-12 所示。

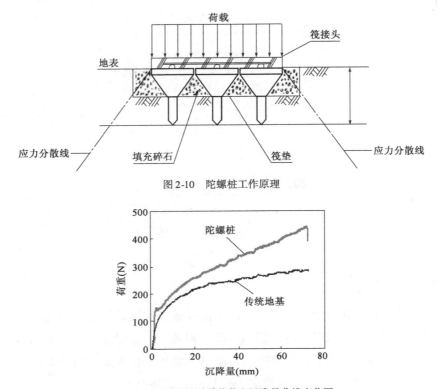

图 2-10　陀螺桩工作原理

图 2-11　不同基础承受荷载和沉降量曲线变化图

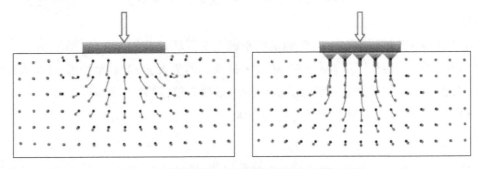

图 2-12　不同基础应力扩散图（传统基础、陀螺桩基础）

2.2.3　就地固化

1）就地固化软基处理原理及适用范围

就地固化技术适用于厚度在 5m 以内的软土、超软土及鱼塘路段的地基处理。其原理是经过掺入一定配合比的水泥及粉煤灰进行搅拌，使软土、超软土快速达到一定的强度，使路基表层快速形成地基硬壳层，代替换填法，节约资源、保护环境，减少开挖弃土和换填材料,实现废土的资源化利用。

2)就地固化设计及检验要求

(1)就地固化浅层处理深度宜在5.0m之内,不宜小于0.8m,处理宽度为路堤,坡脚外延伸2.0m,各段落具体处理方案、就地固化浅层处理深度宜在5.0m之内,不宜小于0.8m,处理宽度为路堤坡脚外延伸2.0m。

(2)金浦互通立交就地固化软基处理固化深度,可通过钻芯取样或轻型动力触探试验进行检验,要求处理厚度与设计厚度相差不超过20cm。处理宽度用尺进行量测,要求现场量测宽度与设计宽度相差不超过10cm,每个区块测试点不少于3处。

(3)设计固化剂配合比为4%水泥+2%粉煤灰和6%水泥+4%粉煤灰,对于非鱼塘段,含水率为50%~70%,固化剂掺量采用4%水泥+2%粉煤灰,对于鱼塘段,含水率为100%~130%,固化剂掺量采用6%水泥+4%粉煤灰。固化剂材料应符合国家规范要求,施工前应通过现场取样进行配合比试验以确定最优的配合比,根据现场土体含水率及固化效果适当调整固化剂具体掺量,施工中其总掺量的允许偏差应为0.5%。

(4)根据试验段总结,设计承载力要求不小于150kPa,可采用固化土的动力触探和荷载板试验等方法进行检验,以自然段落或5000m^2为一个区块:

①采用轻型动力触探试验,28d每30cm深度的实际击数不得少于22击。每个区块不少6个点。

②对软基路段,固化28d后在处理区域进行载荷板试验,28d承载力不小于150kPa。每个区块不少于1个点。

(5)在固化层顶部埋设沉降板,开展动态监测,沉降标准为沉降速率每昼夜不大于15mm,当沉降位移超过标准时,应立即停止路基填筑。

3)就地固化施工注意事项

(1)施工场地清理时,应先用辅助挖机挑出大石块和各种有机植物等异物,保持施工作业面的平整。

(2)施工前应通过现场取样进行配合比试验以确定最优的配合比,并形成首件报告后才能指导大面积施工。

(3)根据施工前测量放线,将每块区域划分为网格,每打设完一小块区域后充分搅拌一次。每个小区域打设步骤具体为:单点打设→小块搅拌→初步整平预压。

(4)打设施工工序为关键工序,应保证搅拌均匀,其强度满足指标要求,各区块之间应有不小于5cm的搭接宽度,避免漏搅。

(5)作业区块的固化剂使用量应符合设计掺入量的要求。

(6)施工时搅拌设备反向运行,缓慢提升搅拌并喷固化剂,搅拌提升或下降的速率控制在 10～20s/m,固化剂的喷料速率控制在 40～70kg/min,应保证施工过程均匀搅拌喷撒。

(7)强力搅拌作业时,应搅拌均匀,注意控制搅拌提升和下降的速度,并保持搅拌头的垂直度符合要求。各区块的搭接长度应不小于5cm。

(8)已完成施工的作业面,应及时进行整平、压实,并做好排水工作,保持场地干燥。

2.3 潮汕环线软基特点及方案比选

2.3.1 软基总体分布情况

本项目地貌形式单一,根据地质勘查资料显示,本项目不良地质和特殊路基包括软土路基及砂土液化、过水塘、鱼塘路基、填挖交界段、低填浅挖等。

二期工程T1标段内软土较厚,而且发育有可液化砂土层。此标段软土由第四系淤泥、淤泥质粉质黏土、淤泥质粉土、淤泥质砂等组成,以淤泥、淤泥质粉质黏土为主。勘察资料表明项目范围发育两层软土分布,其中第四系全线统(Q_4^{mc})的软土物理力学性质极差,上更新统(Q_3^{mc})淤泥质土层固结较好,物理力学性质指标略好,由于其有机质含量较高,扰动后的物理力学指标迅速变差。

2.3.2 软基物理力学参数

(1)金浦互通立交段

金浦互通立交段内存在较多的农田、鱼塘路段,根据钻探及静力触探结果,软土深度均在3m以内,下部土体较好。根据钻孔揭露显示,地表有一层0.5～3.4m厚的耕植土或素填土,下伏0.8～2.0m的淤泥质土或中、细砂或粉质黏土,其下为可塑状粉质黏土或硬塑状砂质黏性土。

(2)牛田洋路段

流塑状淤泥、含水率高(一般为80%～100%);孔隙比大(2.1～2.7);软土密度1.45～1.55g/cm³(基本与沉淀后的泥浆一致);为滨海相沉积,呈流塑状,属欠固结软土,强度低(直接快剪指标:$c=8$、$\varphi=3.2°$;十字板强度 $S_u=10～15$kPa;静力触探指标:锥尖阻力 $q_c=0.18～0.38$MPa,侧壁阻力 $f_s=4.5$kPa),淤泥颗粒细,基本为黏粒,在应力状态下,后期蠕变大,对路基沉降影响长期存在。软土层分布连续,牛田洋范围以内的路线范围全部存在;埋深很浅,部分软土直接出露地表,基本无硬壳层,对工程建设影响很大。

(3)SFK28+970～SFK28+985 左侧涵洞拼宽段软基

软土特性为:3.5m厚粗砂,松散,饱和;3.1m厚淤泥,流塑;2.3m厚粗砂,松散,饱和;

4.7m厚淤泥,流塑;砂土液化指数为28.74,属于严重液化;软土层底埋深为18m,软土层厚13.6m。上覆地层为素填土、粉质黏土,下卧地层为粉质黏土。

2.3.3 路基形式及荷载条件

1)整体式路基

整体式路基设计中线位于中央分隔带中心线处,设计高程及超高旋转轴位于中央分隔带外边缘处。

2)分离式路基

分离式路基设计中线位于左侧路基边缘线处,设计高程及超高旋转轴位于行车方向左侧距离路基边缘线内侧1.0m处。

分离式路基高度设计应综合考虑地表水、地下水和毛细水对路基强度和稳定性的影响。沿河及受水浸淹的路基设计高度需高出设计洪水频率1/100的计算水位加壅水高、波浪侵袭高和0.5m的安全高度;同时路基高度还受到分离式立体交叉、通道等构造物净空高度要求的限制;路基高度还要尽可能满足路基压实度要求。分离式路基设计高程为行车道中心线高程。

3)挖方路基

挖方路基一般为基岩路段,最高挖方边坡小于20m。路基以全~强风化花岗岩为主,承载力满足要求,可直接作为路基持力层。

4)填挖交界路基

(1)纵横向填挖均根据地面坡度确定挖台阶及其尺寸。当地面坡度超过1:5时,需挖台阶,台阶宽度不小于2m。

(2)对于纵向填挖交界处和横向半填半挖路基,应向挖方段超挖,横向半填半挖超挖8m(当挖方宽度小于8m时,取挖方路基宽度),纵向填挖交界超挖10m。超挖80cm厚时,应回填未筛分碎石。为便于路基排水,在潮湿地区半填半挖或填挖交界处填方侧台阶下,应设纵向碎石盲沟、横向碎石盲沟排水,引至填挖交界处的排水沟或边坡急流槽,盲沟尺寸为60cm×60cm,当挖方区为坚硬岩石时,挖方区不超挖。

(3)对于地面斜坡坡率大于1:2.5的路堤,应按照工点单独计算、分析其稳定性。在满足稳定性的前提下,为减少差异沉降,在路床范围设置2层双向土工格栅;稳定性不足的地段,路基可适当增加1~2层土工格栅。如地形条件允许,尽量采用底部弃土反压增加陡坡路基的稳定性,如地形条件不允许,可考虑采用填筑线内石碴等优质填料、适当增设土工格栅和设置支挡结构进行防护。

(4)当挖方区为土质时,应优先采用渗水性好的材料填筑;当挖方区为坚硬岩石时,宜根据土石方调配情况采用填石路堤。

(5)施工中应根据地下水出露情况和岩土性质,设置完善的地下排水系统,路面结构中全段全宽设置碎石垫层。

5)低填浅挖路基

受地形、地貌等条件制约,部分路段路基填土高度较低,有部分路段为零填挖。鉴于该地区域降雨量较大,地势低洼处长期或临时积水,为避免路面处于潮湿甚至过湿状态,对填土高度不超过1.8m的填方路基以及开挖后压实度达不到要求的土质或风化土挖方路段,路基填筑时采取换填和夯实的措施。

6)台后路基

为了减小路基在桥台台背位置产生的不均匀沉降,进而减轻跳车现象、提高车辆行驶的舒适性,需对桥梁桥台台后路基的填筑进行特殊处理。对于扶壁式桥台台背以及柱式台、座板式、肋板台盖梁底至路基顶面之间与路堤连接时设置过渡段,桥台后搭板长度+2m范围内提高压实度,台后填筑宜待桥台施工及架梁完后,且桥台混凝土强度达到设计强度的100%后进行。

柱式桥台先正常施工填筑路基至台帽底,再施工桩柱。座板式桥台,先填土并用机械压实直至承台底面进行钻桩,然后进行承台施工。桥台台背采用一般路基填料回填,涵洞台背采用中粗砂回填,并充分夯实。

2.3.4 软基处理方案比选分析

1)枢纽立交局部范围软基处治方案比选

潮汕环线高速公路(含潮汕联络线)T1标上北枢纽立交、T4标登岗枢纽立交、T5标溪头枢纽立交、T11标牛路枢纽立交、T13标金灶枢纽立交均与既有高速公路拼接,以上立交拼接段鼻端之后的三角区拼宽段采用轻质土路基等荷载开挖置换填筑,取消原方案施工图中设计拼宽段的软基处理措施,充分利用既有高速公路软基处理范围。

登岗枢纽立交拼接段下穿厦深高铁和500kV高压线,施工净空受限。原汕揭高速公路在该路段软基处理范围较宽,取消该路段原施工图设计采用的CFG桩和挡土墙,直接采用轻质土路基拼接。

金灶枢纽立交与潮惠高速公路拼接,拼宽段软基处理采用管桩方案,桩头采用格梁连接并与潮惠高速公路反压护道内的管桩格梁顺接。此范围的软基处理施工应在雨季后进行,其间应加强对潮惠高速公路路基稳定性的监测工作。

2)T1 上北互通立交软基处理方案比选

T1 上北互通立交 GK1+137~GK1+232 段软土路基原设计采用 CFG 桩进行处理,处理深度为 25m,路堤最大填土高度约 9.7m。补充勘探资料显示该路段软土层下的粉质黏土层性质较差,CFG 桩需要加长。此段路基填土高,地表硬壳层很薄,软土层厚,可利用持力层埋藏深,采用 CFG 桩或者管桩处理方案存在一定的路基失稳风险。经技术、经济比较,桥梁方案与路基方案造价相当,因此将原方案由路基调整为桥梁。

3)澄海连接线临河路段软基处理方案比选

澄海连接线 CK3+448~CK4+000 和 CK4+500~CK5+000 段紧靠河堤,路基填土高度略高于河堤顶面。路段在软基处理和路堤填筑过程中,可能会对河堤的稳定性造成影响,存在安全隐患。所以进一步收集河堤相关资料(河堤尺寸、工程地质、水文地质条件等),选取具有代表性的控制断面进行稳定性分析,并在施工过程中重点加强对河堤的监测。具体软基处理方案为,采用换填、袋装砂井、素混凝土桩和管桩综合处置。

4)T1 标贡林和上北互通立交主线桥软基段处理方案比选

T1 标贡林和上北互通立交主线桥(YK0+880~YK1+050 段),原施工图设计为避让地方灌溉水沟,桥跨分幅不对称布设,半路半桥部分设置路肩挡土墙。方案改为取消路肩挡土墙和贡林中桥右幅第 3、4 跨及上北互通立交主线桥右幅第 1 跨。通过局部改沟,完善贯通地方水系,避免软基段挡土墙失稳风险,并降低工程造价。

5)T1 标澄海连接线 CLK7+250~CLK7+460 段和 T2 标磷溪互通立交软基砂土液化处理方案比选

T1 标澄海连接线 CLK7+250~CLK7+460 段和 T2 标磷溪(主要是江东互通立交的砂土液化)互通立交范围原施工图设计拟采用强夯进行砂土液化处理。此路段原钻孔资料较少,在红线范围内钻孔显示砂土液化为轻度至中度;该路段 50~200m 范围内村庄密集,强夯施工影响附近村民日常生活和房屋安全。因此方案取消该路段的强夯处治措施,根据补勘资料,软基处治方案动态调整。若桥头、涵洞和收费广场(收费岛前后共 80m)存在深厚软土,应优先采用复合地基方案(CFG 桩),其他路段可采用袋装砂井处理。

6)T3 标浮洋互通立交桥头和收费岛区域软土路基处理方案比选

T3 标浮洋互通立交桥头和收费岛区域软土路基原设计采用素混凝土桩进行处理,桩长 30m,补充勘察结果显示该路段存在深厚软土层,层厚 25~30m,层埋深为 27~31m。考虑到超过 25m 的素混凝土桩成桩困难且质量难以保证,因此将浮洋互通立交涵洞过收费广场(AK0+930~AK1+030)的素混凝土桩变为预应力管桩,浮洋互通立交涵洞过渡段(AK0+873~AK0+930)和桥头路段采用袋装砂井+超载预压方案,根据沉降收敛情况确定是否采用轻质土换填,减少桥头荷载,控制工后差异沉降。

7)T4 标 K21+188~K21+265 段软土地基处理方案

T4 标 K21+188~K21+265 段软土地基设计采用 CFG 桩进行处理,桩长 15~24m,该路段下穿 500kV 韩汕甲乙线,受高压线最小安全施工净空影响无法施工。因此将该段软土地基处理方案调整为高压旋喷桩处理方案。

8)T5 标 K33+800~K34+140 段和溪头互通立交 AK0+000~AK0+402 路段软基处理方案比选

T5 标 K33+800~K34+140 段和溪头互通立交 AK0+000~AK0+402 段初步设计为桥梁,定测阶段纵断面下调,除军民大桥外均调整为路基。后由于地方要求保证上跨 X078 净空导致纵断面上调,军民大桥桥台高度为 10m 左右,填土高度 8~10m。该路段软土深厚、物理力学性质差,且地表无硬壳层,原施工图设计采用长 11~21m 的预应力管桩进行软基处理,根据试桩结果需加长管桩至 22~23m。K34+079.5 处下穿汕云甲(乙)220kV、汕金甲(乙)220kV 高压线。设计建议军民大桥延至 K34+140.24,增加约 150m 桥梁,A 匝道增长约 389m,D 匝道增长约 272m。经研究,将方案调整为军民大桥延至 K34+140.24,增加约 150m 桥梁,其他路段根据地质和试桩结果合理调整管桩长度和间距,由于硬壳层很薄,管桩施工前填筑 2m 厚合格填料作为施工平台。

9)T8 标华阳互通立交 DK0+128~DK0+359 段软土路基处理方案

T8 标华阳互通立交 DK0+128~DK0+359 段软土路基原设计采用袋装砂井+堆载预压进行处理,与汕湛高速公路存在路基和涵洞拼接,为减小新旧路基的沉降差和预压周期,统一施工工艺,将原方案调整为 D 匝道 DK0+128~DK0+359 段软基处理由袋装砂井+堆载预压调整为素混凝土桩方案。

10)T9 标金浦互通立交软基处理方案比选

T9 标金浦互通立交原施工图设计采用袋装砂井、素混凝土桩等方案进行软基处治,经现场地质补勘后发现,该互通立交范围内大部分区域无软土分布,仅局部钻孔显示地表有 1.9~2.6m 厚的软土。因此,取消金浦互通立交范围内所有深层软基处理方案,对于局部浅层软基,根据钻探和静探结果采用换填处理。

金浦互通立交段原软基处理方案为一般路基段采用换填、袋装砂井+超载预压处理,桥头、涵洞及拼宽段采用管桩处理,收费广场区域采用素混凝土桩处理。根据施工阶段的补勘、静力触探以及现场的挖探结果进行动态调整设计。AK0+000~AK0+100 段取消软基处理,AK0+565~AK0+595 段左右侧及 AK0+400~AK0+505 段采用冲击碾压 20 遍进行处理,其余采用就地固化处理,方案总体合理,符合环保绿色的理念。

11）T11 标软基处理方案比选

T11 标主线 K69+600～K69+953 段和牛路互通立交范围原施工图设计采用袋装砂井和管桩等软基处理方案。经现场地质补勘后发现，地表硬壳层为 8～17m 厚的砂层，砂层下存在厚 1～3m、标准贯入击数较高的固结淤泥质土层。因此取消原方案中该路段深层地基处理措施，并取消该路段原设计地基处理布置的土格栅（深汕高速公路拼宽段除外）。根据钻探和静探结果动态确定处理方案。

T11 标牛路互通立交 K69+189.3～K69+280、K69+320～K69+482 和 K69+518～K69+600 段软土基原设计采用袋装砂井进行处理，现场试打时，袋装砂井无法穿透硬壳层。咨询单位对地质分析时发现此路段地表硬壳层性质好，路基稳定性好，同时地基本身的排水性也非常好，地基本身的排水条件与打设袋装砂井后相当，因此取消了以上三段软土路基的深层袋装砂井，保留砂垫层和增设一层土工格栅，保留超载预压和加密施工监测，加密设置沉降观测板，并根据沉降观测结果确定是否增加超载预压填土高度。

12）T12 标软基处理方案比选

T12 标西舻互通立交 AK0+000～AK0+360 段软土路基原设计采用袋装砂井、换填等处理方案。现场将该路段作为预制梁场到存梁区，考虑到该路段的软土路基后续处理时间不足，结合广东"省交通集团工作会议纪要〔2017〕235 号"意见，同意将该段软基处理方案变更为管桩方案，管桩顶采用地梁连接，管桩接头采用机械连接。

T12 标西舻互通立交 AK0+360～AK0+584 段软土路基原设计采用预应力管桩进行处理，管桩平均长度为 15.1m。现场勘探结果显示该路段软土层厚度为 11.1～16.7m，通过现场试桩试验发现 AK0+360～AK0+530 段管桩需加长至 26m、AK0+530～AK0+584 段需加长至 30m 方能达到设计承载力要求。因此将西舻互通立交 AK0+360～AK0+530 段管桩平均桩长变更为 26m，AK0+530～AK0+584 段管桩平均桩长变更为 30m，取消管桩顶托板，管桩顶采用地梁连接，管桩接头采用机械连接。

2.4 牛田洋地区软基处理技术

2.4.1 牛田洋路段软基建设条件

1）牛田洋简介及工程概况

牛田洋地区位于榕江下游入海口处，从揭阳市区东南至汕头市区区域为牛田洋范围，整个面积约 350km²，陆地主要由近代围垦形成，区域内主要为农田和鱼塘，全区域分布有一层 10～25m 厚超软土地层，对工程建设尤为不利。

2) 区域地质成因与软土性质

(1) 地质成因

大约 5000 年前,现在的汕头市区位于水中,榕江入海口较现在宽很多(在桑浦山以东南),由于韩江为全国第六大输沙量的河流(每年冲积入海的泥沙为 700 万~800 万 m^3),韩江带来的泥沙在韩江三角洲平原沉积,使韩江三角洲快速扩大。大约 3000 年前,汕头市区开始露出海平面,造成韩江入海后堵塞,仅仅留有不到 1000m 的宽度(礐石大桥处宽度不足 1000m,海湾大桥处宽度不足 1000m)。

牛田洋位于榕江入海口处,由于入海口地形的限制,造成牛田洋区域淤积严重,现有项目经过区域是近代(清朝末年至新中国成立初期)围海造地形成。本项目主线横穿牛田洋、潮汕连接线沿牛田洋与潮惠高速公路相接。

由于入海口的宽度被严重压缩,而内部牛田洋区域形成一个面积很大的海湾,榕江水的流速在牛田洋区域内迅速降低,同时由于潮涨潮落的作用,使得牛田洋区域形成一个类似大的蓄水池,榕江水和涨潮进来的海水在牛田洋区域内混合。榕江带来的细黏土颗粒在海水盐分的作用下开始絮凝,由于流速较低,絮凝体在牛田洋区域沉积(由于水流速度低,泥浆无法带入大海),从而造成榕江牛田洋区域内泥浆快速沉积。

由于潮汐的顶托作用和地形的限制,榕江带来的泥浆在牛田洋区域沉积,同时由于淡水和咸水的交汇作用,牛田洋区域形成孔隙比超大、含水率超高的超软土层。从而使牛田洋区域内形成一层含水率高(80%~100%)、孔隙比大(2.1~2.7)、物理力学性质极差的超软土,并在整个牛田洋区域内分布,厚度 10~25m,对工程建设尤为不利。

因此牛田洋区域存在的地表硬壳层很薄,一般厚度为 0.5~1.5m,主要为农耕形成的硬壳层;地表以下存在 10~20m 厚的超软土,软土呈现非常明显的欠固结特性。牛田洋地区表层基本无硬壳层,淤泥直接出露地表,天然地基的承载力极低,无法满足施工需要。

(2) 牛田洋软土地基特点

①流塑状淤泥、含水率高(一般在 80%~100%);孔隙比大(2.1~2.7);软土密度 1.45~1.55g/cm^3(基本与沉淀后的泥浆一致)。

②为滨海相沉积,流塑状,为欠固结软土,强度低(直接快剪指标:$c=8$、$\varphi=3.2°$;十字板强度 $S_u=10~15$kPa;静力触探指标:锥尖阻力 $q_c=0.18~0.38$MPa、侧壁阻力 $f_s=4.5$kPa)。

③淤泥颗粒细,基本为黏粒,在应力状态下,后期蠕变大,对路基沉降影响长期存在。

④软土层分布连续,牛田洋范围以内的路线范围全部存在软土层,且埋深很浅,部分软土直接出露地表,基本无硬壳层,对工程建设影响很大。

3) 软基物理力学参数特点

直剪快剪指标:$c=10$、$\varphi=2.2°$;固结快剪指标:$c=12$、$\varphi=8°$;原位十字板不排水剪峰值强度 $S_u=10\sim15$kPa(长期强度一般只有峰值强度的 60%~70%,换算成 $c_u=7\sim10$kPa 十字板,强度随深度基本上无变化,表现出非常明显的欠固结软土的特性);静力触探指标:锥尖阻力 $q_c=0.18$MPa、侧壁阻力 $f_s=4.5$kPa。

物理力学指标关系到路基稳定和固结沉降的情况,是路基稳定性和预压时间的设计依据。具体比较情况见表 2-1。

潮汕环线(牛田洋路段)淤泥物理力学指标 　　　　表 2-1

物理力学指标		数值
强度指标	黏聚力(kPa)	8.2
	内摩擦角(°)	3.8
固结性指标	固结系数 K_v($\times10^{-3}$cm/s)	0.75
	渗透系数 K($\times10^{-7}$cm/s)	0.98

从表 2-1 可知,本项目的软土物理力学指标较差,主要是由本项目软土的沉积环境和沉积条件导致,榕江含砂量非常少,同时牛田洋水流速度低,导致沉积大面积强度和渗透性超低的软土。牛田洋地区属于三角洲相沉积,淤泥里面含有较多的粉砂层,使得沉积后的软土颗粒粒径稍大,且渗透性较好。通过钻孔、室内试验及现场原位试验指标可以看出,牛田洋区域内软土层厚,软土性质非常差,地基稳定性非常差。

根据前期调查,此区域内的类似工程软土路基沉降非常大,工后沉降量大,沉降时间长。具体有:

(1)G206 炮台路段,20 世纪 80 年代末期修建桥梁(桥头路段未处理),填土高度约 4m,桥头路段工后沉降大于 1.5m。

(2)汕汾高速公路外砂河大桥桥头路段,采用袋装砂井处理,施工期沉降大于 2m,15 年工后沉降大于 1.5m。

(3)汕梅高速公路月浦收费站广场区域,采用袋装砂井处理,工后沉降大于 1.5m。

(4)潮惠高速公路牛田洋路段,采用管桩处理,施工期全路段出现稳定性问题,目前通车一年工后沉降大于 60cm 且沉降未稳定,对此路段进行多次加固处理,总体效果不佳。

4) 与其他项目软土情况对比分析

类似项目有深汕高速公路西段长沙湾段、开阳高速公路水口段、中江高速公路、汕汾高速公路、西部沿海高速公路台山段、潮惠高速公路,对其软土情况进行的对比分析如下。

(1)软土性质的对比

软土的性质是决定软基处理方案的关键,关系到方案是否技术可行、是否存在质量控制风险及造价等。

①含水率对比

选择其他项目工程性质最差的软土和工后沉降最大的路段与本项目(牛田洋路段)全线统计情况进行比较,见表2-2及图2-13。

潮汕环线与其他项目不同深度淤泥平均含水率对比表　　　　表2-2

深度范围 (m)	潮汕环线 (牛田洋段) (%)	潮惠高速公路 (牛田洋段) (%)	汕汾高速公路 (K19路段) (%)	西部沿海 高速公路 (K22~K29段) (%)	中江高速公路 (K5~K6段) (%)	中江高速公路 (K29~K30段) (%)
2~4	77	81	86	66	54	51
4~8	81	81	75	77	52	60
8~12	83	76	73	70	55	59
12~16	79	70	72	51	50	61
16~20	73	62	60	51	51	58
20~24	32	25	28	32	53	63
24~28	28	32	25	28	48	55
28~32	26	26	20	26	32	56
对比情况说明	深度20m范围以内的淤泥含水率超70%,属于超软土	深度20m范围以内的淤泥含水率超70%,属于超软土	深度20m范围以内的淤泥含水率超70%,属于超软土	深度12m范围以内的淤泥含水率70%;12m以下接近淤泥质土	软土性质相对较好,但软土深度大,最大深度为26m	软土性质相对较好,但软土深度大,最大深度达到33m

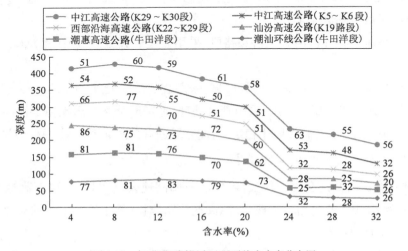

图2-13　各项目不同深度地层平均含水率分布图

通过以上项目的软土含水率随深度变化的比较情况可以看出:潮汕环线项目的软土属于超软土(平均含水率超70%),与潮惠项目软土情况基本一致,与汕汾高速公路情况比较接近(汕汾高速公路只有K19附近约800m范围内软土差,其他路段相对较好),比西部沿海台山段更差;中江高速公路软基含水率不是太高,但软土深度大。

②物理力学指标比较

物理力学指标关系到路基稳定和固结沉降的情况,是路基设计稳定性和预压时间设计的依据。选择其他项目工程性质最差的软土和工后沉降最大的路段与本项目(牛田洋路段)全线统计情况进行比较,具体情况见表2-3与图2-14。

潮汕环线(牛田洋路段)与其他项目淤泥物理力学指标统计对比表　　表2-3

物理力学指标		潮汕环线(牛田洋段)	潮惠高速公路(牛田洋段)	汕汾高速公路(K19路段)	西部沿海高速公路(K22~K29段)	中江高速公路(K5~K6段)	中江高速公路(K29~K30段)
强度指标	黏聚力 c(kPa)	8.2	8.6	10.1	12.0	10.9	6.7
	内摩擦角 φ(°)	3.8	4.1	4.4	5.3	11.4	9.4
固结性指标	固结系数 K_v($\times 10^{-3}$cm/s)	0.75	0.75	1.06	0.84	1.69	2.10
	渗透系数 K($\times 10^{-7}$cm/s)	0.98	0.98	1.24	1.14	11.20	9.13

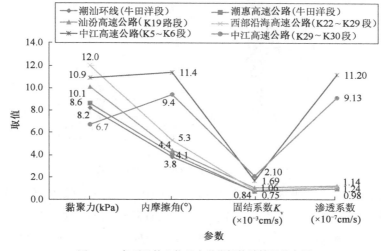

图2-14　各项目软土物理力学指标统计情况分布图

从以上的淤泥物理力学指标可知,本项目的软土物理力学指标最差,主要是由本项目软土的沉积环境和沉积条件导致。榕江含砂量非常少,同时牛田洋水流速度低,导致沉积大面积强度和渗透性超低的软土。中江高速公路属于三角洲相沉积,淤泥里面含有较多的粉砂层,使得沉积后的软土颗粒粒径稍大,且渗透性较好。

③原位试验指标比较

为避免取样过程中对土样的扰动,造成试验指标和实际的指标有一定差距,采用静力触探和十字板试验的原位测试方法。选择其他项目工程性质最差的软土和工后沉降最大的路段与本项目(牛田洋路段)全线统计情况进行比较(部分项目的勘察方式不一致,因此部分项目只选择了一种方式来取得软土的原位指标参数。),具体比较情况见表2-4与图2-15。

潮汕环线与其他项目淤泥原位试验指标统计对比表　　表2-4

项目	潮汕环线 (牛田洋段)	潮惠高速公路 (牛田洋段)	汕汾高速公路 (K19路段)	西部沿海 高速公路 (K22~K29段)	中江高速公路 (K5~K6段)	中江高速公路 (K29~K30段)
十字板强度(kPa)	15.1	—	18.3	21.0	23.0	20.2
锥尖阻力(MPa)	0.34	0.41	0.51	—	—	0.47
侧壁阻力(kPa)	4.60	5.35	6.43	—	—	—

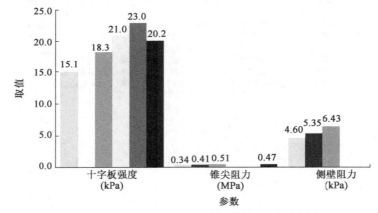

图2-15　各项目软土的原位测试指标分布图

原位试验指标比较结果来看,潮汕环线项目牛田洋路段的软土原位强度与前述比较的结果一致。通过十字板强度的比较可知,潮汕环线项目的软土要比中江高速公路低约20%。原位试验指标比其他项目都要差,说明地基的强度低,对路基填筑期的稳定影响大;同时由于软土原位强度低,导致较多地基处理方案质量无法保证,处理效果差。

(2)软土埋深及厚度对比

通过收集其他项目地质勘查资料,对地表硬壳层的厚度、软土埋深等情况与本项目牛田洋路段进行对比,具体情况见表2-5。

潮汕环线与其他项目软土埋深情况统计对比表 表2-5

项目	潮汕环线（牛田洋段）	潮惠高速公路（牛田洋段）	汕汾高速公路（K19路段）	西部沿海高速公路（K22~K29段）	中江高速公路（K5~K6段）	中江高速公路（K29~K30段）
地表硬壳层厚度	地表有0.5~1.2m厚耕植土层，鱼塘路段缺失，淤泥直接出露	地表有0.5~1.2m厚耕植土层，鱼塘路段缺失，淤泥直接出露	地表有1~2m厚粉砂层或根植土层，鱼塘路段缺失，淤泥直接出露	地表有1~2m厚素填土层或根植土层，鱼塘路段缺失，淤泥直接出露	地表存在1~3m厚素填土或耕植土，局部缺失	地表存在1~3m厚素填土或耕植土，局部缺失
软土层的厚度(m)	12~21	10~20	13~19.7	10~23	25~33	20~32
软土层的沉积环境	滨海相沉积（属于海湾内半静水环境下沉积，类似潟湖相沉积），面积大、范围广	滨海相沉积（属于海湾内半静水环境下沉积，类似潟湖相沉积），面积大、范围广	牛轭湖相沉积，淤泥性质差	滨海相沉积	河流三角洲相沉积（沉积平原、动水环境下沉积）	河流三角洲相沉积（沉积平原、动水环境下沉积）
下卧层的情况	软可塑状粉质黏土层或砂层	软可塑状粉质黏土层或砂层	粉质黏土层	粉质黏土层	粉质黏土层	弱风化砂岩

(3) 其他项目的建设情况及工后沉降情况

其他项目的建设情况及工后沉降情况见表2-6。

其他参考项目施工沉降与工后沉降关系一览表 表2-6

项目名称	施工沉降平均(cm)	3年平均工后沉降		5年平均工后沉降	
		沉降量(cm)	与施工期沉降比(%)	沉降量(cm)	与施工期沉降比(%)
汕汾高速公路(K19路段)	282	34	12	43	15
西部沿海高速公路(K25~K27段)	265	32	12	—	—
中江高速公路(K5路段)	262	21	8	35	10
中江高速公路(K29路段)	356	32	9	43	12

(4) 综合比较情况

通过进行潮汕环线牛田洋路段软土情况与其他项目情况的对比可知，牛田洋路段的软土具有如下特点：

①软土性质极差，平均含水率均大于70%，属于超软土，同时物理力学指标及原位试验指标均较以往项目（除潮惠高速外）较差。

②分布范围广，路线经过的牛田洋区域全部存在超软土地基（本项目和潮惠高速公

路属于一个区域)。

③对于超软土的公路地基处理属于岩土工程的难题,长期存在,且未有成功的经验可以参考,对于此类路基应慎重对待。

2.4.2 地基处理方案分析与比选

1)复合地基方案分析(深层水泥搅拌桩、CFG 桩、预制管桩)

由于固结排水方案无法解决潮汕环线牛田洋路段的稳定性问题和沉降问题,因此考虑采用复合地基处理方案对潮汕环线牛田洋路段的适用性。

(1)深层水泥搅拌桩方案

采用深层水泥搅拌桩方案时,需要考虑如下问题:

①软土性质是否适宜搅拌桩方案

由于牛田洋区域为滨海相沉积,地下水含盐量高,为2%~3%,有一定的腐蚀性。根据规范和类似工程的经验,盐分对水泥土强度有较大的影响,因此,牛田洋区域内软土性质不适宜采用搅拌桩方案。

②软土层深度是否适宜做深层水泥搅拌桩方案

根据以往项目的应用效果和检测结果发现,适宜做水泥搅拌桩的软土深度一般不宜超过 10m,超过此深度后,搅拌桩的质量将难以控制,容易出现成桩质量问题;本项目的平均软土深度大于 15m,采用水泥搅拌桩方案难度非常大,容易出现工程质量问题。

综合参考类似项目的水泥搅拌桩的应用效果和成桩质量情况,不建议采用水泥搅拌桩方案。

(2)CFG 桩方案

采用 CFG 桩方案时,首先需要考虑地基的原位强度是否能满足成桩要求,保证成桩质量。《公路软土地基路堤设计与施工技术细则》(JTG/T D31-02—2013)要求地基的原位十字板强度不小于20kPa。

根据本项目的地质勘察资料,软土原位十字板强度平均值小于 15kPa,小于规范要求的强度,不适宜做 CFG 桩。

由于本项目软土强度低,满足不了 CFG 桩的施工要求,容易出现缩颈或断桩的质量事故,成桩质量无法得到保证,所以潮汕环线牛田洋路段不建议采用 CFG 桩处理方案。

(3)预制管桩处理方案

预制管桩是采用工厂制作,在现场打入的一种桩体,目前已经广泛应用于地基处理中。由于桩体为预制结构,桩身质量有保证,同时对于软土适用性强,适用于各种软土性质。对于本项目的超软土,由于软土含水率超高,原位强度低,限制了较多地基处理方案的应用。因此需对预制管桩的处理方案进行分析和研究。

鉴于广东省公路软基处理中出现多次管桩处理问题,本项目邻近的潮惠高速公路也出现过大面积的管桩处理地基失效问题,因此对管桩处理方案进行了详细的调查和细致的研究。具体研究结果如下:

①对于超软土地基(软土含水率大于70%),由于软土对管桩的侧向限制作用非常小,需要考虑软土层中管桩的压杆稳定性问题,确保管桩在路基荷载作用下不发生桩身压杆失效问题。因此需要控制管桩直径,减小挤土效应。经研究本项目需要采用直径400mm的管桩才能满足要求(潮惠及新台采用直径300mm的管桩)。

②荷载承担原则:对于超软地基,由于管桩和地基的刚度差别非常大,无法形成复合效应,因此本项目考虑路基荷载全部由桩体承担,不考虑地基的承载作用,确保承载力满足要求;管桩承载力通过单桩设计,满足承载力要求。

③考虑地基荷载全部传递到管桩桩顶,管桩桩顶采用地梁连接,形成整体,确保路基荷载全部传递到管桩上,地基不承担荷载;同时地梁会约束管桩桩顶的水平位移,保证管桩的竖直和不偏位,确保不出现由于桩顶水平位移过大导致管桩失效的现象。

④在调查中发现,由于焊接质量无法保证,管桩接头质量是管桩失稳的一个重要因素,本项目为了确保管桩接头质量,采用机械啮合式接头,确保接头质量。

⑤由于管桩施工的垂直度对管桩的承载力有一定影响,为了保证管桩垂直度施工能满足规范要求,施工垫层的厚度必须满足施工机械的使用要求。

2) 挤扩支盘桩方案分析

支盘桩属于常规灌注桩工艺,通过对不同土层的挤压,形成盘腔,灌注混凝土后,通过设置支、盘提高桩基承载力。该方案单桩承载力高,工后沉降量小,施工周期短,工程费用较管桩方案低。但新技术大面积应用存在风险,主线路基不宜采用。

T12、T13标路改桥路段同时对支盘桩处理方案进行进一步的研究,具体的设计方案如下:

(1)地表填筑1.5m厚硬壳层,作为施工垫层。

(2)支盘桩平均处理长度为32m,平均间距为4.5m,正三角形布设,桩身配筋。

(3)支盘桩顶设置地梁,地梁尺寸为60cm(宽)×80cm(高);地梁双向配筋,上下分别为6根ϕ20mm钢筋;箍筋为ϕ12mm钢筋,间距10cm,等距布设;两侧设置ϕ12mm腰筋,间距10cm,两侧分别设4根。

(4)地梁顶设置60cm厚碎石垫层。

(5)碎石垫层上下面各设置一层GSZ80钢塑双向土工格栅。

造价对比分析(按照填土高度6.5m,处理面积1000m²等效对比)见表2-7。

管桩+地梁方案与支盘桩+地梁方案造价对比分析表　　　表2-7

项目	单价(元)	管桩方案数量	支盘桩方案数量	管桩造价(万元)	支盘桩造价(万元)	对比造价(万元)
管桩(含机械接头)	160	64000m	0	1024	0	1024
支盘桩	500	0	18240m	0	912	−912
桩帽混凝土	440	2496m³	3232m³	110	142	−32
桩帽钢筋	4.3	320000kg	484500kg	138	208	−71
双向土工格栅	23	20000m²	20000m²	46	46	0
碎石垫层	160	6000m³	6000m³	96	96	0
合计:	—	—	—		1413	1405

注：表中数量按照填土高度6.5m、处理面积10000m²计。

根据支盘桩+地梁处理方案与预应力管桩+地梁方案的经济性比较分析可知,两者造价基本一致,无明显的差异。

根据T12、T13标路改桥路段管桩方案的比较分析可知,T13标主线路改桥路段采用桥梁方案比采用管桩方案造价低约1145万元,同时没有质量控制风险。因此,建议此路段采用桥梁方案。

3) 路基改桥方案分析

根据方案研究,对于T12、T13标路改桥路段,具体的桥梁和各软基处理方案的经济比较见表2-8。

T12标、T13标路改桥各软基处理方案经济比较　　　表2-8

标段	原造价(万元)	管桩完善方案或支盘桩方案(万元)	桥梁方案(万元)
T12	11095	17972	17072(按面积计算桥梁造价约18072,同时由于减少了7个桥台,减少造价约1000)
T13	6075.1	9421.6	8276(按面积计算桥梁造价约9136,同时由于减少了6个桥台,减少造价约860)

根据上述桥梁和路基方案比较可知,T12标与T13标桥梁方案较管桩方案都有一定的经济优势。同时,从质量和进度上分析可知,桥梁方案也具有一定的优势。综合考虑,采用桥梁方案。

4) 方案比选结论

(1)就地固化硬壳层复合地基(深层水泥搅拌桩)方案:理论分析可行,但实际施工质量问题多,不采用。

(2)就地固化硬壳层复合地基(预应力管桩)方案:技术方案可行,但不具有经济性,不采用。

(3)管桩+地梁处理完善方案:技术基本可行,但是由于采用了机械接头,原材料供应难度大。本项目供货距离远,用量大(初步测算约120万m),供货难度大,工程进度难以保证,不宜大面积采用。

(4)小支盘桩+地梁地基处理方案:技术方案可行,但存在新技术大面积应用技术风险,无明显的经济优势;主线路基不宜采用。

(5)桥梁方案:技术成熟,桥头数量减少,造价与管桩和支盘桩方案略低;同时从技术风险控制和后期维护成本考虑,宜采用。

2.4.3 软基处理方案介绍

1)T12主线(含西胪互通立交主线)、T13主线软基处理方案

此部分路段为项目主线范围,需随整个项目同期开通,在选定方案时需考虑,通过对此路段软土处理研究发现:

对于填土高度超6m(含超载高度)的路基,采用固结排水法+超载预压+反压护道无法通过稳定性验算,路基稳定性无法保证、工期也不能满足要求(填筑期预计12个月,预压期预压14~16个月)、工后沉降依旧会超过规范要求(大大增加运营期成本)、两侧需要增加宽度约20m的征地(两侧为高保农田,征地难度大和交地时间无法确定)。因此采用固结排水法+超载预压+反压护道方案并没有节省工程造价,反而会造成工程失稳事故和延迟交工。因此在主线范围内不采用此方案。

通过对复合地基处理方案的研究,水泥搅拌桩及CFG桩方案对于本项目不适用。如采用复合地基处理方案,只能选择管桩方案;由于施工时补充勘察发现软基性质较设计参考的软基性质更差,同时由于附近项目的管桩失效,需对原有的管桩方案进行调整(增加管桩处理深度、设置桩顶地梁、管桩接头采用机械连接),导致造价增加;通过前期的对比分析,发现桥梁方案(除T12标西胪互通立交主线部分由于技术原因保留路基)较管桩完善方案增加造价不多。因此建议采用桥梁方案。

对于T12标西胪互通立交主线部分,由于技术原因保留路基段,采用固结排水方案技术风险大(存在失稳风险大、工后沉降无法满足规范要求、工期无法保证等问题),宜采用管桩加强方案,确保路基质量和通车工期。

2)T12标西胪互通立交软基处理方案

经过对T12标西胪互通立交软基的进一步研究,此互通立交收费广场至平交口路段

已是施工单位的预制梁厂，匝道跨线桥大桩号桥头位置已实施了小直径支盘桩试验段。立交方案重新拟订的区域主要为收费广场至主线立交匝道部分。

初步拟订的方案如下：对于收费广场至主线部分，路基填土4~6m（匝道桥上跨主线），然后开展固结排水法+超载预压+反压护道（如有）方案比选，根据技术和经济的比选，对经济性和通车时间要求进行综合考虑，择优选用。

收费广场区域和收费广场至平交口区域作为施工单位梁场，无法实施软基处理方案，建议维持管桩处理方案。

3）T13标金灶互通立交软基处理方案

金灶互通立交属于潮汕环线高速公路潮汕联络线与潮惠高速公路衔接的立交，属于高高相接的枢纽互通立交，需要与主线同步开通。存在软基处理的主要有C、D、H匝道的路基部分；C匝道紧贴潮惠高速公路，基底已实施了部分管桩（2~3排），无法调整地基处理方案（设计处理方案同潮惠高速公路一致，采用管桩方案）。D、H匝道填土高度5~6m；软土深度16~20m，地表存在0.8~1.0m耕植土层。经过对此立交进一步研究可知，本立交属于枢纽立交。

初步拟订的方案如下：由于此立交匝道填土较高，故采用固结排水法+超载预压（高度1.1m）+反压护道方案；增加超载1.1m，使得路基最终平均填土高度超6m，路基稳定性无法满足规范要求，存在较大的稳定性风险，建议采用管桩方案，但应对管桩处理方案与桥梁方案进行进一步比较，择优选用。

3 桥梁工程设计与施工

3.1 桥梁工程概况

3.1.1 榕江特大桥

1）桥型简介

榕江特大桥主桥长800m，桥型布置为：(60+140+400+140+60)m斜拉桥。北岸引桥长3440m，采用73×30m预应力混凝土小箱梁+(35+60+35)m预应力混凝土连续箱梁+28×40m预应力混凝土T梁，南岸引桥长600m，采用15×40m预应力混凝土T梁。

2）技术标准

(1)公路等级：高速公路；

(2)设计速度：100km/h；

(3)设计荷载：公路-Ⅰ级；

(4)行车道数：双向六车道；

(5)设计使用寿命：100年；

(6)桥面标准宽度：33m；

(7)地震：设计基本地震动加速度峰值0.2g；

(8)设计洪水频率：特大桥1/300；大、中桥1/100。

(9)坐标系及高程系统：平面坐标采用1980西安坐标系，中央子午线116°39″；高程采用国家1985高程基准。

3) 自然特征

(1) 地形特征

项目地形较简单,主要分为两个地貌单元:一为河流冲积平原,线路大多从冲积平原通过,地势平坦,沿途多为农田、鱼塘;另一地貌为低山丘陵,分布里程 K43+800~K45+700,地形起伏变化较大,最高海拔 93.8m,受构造影响,山体及沟谷总体呈 NW 走向,侵蚀切割强烈,形成 V 字形山谷,道路右侧山坡多辟为坟地,沿线植被发育。

(2) 地质特征

项目区位于潮汕地区,该地区中三叠世前地质时期属华南古陆隆起区,处于剥蚀阶段,中三叠世的印支运动结束了古陆隆起,进入板块运动时期,为大陆边缘活动带阶段。晚三叠世由于海侵作用,大陆前缘凹地沉积海陆交相碎屑岩,早侏罗世至晚三叠世沉积成浅海相碎屑岩。中侏罗世随着太平洋板块向亚欧板块俯冲的进一步加剧,形成线路区大面积分布的花岗岩,地壳上升遭受风化剥蚀。晚侏罗世,在断陷盆地以火山强烈喷发为主,形成上侏罗统的火山碎屑岩。早白垩世,板块俯冲减慢,陆地遭受剥蚀,在内陆盆地沉积红色火山碎屑岩。第三纪地壳上升经剥蚀。第四纪表现为间隙式上升,经风化剥蚀与沉积作用,形成了现代地貌景观。

(3) 气象

榕江特大桥位置属南亚热带季风气候,为华南沿海台风区(Ⅳ7),处于赤道低气压带和副热带高气压带之间,在东信风区之中;地处亚欧大陆的东南端,受海风的影响很大;冬半年常吹偏北风。夏半年常吹偏南风或东南风,是明显的季风区;夏季又处于西北太平洋低纬度地区台风盛行区域中。

常年雨水充沛,无霜期长,春季潮湿,阴雨日多;初夏气温回升,冷暖多变,常有暴雨;夏季虽高温而少酷暑,常受台风袭击;秋季凉爽干燥,天气晴朗,气温下降明显;冬无严寒,但有短期寒冷。年日照 2000~2500h,日照最短为 3 月份。年降雨量 1300~1800mm,多集中在 4 月至 9 月。年平均气温 21~22℃,最低气温在 0℃ 以上;最高气温 36~40℃,多出现于 7 月中旬至 8 月初受太平洋副热带高压控制期间。

(4) 水文地质条件

标段主桥位于潮汕榕江区域,属于南海水系河流,是潮汕地区第二大河流,仅次于韩江,由南北两河汇合而成。南河是榕江的主流,长 175km,北河长 92km。榕江流域面积达 4408km^2,其中位于潮汕范围内 3512km^2,占整个潮汕土地面积的 34%,流域人口三百余万。榕江环绕揭阳市区流经汕头出海,是广东著名深水河,也是潮汕地区一条重要的水陆运输要道。榕江受潮汐影响明显,在勘察期间榕江两岸河岸稳定。

（5）主要工程量

本项目负责施工榕江特大桥（含南北岸引桥），线路全长 4.84km。主要工程量见表 3-1、表 3-2。

主要工程数量表 表 3-1

序号	工程名称	单位	数量	备注
1	桩基	根	592	全桥
2	墩柱	根	480	全桥
3	盖梁	座	236	全桥
4	预制梁（30m 小箱梁）	片	730	北岸引桥
5	预制梁（40m T 梁）	片	602	南北岸引桥
6	变截面预应力混凝土连续箱梁（连续刚构）	处	1	(35+60+35)m 北岸引桥
7	索塔	座	2	主桥
8	钢箱梁安装	片	63	主桥
9	钢筋	吨	47304	全桥
10	混凝土	m³	351820	全桥

具体工程数量表 表 3-2

桥名	项目名称	型号及尺寸	数量	小计	长度（m）	小计（m）	混凝土（m³）	钢筋（kg）
南岸常规引桥	桩基	φ2.5m	60	60	4489.6		22045	1458563
	系梁	φ2.1m 柱系梁	16	30			559.5	51279
		φ2.2m 柱系梁	14					
	墩柱	φ2.1m 圆柱墩	32	60	1047.4	2101.5	7136.1	773192
		φ2.2m 圆柱墩	28		1054.1			
	盖梁及挡块	φ2.1m 墩顶盖梁	16	30			2077.5	391102
		φ2.2m 墩顶盖梁	14					
	支座垫石	支座垫石	112	112			8.6	5299
	40m 预制 T 梁	40m 预制 T 梁（预制部分）	210 片				10230	2317086
		（现浇部分）					1618	188023
	桥面现浇层		8 联		1200		1826.8	276804
	防撞护栏	内侧			1200	2400	441.6	79624
		外侧			1200		625.7	93214

续上表

桥名	项目名称	型号及尺寸	数量及长度				工程量	
			数量	小计	长度（m）	小计（m）	混凝土（m³）	钢筋（kg）
北岸常规引桥	桩基	φ1.8m	292	408	20907.2	30551.2	53143.3	3852261
		φ2.0m	16		1344		4220.2	948989
		φ2.2m	36		2988		11352.6	781460
		φ2.5m	64		5312		26082.9	1677849
	系梁	φ1.5m 柱系梁	146	196			1915.52	182646
		φ2.0m 柱系梁	18				351.54	30440
		φ2.1m 柱系梁	22				410.3	37605
		φ2.2m 柱系梁	10				186.5	17093
	承台及系梁	200cm×200cm 桩矩形墩	4	4			655	62686
	墩柱	φ1.5m 圆柱墩	292	400			3527.2	610114
		φ2.0m 圆柱墩	36				2326	240911
		φ2.1m 圆柱墩	44				4613.5	486855
		φ2.2m 圆柱墩	20				2599.8	287195
		2.8m×2.2m 矩形墩	8				1989.4	268959
	盖梁及挡块	φ1.5m 墩柱盖梁	146	200			8161.4	1780927
		φ2.0m 墩柱盖梁	18				1191.8	230180
		φ2.1m 墩柱盖梁	22				1449.2	277425
		φ2.2m 墩柱盖梁	10				711.7	134211
		矩形墩墩柱盖梁	4				283.8	
	支座垫石	700mm×600mm 支座垫石	1460				92	66430
		760mm×760mm T梁支座垫石	350				27.1	16555
	30m 预制箱梁	预制部分	730 片				28353.2	5452954
		现浇部分					3022.2	584438
	40m 预制T梁	预制部分	392 片				19104.4	4226880
		现浇部分					3703	473958
	桥面现浇层		52 联				10482	1335786
	防撞护栏	内侧	6620	6620		13240	2436.16	439261
		外侧	6620	6620			2919.42	521334

续上表

桥名	项目名称		型号及尺寸	数量及长度				工程量	
				数量	小计	长度(m)	小计(m)	混凝土(m³)	钢筋(kg)
北岸跨大堤桥	桩基		φ2.0m	24	24	1992	1992	6256	664883
	承台及系梁		上接 φ1.7m 圆柱墩	2	8			38.5	3146
			上接 φ1.8m 圆柱墩	2				40.2	3467
			8.2m×8.2m×3m	4				1022.2	123268
	墩柱		5.65m×1.8m 标准段 + 8.15m×1.8m 花瓶头	4	12	59.7	177.8	689.2	156879
			φ1.7m 圆柱墩	4		54.7		124	13569
			φ1.8m 圆柱墩	4		63.4		161.4	16982
	盖梁及挡块		过渡墩墩帽	4				295.9	53334
	梁体(现浇)		变截面连续箱梁 (35m+60m+35m)	1联	1	130	130	3104	835083
	防撞护栏		内侧			260	520	95.68	17248
			外侧			260		114.66	20475
榕江特大桥	主塔	桩基	φ3.0(2.7)m	60	60	4297	4297	27453.7	3716701
		钢管复合桩	φ3.0m	60	60	2190	2190		
		承台	43.7m×21.3m×(7.5+2.0)m	2	2			12092	1368159
		索塔	倒Y形索塔	2	2	293.8	293.8	17829.3	4540457
		横梁						2189.2	
		支座垫石	2.2m×3.15m×96m	6	6			14.3	16277
		塔顶装饰块		2	2			180.4	18560
	辅助墩	桩基	φ2.8(2.5)m	16	16	1296	1296	6903.2	949992
		钢管复合桩	φ2.8m	16	16	576	576		
		承台	28.75m×10.75m×4.5m	2	2			2311.4	214204
		墩柱	6.5m×4.5m	4	4	157.0	156.96	3494	761252
		支座垫石	95cm×95cm	4	4			2	1926
	过渡墩	桩基	φ2.8(2.5)m	24	24	1680	1680	9060	1259311
		钢管复合桩	φ2.8m	24	24	900	900		
		承台	35.75m×10.75m×4.5m	2	2			3447.6	301856
		墩柱	8.0m×4.5m	4	4	831.1	831.1	3562	699425
		盖梁及挡块		2	2			1439	116812
		支座垫石	100cm×100cm	32	32			5.3	5539

续上表

桥名	项目名称	型号及尺寸	数量及长度				工程量	
			数量	小计	长度(m)	小计(m)	混凝土(m^3)	钢筋(kg)
榕江特大桥	钢箱梁	A 节段	2	2	6.6	13.2	191.3	383
		B 节段	4	4	4.9	19.6	124.7	499
		C 节段	38	38	14.5	551	297.2	11294
		C1 节段	8	8	14.5	116	319	2552
		D 节段	2	2	8.7	17.4	192.9	386
		E 节段	2	2	10.0	20	265.7	531
		F 节段	2	2	10.3	20.6	235.2	470
		G 节段	2	2	11.6	23.2	256.1	512
		H 节段	2	2	5.4	10.7	162.8	326
		I 节段	1	1	6.6	6.6	133.2	133
	斜拉索	LPES7-121	24 根	24 根				
		LPES7-151	16 根	16 根				
		LPES7-187	24 根	24 根				
		LPES7-211	24 根	24 根				
		LPES7-223	16 根	16 根				
	支座	辅助墩 10000kN 摩擦摆式减隔振支座	4	4				
		过渡墩 5000kN 摩擦摆式减隔振支座	4	4				
		主塔 9000kN 拉索球形支座	4	4				
	桥面铺装	STC 高性能沥青混凝土	12000m^2	12000m^2			1200	
	合计						343805	46608667

（6）工程特点

①本项目是广东省交通集团双标管理项目，要求在工程施工中实行优质工程、标杆工程标准考核、标准化建设，项目施工投入及管理难度大。

②本项目全部为桥梁工程，桥梁结构形式多样化，有斜拉桥、30m 预制小箱梁、40m 预制 T 梁、连续刚构现浇箱梁支架等。

③榕江特大桥主桥及引桥桩位于深淤泥质土、黏土、砂土、花岗岩等复杂土体地层，桩基施工技术难度较大、施工风险较大。

④多水中墩平台施工。项目除主桥主墩、辅助墩、过渡墩 6 个墩在水中，以及北岸引

桥约1.2km(预制梁及现浇箱梁)位于水中、滩涂上,其余全部采用钢栈桥延伸搭设施工平台,施工周期较长。

⑤本项目有履带式起重机、塔式起重机、门式起重机、升降机、桥面起重机、起重船、打桩船、驳船等特种设备,机械事故发生频率高、施工安全风险大。

3.1.2 韩江东特大桥

1)桥段分布

韩江东特大桥由韩江东特大桥主汊桥、韩江东特大桥西岸跨大堤桥、韩江东特大桥副汊桥、韩江东特大桥常规高架桥组成。

(1)韩江东特大桥主汊桥

主桥平面位于半径 $R=3000$m 的同向圆曲线上,主桥采用(110+210+110)m 三跨连续混凝土刚构桥,上、下行分幅布置,箱梁顶面设2%超高,箱底水平。

(2)韩江东特大桥西岸跨大堤桥

韩江东特大桥西岸跨大堤桥平面位于 $L_s=250$m 的缓和曲线上,主桥采用(35+60+35)m 三跨连续混凝土刚构桥,上、下行分幅布置,箱梁顶面设超高横坡,箱底水平。

(3)韩江东特大桥副汊桥

根据水利防洪意见,韩江东副汊桥采用左右幅错孔布置的方案,左幅桥桥跨布置为(80+148+82.5)m,右幅桥跨布置为(90+148+80)m,左右幅均为三跨连续混凝土刚构桥,箱梁顶面设2%对称横坡,箱底水平,该桥平面位于直线上。

(4)韩江东特大桥常规高架桥

韩江东特大桥常规高架桥左幅有6联,右幅有7联,其中左幅常规桥跨径组合为 1×40.522m$+3 \times (4 \times 40)$m$+4 \times 30$m$+3 \times 30$m;右幅常规桥跨径组合为 1×38.022m$+3 \times 30$m$+2 \times (3 \times 40)$m$+4 \times 40$m$+4 \times 30$m$+3 \times 30$m,本桥40m跨径采用结构连续T梁,30m跨采用预制组合箱梁。桥梁交角为90°,墩台径向布置,桥梁跨径均指道路设计线上的曲线长度。

全桥由上、下行两幅桥组成。整体式路基宽度26.0m,桥面布置为0.5m墙式防撞护栏+净11.50m+0.5m墙式防撞护栏+0.5m分隔带+0.5m墙式防撞护栏+净11.50m+0.5m墙式防撞护栏。

设计界面划分:本桥起点Z0、Y0墩与磷溪互通立交主线桥衔接,此墩的桩基、承台、墩身和盖梁及相关的伸缩缝的工程量计入本桥;而支座及垫石的工程量按桥墩中心线分为磷溪互通立交主线桥和本桥,分别计入上磷溪互通立交主线桥和本桥。与刚构桥相接的过渡墩位置的伸缩缝分别计入对应的刚构桥数量中。桥终点Z30、Y29墩与井美特大桥衔接，此墩的桩基、承台、墩身和盖梁及相关的伸缩缝的工程量不计入本桥；而支座及垫石的工程量按桥墩中心线分为本桥和井美特大桥，分别计入本桥和井美特大桥。

2）主要技术标准

韩江东特大桥主要技术标准见表3-3。

韩江东特大桥主要技术标准　　　　表3-3

序号	项目	主线
1	公路等级	高速公路
2	桥面宽度	桥面宽度25.5m
3	设计速度	100km/h
4	桥梁设计荷载	公路-Ⅰ级
5	设计道数	双向四车道
6	设计使用寿命	100年
7	设计洪水频率	特大桥1/300，大、中桥1/100
8	地震动峰值加速度	0.2g

3）项目特点、重点及难点

（1）项目特点

本标段线路全长为5.64km，暂定合同价为8.85亿元，其中桥梁全长为5.64km，设涵洞16道。桥梁线路长、桩基数量大、结构物多，水上施工时间长。

（2）项目重点及难点

①水上大桩径、超桩长、变截面桩基施工

韩江东主汊桥主墩承台下共18根桩基，桩长约为90m，桩径2.5~2.8m（桩基顶桩径2.8m，深15m，其余部分2.5m），桩基钢筋笼按桩径设计成变截面形状。如何选用成桩机械，保证桩基施工进度及施工安全质量是本项目的难点之一。

②大体积、底桩承台施工

韩江东主汊桥主墩承台尺寸为35.75m×17m×5m，承台底位于河床以下7m，混凝土封底厚度不小于2m，围堰内吸泥高度将超过9m，项目拟定采用钢板桩围堰施工，围堰穿过粗砂层1.3m，如何有效地防止围堰渗水是项目难点；承台混凝土共3038m³，为超大体积混凝土，如何控制混凝土的内外温差也是项目的重点和难点。

③大跨径连续刚构施工

韩江东主汊桥采用(110+210+110)m三跨布置，水上施工工期长，保证水上施工安全是项目的重点；连续刚构施工线形控制和预应力张拉控制也是本项目的难点之一。

④大跨径 T 梁架设和箱梁架设安全风险高

本标段除 3 座连续混凝土刚构桥外均为箱梁架设,架设数量为 1771 片(其中 30m 箱梁 279 片,25m 箱梁 1372 片,40m T 梁 120 片),架设周期长,40m T 梁运输困难,安全风险高。保证预制梁架设和运输安全是项目的重点和难点。

⑤全线便道、便桥投入大

项目全长 5.64km,桥梁长度 5.64km(匝道桥除外),线路所经过的地方道路少,项目所处地区雨热同期(5 月至 9 月均为雨季),桩基数量大,下部结构多,便道需求线路长,质量要求高,水上施工周期长,所以便道和栈桥投入大也是项目的难点。

3.1.3 常规桥梁

1)第一标段内桥梁

(1)北溪河大桥

桥长 700m,桥址区位于韩江冲积平原区,分布较多鱼塘及农田,地势平坦,地面高程 2.9～4.5m,相对高差约 1.6m,河宽约 80m。上部构造为预应力混凝土小箱梁桥面连续 + T 梁结构连续,墩台基础为柱式墩、座板台、桩基础。

(2)金沙大桥

桥长 775m,桥址区位于韩江冲积平原区,分布较多鱼塘及农田,地势平坦,地面高程 4.4～6.0m,相对高差约 1.6m,河宽约 130m。上部构造为预应力混凝土小箱梁桥面连续,墩台基础为柱式墩、桩基础。全桥左右幅各有 11 联,跨径组合为 $3 \times (4 \times 25)m + 2 \times (5 \times 25)m + (2 \times 30)m + (3 \times 30)m + (3 \times 25)m$。本桥跨径布置均采用预制组合箱梁。

(3)东浦 1 号中桥

东浦 1 号中桥中心桩号为 CLK0 + 038.000,结构形式为 $1 \times 20m$ 预应力混凝土小箱梁,桥长 25.08m。下部桥台结构采用座板台,桩基础。

(4)东浦 2 号中桥

东浦 2 号中桥中心桩号为 CLK0 + 631.000,结构形式为 $1 \times 20m$ 预应力混凝土小箱梁,桥长 25.08m。下部桥台结构采用座板台,桩基础。

(5)东浦 3 号中桥

东浦 3 号中桥中心桩号为 CLK0 + 988.500,结构形式为 $1 \times 25m$ 预应力混凝土小箱梁,桥长 30.68m。下部桥台结构采用座板台,桩基础。

(6)莲华中桥

莲华中桥中心桩号为 CLK1 + 673.000,结构形式为 $1 \times 25m$ 预应力混凝土小箱梁,桥长30.68m。下部桥台结构采用座板台,桩基础。

(7)樟龙中桥

樟龙中桥中心桩号为CLK5+322.000,结构形式为1×25m预应力混凝土小箱梁,桥长30.68m。下部桥台结构采用座板台,桩基础。

(8)上西中桥

上西中桥中心桩号为CLK5+589.500,结构形式为1×25m预应力混凝土小箱梁,桥长30.68m。下部桥台结构采用座板台,桩基础。

(9)奕东1号中桥

奕东1号中桥中心桩号为CLK6+294.500,结构形式为1×25m预应力混凝土小箱梁,桥长30.68m。下部桥台结构采用座板台,桩基础。

(10)奕东2号中桥

奕东2号中桥中心桩号为CLK6+716.500,结构形式为1×25m预应力混凝土小箱梁,桥长30.68m。下部桥台结构采用座板台,桩基础。

(11)尧里中桥

尧里中桥为错孔布置,左幅中心桩号为CLK7+405.000,右幅中心桩号为CLK7+409.000,结构形式为1×30m预应力混凝土小箱梁,桥长36.48m。下部桥台结构采用座板台、桩基础。

(12)东山中桥

东山中桥中心桩号为XLK0+222.500,结构形式为1×30m预应力混凝土小箱梁,桥长36.48m。下部桥台结构采用座板台,桩基础。

(13)贡林中桥

贡林中桥是左右线分离桥梁,左线中心桩号为ZK0+849.000,结构形式为2×25m预应力混凝土小箱梁,左线桥长55.68m;右线中心桩号为K0+880.000,结构形式为4×25m预应力混凝土小箱梁,右线桥长104.98m。下部桥台结构采用座板台和轻型台、桩基础。

2)第二标段内桥梁

井美特大桥主线桥梁上部结构为预应力混凝土简支箱梁、桥面连续;桥墩结构形式为柱式墩;基础形式为桩基础。桥梁全长1790m,中心桩号为K7+808.921,结构形式为28×25m+30m+10×25m+30m+16×25m+30m+14×25m预应力混凝土小箱梁。桥址区位于韩江冲积平原区,地面高程6.5~9.0m,相对高差约2.5m。桥梁跨越小河沟、地方道路及少量民房。

3)第三标段内桥梁

(1)韩江西特大桥主桥

桥址区位,两岸分布民房较多,地面高程3.3~7.0m,相对高差约3.7m。跨越江面宽约650m。主桥平面位于直线上,主桥采用(55+85+85+55)m四跨连续混凝土刚构桥,上、下行分幅布置,箱梁顶面设2%超高,箱底水平。主梁采用双向预应力混凝土结构。主墩基础采用钻孔灌注桩和整体式承台。主墩采用矩形实心墩,截面尺寸2.5m×6.2m。过渡墩考虑防洪影响及结构受力需要,采用花瓶墩设计,墩底截面为4.5m×2.5m。

(2)韩江西特大桥西岸跨大堤桥

桥址区位于韩江冲积平原区,跨越韩江,跨越江面宽约650m。韩江西特大桥西岸跨大堤桥平面位于直线段上,主桥采用(61+98+61)m三跨连续混凝土刚构桥,上、下行分幅布置,箱梁顶面设2%对称横坡,箱底水平。主梁采用横纵向预应力混凝土结构。主墩基础采用钻孔灌注桩和分离式承台,过渡墩基础采用钻孔灌注桩,桥墩采用双柱墩,桩间采用系梁连接。主墩采用墙式墩,主墩截面尺寸为2m(顺桥向)×6.2m(横桥向),过渡墩采用双柱墩。

(3)韩江西特大桥东岸跨大堤桥

桥址区位于韩江冲积平原区,跨越韩江,跨越江面宽约650m。韩江西特大桥东岸跨大堤桥平面位于直线段上,主桥采用(30+50+30)m三跨连续混凝土刚构桥,上、下行分幅布置,箱梁顶面设2%超高,箱底水平。主梁采用横纵向预应力混凝土结构。主墩采用分离式花瓶墩,墩底截面尺寸1.6m×4.5m,墩顶截面尺寸1.6m×6.2m。过渡墩采用双柱墩设计,小桩号过渡墩墩径1.7m,大桩号过渡墩墩径1.8m,墩顶设置盖梁。

(4)常规高架桥

本桥40m跨径采用结构连续T梁,30m、25m跨采用预制组合箱梁。桥梁交角为90°,墩台径向布置,桥梁跨径均指道路设计线上的曲线长度。全桥由上、下行两幅桥组成。整体式路基宽度26.0m,桥面布置为0.5m墙式防撞护栏+净11.50m+0.5m墙式防撞护栏+0.5m分隔带+0.5m墙式防撞护栏+净11.50m+0.5m墙式防撞护栏。下部结构采用双柱墩。

桥址区位于韩江冲积平原区,跨越韩江,跨越江面宽约650m。本桥常规高架桥左右幅各有10联,跨径组合为4×25m+3×30m+30.054m+3×30m+4×30m+2×40m+5×40m+2×(3×30)m+2×(4×25)m。

(5)梅汕高铁跨线桥

桥址区位于韩江冲积平原区,分布较多鱼塘及农田,地势平坦,地面高程3.3~5.4m,相对高差约2.1m。桥梁跨越梅汕高铁。主桥平面位于半径$R=1000$m的同向圆曲线上,主桥采用(75+140+75)m三跨连续混凝土刚构桥,上、下行分幅布置,箱梁顶面设4%超高,箱底水平。主墩基础采用钻孔灌注桩和整体式承台。桩中心距5m,承台顶高程3m,承台为矩形承台,平面尺寸33.8m×13.8m,承台厚度5m。过渡墩基础采用钻孔灌注桩和分离式承台。承台为矩形承台,平面尺寸9.1m×9.1m,承台厚度3m。主墩采用双肢薄壁墩,过渡墩考虑结构受力采用花瓶墩设计。

(6)上阁特大桥

桥址区位于韩江冲积平原区,桥梁跨越小河沟、地方道路及少量民房。桥址区地势平坦,覆盖层厚度较大。不良地质现象和特殊性岩土主要为饱和砂土液化及软土,上阁特大桥中心桩号为K12+554.218,结构形式为58×25.3m+30×25.2m+25.285m预应力混凝土小箱梁。地面高程3.7~7.0m,相对高差约3.3m。

(7)银湖特大桥

桥址区位于韩江冲积平原区,桥梁桥址区地势平坦,覆盖层厚度较大。不良地质现象和特殊性岩土主要为饱和砂土液化及软土,银湖特大桥中心里程桩号为K15+216.060,桥梁跨越小河沟、地方道路及部分民房,桥跨设置为24×25m+30m+37×25m+5×30m+10×25m。特大桥上部结构采用预应力混凝土小箱梁,下部结构桥墩及基础采用柱式墩、桩基础。

(8)浮洋互通立交桥

浮洋互通立交桥设置见表3-4。

桥梁设置一览表 表3-4

序号	中心桩号	桥名	宽度(m)	孔数及孔径(孔×m)	交角(°)	桥梁全长(m)	上部构造	下部构造 墩及基础	下部构造 桥台及基础
1	K16+737.191	浮洋互通立交主线桥	2×(12.5+w)	4×30.466+2×30.279+2×30.28+2×25+5×30+2×24.64+4×30	90、96.133	1087.262	预应力混凝土小箱梁	柱式墩、桩基础	—
2	AK0+288.524	A匝道桥	10.5+w	3×30+25.06+30.5+30+6×20	90	298.100	预应力混凝土小箱梁、预应力混凝土现浇箱梁	柱式墩、桩基础	座板台、桩基础
3	BK0+263.026	B匝道桥	9	2×25+9×20	90	232.540	预应力混凝土小箱梁、预应力混凝土现浇箱梁	柱式墩、桩基础	座板台、桩基础

续上表

序号	中心桩号	桥名	宽度（m）	孔数及孔径（孔×m）	交角（°）	桥梁全长（m）	结构类型		
							上部构造	下部构造	
								墩及基础	桥台及基础
4	CK0+265.742	C匝道桥	9	4×20+3×25	90	157.540	预应力混凝土小箱梁、预应力混凝土现浇箱梁	柱式墩、桩基础	座板台、桩基础
5	DK0+667.781	D匝道桥	10.5+w	3×20+7×25	90	—	预应力混凝土小箱梁、预应力混凝土现浇箱梁	柱式墩、桩基础	座板台、桩基础

注：w-墙式防撞护栏宽度，下同。

4) 第四标段内桥梁

(1) 兴潮大道跨线桥跨平交口桥

桥址区位于韩江冲积平原区，桥梁跨越小河沟、地方道路，大部分上跨兴潮大道平行而建。兴潮大道桥平面位于直线段和 $L_s=200m$ 的缓和曲线上，主桥采用 (40+70+40)m 三跨连续梁桥，上、下行分幅布置，箱梁顶面设2%对称横坡，箱底水平。主梁采用横纵向预应力混凝土结构。主墩基础采用钻孔灌注桩和分离式承台，过渡墩采用整幅双柱悬臂墩，基础采用钻孔灌注桩和承台。主墩采用分离式花瓶墩，墩底截面尺寸1.8m×4.5m，墩顶截面尺寸1.8m×6.2m。过渡墩采用整幅双柱悬臂墩，墩身截面为矩形，截面尺寸2m×2m。

(2) 兴潮大道跨线桥常规高架桥

桥址区位于韩江冲积平原区，桥梁跨越小河沟、地方道路，大部分上跨兴潮大道平行而建。本桥桥长较长，跨径组合为 13×(4×30)m+(40+70+40)m+10×(4×30)m+2×(3×30)m+(2×40)m+5×(4×30)m，除跨平交口桥采用 (40+70+40)m 的变截面连续梁外，其余30m、40m跨均为预制结构。其中30m跨采用预制组合箱梁，40m跨采用预制T梁。桥梁交角为90°，墩台径向布置，桥梁跨径均指道路设计线上的曲线长度。全桥由上、下行两幅桥组成。整体式路基宽度26.0m，桥面布置为0.5m墙式防撞护栏+净11.50m+0.5m墙式防撞护栏+0.5m分隔带+0.5m墙式防撞护栏+净11.50m+0.5m墙式防撞护栏。下部结构除与兴潮大道无相互影响段采用常规预制结构外，其余均采用双柱大悬臂墩、双柱框架墩、三柱框架墩特殊结构。

(3) 登岗互通立交桥

登岗互通立交桥设置见表3-5。

登岗互通立交桥设置一览表   表 3-5

序号	中心桩号	桥名	宽度（m）	孔数及孔径（孔×m）	交角（°）	桥梁全长（m）	上部构造	下部构造	
								墩及基础	桥台及基础
1	AK0+666.971	A匝道桥	12.75+w	28×25+(32.76+35+30.998)+4×25+3×30+10×25+3×30	90	1334.758	预应力混凝土小箱梁、预应力混凝土现浇箱梁	矩形墩、柱式墩、桩基础	座板台、桩基础
2	BK0+773.560	B匝道桥	10.5+w	6×25+3×19.8+19.734+3×24.5+7×30+(30.382+40+30.097)	90	1132.218	预应力混凝土小箱梁、预应力混凝土现浇梁	柱式墩、桩基础	座板台、桩基础
3	CK0+290.139	C1匝道桥	10.5+w	4×25	90	102.840	预应力混凝土小箱梁	柱式墩、桩基础	座板台、桩基础
4	CK1+148.146	C2匝道	10.5+w	6×25+2×20+8×25+5×30+(20.396+35+20.396)+20+(21.399+40+25.582)+3×30+20×25	90、70.108	1318.453	预应力混凝土小箱梁、预应力混凝土现浇箱梁	柱式墩、桩基础	座板台、桩基础
5	DK0+548.171	D匝道	12.75	22×25	90	552.840	预应力混凝土小箱梁	柱式墩、桩基础	座板台、桩基础
6	EK0+319.281	E匝道	9.00	9×25	90	227.840	预应力混凝土小箱梁	柱式墩、桩基础	座板台、桩基础
7	FK0+272.233	F匝道	9.00	5×24.766+7×24.7	90、102.038	299.570	预应力混凝土小箱梁	柱式墩、桩基础	座板台、桩基础
8	SMK23+808.000	汕梅高速公路五嘉陇大桥（加宽部分）	左幅5.25~7.75	19×20	90	382.540	预应力混凝土小箱梁	薄壁墩、柱式墩、桩基础	座板台、桩基础
9	SMK24+287.000	汕梅高速公路通道桥（加宽部分）	左幅7.75~8.626 右幅7.75	3×20	90	65.080	预应力混凝土小箱梁	柱式墩、桩基础	座板台、桩基础
10	SMK24+400.000	汕梅高速公路通道桥（加宽部分）	左幅11.355 右幅5.355	1×8	120	15.040	普通钢筋混凝土空心板		薄壁台、桩基础
11	SMK24+565.000	汕梅高速公路大桥（加宽部分）	右幅7.75	5×20	135	105.080	预应力混凝土小箱梁	柱式墩、桩基础	座板台、桩基础

续上表

序号	中心桩号	桥名	宽度(m)	孔数及孔径(孔×m)	交角(°)	桥梁全长(m)	结构类型		
							上部构造	下部构造	
								墩及基础	桥台及基础
12	SMK26+030.794	汕梅高速公路跨线桥（加宽部分）左幅	左幅10.54	20.9+8×25+1×20	90	240.900	预应力混凝土小箱梁、预应力混凝土现浇箱梁	柱式墩、桩基础	
	SMK26+243.244	汕梅高速公路跨线桥（加宽部分）右幅	右幅7.852~13.647	2×25+5×20+(23+28+23)+5×20	90	324.000	预应力混凝土小箱梁、预应力混凝土现浇箱梁	柱式墩、桩基础	

5）第五标段内桥梁

（1）军民大桥

桥梁沿线地形平坦，无产生滑坡、泥石流等地质灾害的工程地质条件；桥梁中心桩号为K33+927，结构形式为3×40m预应力混凝土连续T梁。桥位区为冲积平原，地形平坦。

（2）莲塘大桥

桥梁沿线地形平坦，无产生滑坡、泥石流等地质灾害的工程地质条件；左幅桥梁中心桩号为ZK36+835.104，结构形式为8×25m+(25+40+32)m+3×25m预应力混凝土小箱梁、预应力混凝土连续箱梁；右幅桥梁中心桩号为K36+819，结构形式为7×25m+(32+40+25)m+4×25m预应力混凝土小箱梁、预应力混凝土连续箱梁，桥长377.6m。下部结构桥墩及基础采用柱式墩、桩基础。

（3）石门大桥

桥梁起讫里程K37+530，终点里程K38+155，中心桩号K37+842.5，桥长627.8m，结构形式为21×25m+(20+2×30+20)m预应力混凝土小箱梁。下部结构桥墩及基础采用柱式墩、桩基础。

（4）鮀西大桥

鮀西大桥起讫里程K39+505~K40+130，中心桩号K39+817.5，桥长625m，桥跨设置为25×25m；上部结构采用预应力混凝土小箱梁，下部结构桥墩及基础采用柱式墩、桩基础。

6）第七标段内桥梁

（1）牛田洋高架桥

牛田洋高架桥位于潮阳区西胪镇榕江边牛田洋区域，总体地貌属于榕江（现期）港湾式角洲沉积平原,局部靠近或位于丘陵。桥梁起点接 A1 标榕江特大桥引桥,终点接桑田枢纽互通立交主线桥。桥梁长度为360m,桥梁与路线夹角为90°。桥梁上部结构共分3联,跨径组合为 $3\times(4\times30)$m。受榕江特大桥通航影响线位较高,墩高在 25~32m 之间。上部结构采用预应力混凝土简支小箱梁,桥面连续。下部结构墩及基础为柱式墩配桩基础,桩基础按摩擦桩或嵌岩桩设计。

(2)桑田高架桥

桑田高架桥位于潮阳区西胪镇、河溪镇交界处的榕江边牛田洋区域。桥梁起点接桑田枢纽互通立交主线桥,终点接河溪互通立交跨线桥。桥梁长度为1325m,桥梁与路线夹角为90°。桥梁上部结构共分11联,跨径组合为 $9\times(5\times25)m+2\times(4\times25)m$。桥梁在 K47+900 跨越桑田港河涌。上部结构采用预应力混凝土简支小箱梁,桥面连续。下部结构墩及基础为柱式墩配桩基础,墩高为 7~10m。桩基础按摩擦桩设计。

(3)桑田枢纽互通区域内桥梁

桑田互通区域内共设桥梁6座,分别为桑田互通立交左幅主线桥、桑田互通立交右幅主线桥、A匝道桥、B匝道桥、C匝道桥、D匝道桥,桥梁总长度 4532.23m,其中主线桥 1540m,匝道桥 2992.20m,具体见表3-6。

7)第八标段内桥梁

(1)河溪1号高架桥

拟建的河溪1号高架桥位于潮阳区河溪镇范围内,标段为 K50+978。桥梁起点接河溪互通立交主线桥,终点接河溪2号高架桥。桥梁夹角为90°,桥梁长度为1700m,跨径组合为 $68\times25m$。上部结构采用预应力混凝土简支小箱梁,桥面连续。下部结构墩及基础为柱式墩配桩基础,墩高为 7~11m。桩基础按摩擦桩设计。

(2)河溪2号高架桥

拟建的河溪2号高架桥位于潮阳区河溪镇范围内,桥梁起点接河溪互通立交主线桥,终点接华阳互通立交主线桥。桥梁长度为1094m,跨径组合为 $10\times25.2m+8\times25.25m+(2\times21.5+2\times25+2\times21.5)m+20\times25.2m$。本桥在 K66+350 路段上跨 S234,主线与 S234 斜交角度为115°,S234 为双向六车道,上部结构采用预应力混凝土简支小箱梁,桥面连续,桥梁跨越 S234 处的桥墩方向斜交布置,其余桥梁交角均为90°。下部结构墩及基础为柱式墩配桩基础,墩高为 6~10m。桩基础按摩擦桩设计。

(3)华阳枢纽互通区域内桥梁

华阳枢纽互通区域内共设有桥梁10座,分别为华阳互通立交主线桥左幅、华阳互通立交主线桥右幅、A匝道桥、B匝道桥、C匝道桥、D匝道桥、E匝道桥、F匝道桥、汕湛高速公路两座小桥。具体桥梁信息见表3-7。

表3-6 桑田枢纽互通区域内桥梁设置一览表

序号	桥名	中心桩号	起讫桩号	桥长(m)	交角(°)	桥跨布置(m)	桥宽(m)	上部结构类型	下部结构类型 墩及基础	下部结构类型 桥台及基础	备注
1	桑田互通左幅主线桥	K46+530.000	K45+760.000~K47+300.000	1540.00	90	(2×30+2×25)+3×(4×25)+2×(5×25)+(3×25+30)+(4×30)+(30+3×24.7)+(4×24.7)+(3×24.7+24.9)+(4×25.2+2×25.2+3×25.3)	16.25~变宽	预应力混凝土小箱梁(桥面连续)	柱式墩配桩基础		上跨B匝道
2	桑田互通右幅主线桥	K46+530.000	K45+760.00~K47+300	1540.00	90	(2×30+2×25)+2×(5×25)+(4×25)+(5×25)+2×(4×25)+(25+30+2×25)+(25+3×24.5)+(4×24.5)+(4×25.1)+(4×25.2)+(5×25.2)+(5×25.2+3×25.3)	16.25~变宽	预应力混凝土小箱梁(桥面连续)	柱式墩配桩基础		上跨B匝道
3	A匝道桥	AK0+397.296	AK0+156.456~AK0+638.136	481.68	90	(5×25)+(25+25.02+30.06+25.02)+(4×25.02+25.1)+(25.2+25.3+2×25.4+25.1)	11~变宽	预应力混凝土小箱梁(桥面连续)	柱式墩配桩基础		
4	B匝道桥	BK0+698.320	BK0+151.165~BK1+245.475	1094.31	90	(5×25)+(25+4×24.8)+(24.95+3×25.02)+2×(4×25.02)+(2×25.02+2×25)+2×(4×24.8)+(3×24.8+2×24.7)+(5×24.7)+(4×24.6)	11~变宽	预应力混凝土小箱梁(桥面连续)	柱式墩配桩基础		
5	C匝道桥	CK0+507.630	CK0+000.000~CK1+015.260	1015.26	90	2×(4×25.4+25.2)+(4×25.2)+(24.9+4×25)+(35+55+35)+(4×25.02)+(25.02+25+29.82+29.51)+(3×24.91+2×25.2)	11~变宽	预应力混凝土小箱梁(桥面连续)、现浇预应力混凝土箱梁	柱式墩配桩基础、墙式墩配桩基础		上跨主线,B匝道
6	D匝道桥	DK0+530.621	DK0+330.131~DK0+731.111	400.98	90	(4×25.1)+(4×25.02)+(4×25.02+25.2+2×25.1)	11~变宽	预应力混凝土箱梁(桥面连续)	柱式墩配桩基础		

表3-7 华阳枢纽互通区域内桥梁设置一览表

序号	桥名	中心桩号	起讫桩号	桥长(m)	交角(°)	桥跨布置(m)	桥宽(m)	上部结构类型	下部结构类型 墩及基础	下部结构类型 桥台及基础	备注
1	华阳互通主线桥左幅	ZK53+756.900	ZK52+922.000~ZK54+594.640	1672.64	90	11×25+13×25.3+8×30+8×25+3×29.7+30+6×30.3+13×25	16.25~变宽,12.5~变宽	预应力混凝土小箱梁(桥面连续)	柱式墩配桩基础	座板台桩基础	上跨汕湛高速公路,以及A,C,D,F匝道
2	华阳互通主线桥右幅	ZK53+766.050	K52+922.000~K54+612.940	1690.94	90	11×25+13×25.3+8×30+7×25+5×29.6+4×30.3+16×25	16.25~变宽,12.5~变宽	预应力混凝土小箱梁(桥面连续)	柱式墩配桩基础	座板台桩基础	上跨汕湛高速公路,以及A,C,D,F匝道
3	A匝道桥	AK1+219.487	AK0+827.097	781.94	90	6×25+(37+40+37)	10.5~变宽	预应力混凝土小箱梁(简支连续)+现浇预应力混凝土箱梁	柱式墩配桩基础	座板台桩基础	上跨汕湛高速公路
4	B匝道桥	BK0+559.040	BK0+216.140~BK0+904.780	688.64	90	30+2×29.6+5×24.7+7×25+27.4+4×24.6+7×25	10.5~变宽	预应力混凝土小箱梁(桥面连续)	柱式墩配桩基础	座板台桩基础	上跨D匝道
5	C匝道桥	CK0+464.054	CK0+157.499~CK0+770.609	613.11	90	3×20.5+3×20.6+9×21+3×25+25.2+25.5+6×25+25.11	9.0~变宽	预应力混凝土小箱梁(简支连续)+现浇预应力箱梁	柱式墩配桩基础		

续上表

序号	桥名	中心桩号	起讫桩号	桥长(m)	交角(°)	桥跨布置(m)	桥宽(m)	上部结构类型	下部结构类型 墩及基础	下部结构类型 桥台及基础	备注
6	D匝道桥	DK0+707.734	DK0+622.394~DK0+790.234	167.84	90	3×25+3×30	9.0	现浇预应力混凝土箱梁	柱式墩配桩基础	座板台基础	
7	E匝道桥	EK0+309.497	EK0+140.157~EK0+475.997	335.84	90	6×25+6×21+3×19	9.0	预应力混凝土小箱梁(简支桥面连续)+现浇预应力混凝土箱梁	柱式墩配桩基础	座板台基础	上跨A,F匝道
8	F匝道桥	FK0+304.486	FK0+119.771~FK0+492.041	372.27	90	24.93+25.5+8×30.5+3×25		预应力混凝土小箱梁(简支桥面连续)+现浇预应力混凝土箱梁	柱式墩配桩基础	座板台基础	上跨汕湛高速公路,以及C,D,F匝道
9	汕湛高速公路	LA1K13+900(K13+896)	LA1K13+889.5(K13+885.5)~LA1K13+910.5(K13+906.5)	21.0	80	1×13	18.35(18.35)	预应力混凝土空心板	柱式墩配桩基础		桥梁等宽设置,处在变宽段的路基需适当加宽
10	汕湛高速公路	LA1K15+256.76(K15+254)	LA1K15+244.76(K15+242)~LA1K15+268.76(K15+266)	24.0	135	1×16	17.0(21.8)	预应力混凝土空心板	柱式墩配桩基础		桥梁等宽设置,处在变宽段的路基需适当加宽

8）第九标段内桥梁

(1) 古帅高架桥

古帅高架桥位于潮阳区金浦镇内，桥址区位于丘陵地貌区，地形北高南低。本桥起点接西环3号隧道出口，终点接金浦互通立交主线桥，分左右两幅，左幅桥长127.84m（ZK59+532.374～ZK59+660.214），跨径组合为5×25m，右幅桥长152.84m（K59+510.260～K59+663.1），跨径组合为6×25m。上部结构采用预应力混凝土简支小箱梁，桥面连续。下部结构墩及基础为柱式墩配桩基础，台式基础为桩柱式桥台，桥墩高度为7～14m。桩基按嵌岩桩设计。

(2) 金浦互通区域内桥梁

金浦互通区域内桥梁有金浦互通立交左幅主线桥、金浦互通立交右幅主线桥、B匝道桥、C匝道桥、D匝道桥、E匝道桥。具体桥梁信息见表3-8。

9）第十标段内桥梁

(1) 金浦高架桥

拟建的金浦高架桥位于潮阳区金浦镇范围内，标段为K61+753。地形开阔平坦，大型鱼塘成片分布。本桥起点接金浦互通立交主线桥，终点接练江1号桥，桥长1150m（K61+177.5～K62+327.5）。全桥共10联，跨径组合为3×(5×25)m+4×(4×25)m+3×(5×25)m。上部结构采用预应力混凝土简支小箱梁，桥面连续；下部结构及基础为柱式墩配桩基础，桥墩高度为7～13m，桩基按嵌岩桩或摩擦桩设计。

(2) 练江1号桥

练江1号桥桥跨布置为2×(4×25)m小箱梁（桥面连续）+(4×40)m T梁（先简支后连续）+(37.5+68+68+37.5)m连续刚构+(4×40)m T梁（先简支后连续）+2×(4×25)m小箱梁（桥面连续），桥梁长931m。其中通航孔为两孔68m。

(3) 练江2号桥

拟建的练江2号桥北接练江1号桥，南接井都1号桥。大桥位于前溪船闸上游约2km（练江与南中围水汇流口上游约800m处）跨越南中围水。根据以上原则，练江2号桥桥跨布置为(4×25)m简支小箱梁+(25+26+26)m简支小箱梁+(3×40+4×40+3×40)m T梁（先简支后连续）+(2×26+2×25)m简支小箱梁+(4×25)m简支小箱梁，桥梁中心里程K63+648，桥梁全长779m。桥梁下部结构为圆柱式墩，其中水中墩与水流方向一致，按30°斜布置，桥梁跨越防洪堤上岸时通过两跨逐渐调整为正交布置。桥梁基础采用桩基础，桩基按嵌岩桩或摩擦桩设计。

3 桥梁工程设计与施工

金浦互通区域内桥梁设置一览表

表 3-8

序号	桥名	中心桩号	起讫桩号	桥长 (m)	桥跨布置 (m)	桥宽 (m)	上部结构类型	下部结构类型 墩及基础	下部结构类型 桥台及基础	备注
1	金浦互通左幅主线桥	ZK60+417.429	ZK59+660.214~ZK61+174.644	1514.430	3×40+25×30+4×30.2+3×25+6×24.8+24.83+30+40+30+7×25	12.5~变宽	预应力混凝土T梁（先简支后连续）、预应力混凝土小箱梁（桥面连续）	柱式墩配桩基础		上跨B、E匝道
2	金浦互通右幅主线桥	K60+420.30	K59+663.100~K61+177.500	1514.40	3×40+25×30+4×30.2+3×25+7×24.8+30+40+30+7×25	12.5~变宽	预应力混凝土T梁（先简支后连续）、预应力混凝土小箱梁（桥面连续）	柱式墩配桩基础		上跨B、E匝道
3	B匝道桥	BK0+403.410	BK0+163.260~BK0+646.400	483.140	25.3+5×25+3×24+12×21.5	10.5	预应力混凝土小箱梁（桥面连续）、现浇预应力混凝土箱梁	柱式墩配桩基础，承台	座板台配桩基础	上跨E匝道
4	C匝道桥	CK0+311.369	CK0+146.029~CK0+473.869	330.680	13×25	9.0	现浇预应力混凝土箱梁	柱式墩配桩基础	座板台配桩基础	
5	D匝道桥	DK0+279.034	DK0+136.534~VDK0+424.374	287.840	9×25+3×20	9.0	预应力混凝土小箱梁（桥面连续）、现浇预应力混凝土箱梁	柱式墩配桩基础	座板台配桩基础	
6	E匝道桥	EK0+504.825	EK0+217.372~EK0+789.437	572.065	18×18+5×25+30+3×30.075	10.5	预应力混凝土小箱梁（桥面连续）、现浇预应力混凝土箱梁	柱式墩配桩基础，承台	座板台配桩基础	

(4) 井都1号桥

拟建井都1号桥位于潮南区井都范围内,属练江(现期)港湾式三角洲沉积平原区。本桥起点接练江2号大桥,终点接井都2号桥,桥长1200m(K64+037.5~K65+237.5),跨越河涌处跨径采用30m,其余段为25m,全桥共11联,跨径组合为$3\times(4\times25)m+3\times(5\times25)m+4\times25m+5\times30m+2\times(4\times25)m+3\times25m$。上部结构采用预应力混凝土简支小箱梁,桥面连续。下部结构墩及基础为柱式墩配桩基础,桥墩高度为8~12m。桩基按嵌岩桩或摩擦桩设计。

(5) 井都2号桥

拟建井都2号桥位于潮南区井都范围内,属练江(现期)港湾式三角洲沉积平原区,中线地面高程为1.5~1.81m,相对高差约0.31m,地形开阔平坦,以果林、农田为主,沿线水系发达,涌沟纵横交错,水深多为0.5~2.0m。桥位区仅村道可达,小型车辆可过,交通条件差。桥起点接井都1号桥,终点接井都3号桥,桥长1200m(K65+237.5~K66+437.5),全桥共1联,跨径组合为$3\times(5\times25)m+5\times(4\times25)m+5\times30m+4\times25m+3\times25m$,跨越河涌处跨径采用30m,其余段为25m。上部结构采用预应力混凝土简支小箱梁,桥面连续。下部结构墩及基础为柱式墩配桩基础,桥墩高度为8~12m。桩基按嵌岩桩或摩擦桩设计。

(6) 井都3号桥

拟建井都3号桥位于潮南区井都镇范围内,属练江(现期)港湾式三角洲沉积平原区。地形开阔平坦,沿线水系发达,大型鱼塘成片分布,涌沟纵横交错,桥位区仅村道可达,小型车辆可过,交通条件差。本桥起点接井都2号桥,终点接井都互通立交主线桥,桥长1200m(K66+437.5~K67+637.5)。全桥左幅共11联,跨径组合为$3\times25m+3\times(4\times25)m+5\times30m+3\times(4\times25)m+3\times(5\times25)m$;右幅共12联:$(44\times25+5\times30+54\times25)m+2\times(3\times25)m$,跨越河涌处跨径采用30m,其余段为25m。上部结构采用预应力混凝土简支小箱梁,桥面连续。下部结构墩及基础为柱式墩配桩基础,桥墩高度为6~11m。桩基按嵌岩桩或摩擦桩设计。

10) 第十二标段内桥梁

(1) 海田特大桥

桥区地处平原地带,于LK3+552处上跨护城河,同时上跨大面积地方鱼塘,护城河与本桥呈约110°夹角。本桥桥墩高普遍在8m以内,桥址处跨越鱼塘及护城河等河涌较多,上部结构除跨越4处较大的河涌位置采用30m先简支后桥面连续小箱梁外,其余均采用25m先简支后桥面连续小箱梁。全桥共27联,桥跨布置为$3\times(4\times25)m+5\times(5\times25)m+4\times30m+11\times(5\times25)m+4\times25m+3\times(4\times30)m+(2\times30+2\times25)m+2\times(5\times$

25)m,下部结构桥墩采用直径130cm及150cm双柱墩,桩径分别为160cm及180cm;桥台为座板台,桩基直径为140cm。墩台桩基均采用钻孔灌注桩。台前设置长为1.5m的反压护道。支座采用板式橡胶支座。本桥于1、4、8、12、17、22、27、32、37、41、46、51、56、61、66、71、76、81、86、91、96、100、104、108、112、116、121、126号墩顶采用80型伸缩缝。桥梁内、外侧设混凝土防撞栏。两侧桥头均设置8m长搭板。

(2)北坪中桥

本桥为跨越地方河涌而设。河涌宽约18m,与联络线交角约75°。桥跨采用25m小箱梁跨越并全桥斜交75°布置。本桥平面位于$R=1500$m的左偏圆曲线上,纵断面纵坡-0.38%。本桥共1联,桥跨布置为3×25m,均为先简支后桥面连续的预制小箱梁。下部结构桥墩采用直径130cm的双柱墩,桩径为160cm;桥台采用座板台,桩基直径为140cm。墩台桩基均采用钻孔灌注桩。台前设置长为1.5m的反压护道。本桥梁采用板式橡胶支座。本桥于0、3号墩顶采用80型伸缩缝。桥梁内、外侧设混凝土防撞栏,两侧桥头均设置长8m的搭板。

(3)南风中桥

本桥为跨越南风村村道及地方河涌而设。本桥平面位于直线上,桥面横坡为双向2%,纵断面纵坡0.5%。本桥共1联,桥跨布置为3×25m,均为先简支后桥面连续的预制小箱梁。下部结构桥墩采用直径130cm的双柱墩,桩径为160cm;桥台采用座板台,桩基直径为140cm,墩台桩基均采用钻孔灌注桩。台前设置长1.5m的反压护道。本桥于0、3号墩顶采用80型伸缩缝。桥梁内、外侧设混凝土防撞栏。两侧桥头均设置8m长的搭板。

(4)东风中桥

本桥为跨越地方河涌而设。本桥平面位于半径$R=1650$m的右偏圆曲线上,纵断面纵坡0.5%。本桥共1联,桥跨布置为3×25m,均为先简支后桥面连续的预制小箱梁。桥墩采用直径130cm的双柱墩,桩径为160cm;桥台采用座板台,桩基直径为140cm。墩台桩基均采用钻孔灌注桩。台前设置长为1.5m的反压护道。本桥于0、3号墩顶采用80型伸缩缝。桥梁内、外侧设混凝土防撞栏。两侧桥头均设置8m长的搭板。

(5)西胪互通立交主线桥

本桥采用整体式断面设计,桩号范围:LK6+358.0~LK6+523.0。本桥跨越地方路,桥梁斜交60°,平面位于$R=1650$m的圆曲线上,本桥上部结构采用25m和30m跨装配式先简支后桥面连续预应力混凝土小箱梁。跨径组合为:左幅3×25m$+2\times30$m,桥长141m;右幅3×30m$+2\times25$m,桥长146m。本桥下部采用柱式墩、座板台。桩基统一采用钻孔灌注桩基础。

(6) 西胪互通立交 A 匝道 1 号桥

本桥采用整体式断面设计,桥面宽度为 27.0m,桩号范围:AK+624.0~AK+699.0。本桥上部结构采用 25m 跨装配式先简支后桥面连续预应力混凝土小箱梁。跨径组合为 3×25m,桥长 80.6m。本桥下部采用柱式墩、座板台。桩基统一采用钻孔灌注桩基础。

(7) 西胪互通立交 A 匝道 2 号桥

本桥采用整幅式断面设计,桥面宽度 18.0m,桩号范围:AK+815.4~AK1+190.4。本桥上部结构采用 25m 跨装配式先简支后桥面连续预应力混凝土小箱梁、25m 跨预应力混凝土现浇箱梁。跨径组合为 6×25m+9×25m,桥长 380.6m。本桥下部结构采用柱式墩、座板台。桩基统一采用钻孔灌注桩基础。

(8) 关坤 1 号高架特大桥

本桥上跨 S234,并于 LK7+610 处下穿厦深铁路。在 LK8+530~LK9+904 路段与 S234 共线,即路段桥梁设计中心线与 S234 中心线基本拟合。上部结构全桥共 25 联,桥跨布置为 3×(4×25)m+(3×25+30)m+4×30m+4×25m+4×30m+2×(4×25)m+14×(5×25)m+3×(4×25)m,均为先简支后桥面连续的预制小箱梁。预制小箱梁采用预制吊装施工,待安装就位后现浇整体化层混凝土,设置桥面连续,然后施工护栏,最后摊铺桥面铺装。下部结构桥墩采用 130cm、150cm 双柱墩,140cm×160cm、160cm×180cm 的隐盖梁方柱墩及大挑臂方柱墩,桩径为 160cm、180cm;桥台采用肋板台,桩基直径为 140cm。墩台桩基均采用钻孔灌注桩,支座、伸缩缝、护栏、搭板预制梁采用板式橡胶支座。本桥于 0、4、8、12、16、20、24、28、32、36、41、46、51、56、61、66、71、76、81、86、91、96、101、106、110、114、118 号墩顶采用 80 型伸缩缝墩。桥梁内、外侧设混凝土防撞栏。

11) 第十三标段内桥梁

(1) 关埠高架特大桥

本桥上跨 S234,LK9+904~LK12+200 段与 S234 共线,即路段桥梁设计中心线与 S234 中心线基本拟合。上部结构全桥共 35 联,桥跨布置为 2×(4×25)m+22×(5×25)m+4×25m+3×30m+(2×30+2×25)m+2×(4×25)m+3×30m+4×30m+4×(4×25)m,均为先简支后桥面连续的预制小箱梁。桥墩采用 130cm、150cm 双柱墩,140cm×160cm、160cm×180cm 的隐盖梁方柱墩及大挑臂方柱墩桩径为 160cm、180cm;桥台采用肋板台,桩基直径为 140cm。墩台桩基均采用钻孔灌注桩。支座、伸缩缝、护栏、搭板预制梁采用板式橡胶支座。本桥于 118、122、126、131、136、141、146、151、156、161、166、171、176、181、186、191、196、211、216、221、226、231、236、240、243、247、251、255、258、262、266、270、274、278 号墩顶采用 80 型伸缩缝墩。桥梁内、外侧设混凝土防撞栏。桥头设置长 8m 的搭板。

(2)大东湖大桥

本桥为跨越东湖村树下村的地方道路及河涌而设。河涌宽约22m。本桥平面位于$R=1280m$的左偏圆曲线上,纵坡分别为1.12%、-0.84%、0.5%。本桥共5联,桥跨布置为$2\times(4\times30)m+4\times25m+5\times25m+5\times30m$,均为先简支后桥面连续的预制小箱梁。桥墩采用130cm、150cm双柱墩,桩径为160cm、180cm;桥台采用座板台,柱基直径为140cm。墩台桩基均采用钻孔灌注桩。台前设置长1.5m的反压护道。预制梁采用板式橡胶支座。

(3)洋贝中桥

本桥为跨越洋贝村村道而设。本桥平面位于半径$A=120m$的缓和曲线上,纵断面纵坡0.5%。本桥共1联,桥跨布置为$3\times25m$,均为先简支后桥面连续的预制小箱梁。桥墩采用直径130cm的双柱墩,桩径为160cm;桥台采用座板台,桩基直径为140cm。墩台桩基均采用钻孔灌注桩。台前设置长1.5m的反压护道。支座、伸缩缝、护栏、搭板预制梁采用板式橡胶支座。本桥于0、3号墩顶采用80型伸缩缝。桥梁内、外侧设混凝土防撞栏。

(4)金灶互通立交主线桥

本桥采用整体式断面设计,本桥平面位于$A=580m$的缓和曲线和$R=1500m$的圆曲线上,上部结构采用25m和30m跨装配式先简支后桥面连续预应力混凝土小箱梁。跨径组合为:$4\times30m+18\times25m+7\times30m$,桥长783.2m。本桥下部采用柱式墩、座板台。桩基统一采用钻孔灌注桩基础。

(5)金灶互通立交B匝道桥

本桥采用整体式断面设计,桥面宽度9.0~19.5m,变宽段通过现浇箱梁箱室宽度或小箱梁湿接缝宽度调整,桩号范围:BK0+158.995~BK1+311.491。本桥平面位于$A=245m$的缓和曲线和$R=280m$的圆曲线上,上部结构采用25m跨装配式先简支后桥面连续预应力混凝土小箱梁、25~30m跨预应力混凝土现浇箱梁。跨径组合为:$24.876m+14\times25m+(28+35+28)m+2\times24.5m+(6\times25.3+3\times35+5\times25+5\times26.494)m+4\times25m+23.35m$,桥长1152.496m。本桥下部结构采用柱式墩。桩基统一采用钻孔灌注桩基础。

(6)金灶互通立交C匝道桥

本桥采用整幅式断面设计,桥面宽度10.5~12.243m,变宽段通过小箱梁湿接缝宽度调整,桩号范围:CK0+837.851~CK1+331.697。本桥平面位于$A=244m$的缓和曲线和$R=350m$的圆曲线上。上部结构采用30m跨装配式先简支后桥面连续预应力混凝土小箱梁,25m、30m跨预应力混凝土现浇箱梁。跨径组合为$9\times25m+3\times30m+3\times29.1m+(29+2\times29.873)m$,桥长493.846m;本桥下部结构采用柱式墩、座板台。桩基统一采用钻孔灌注桩基础。

(7) 金灶互通立交 D 匝道 1 号桥

本桥采用整体式断面设计,桥面宽度 10.5m,桩号范围:DK0+151.395~DK0+254.195。本桥位于 $A=91m$ 的缓和曲线及 $R=2030m$ 的圆曲线上,上部结构采用 25m 跨装配式先简支后桥面连续预应力混凝土小箱梁。跨径组合为:$4\times25m$,桥长 102.8m。本桥下部采用柱式墩、座板台。桩基统一采用钻孔灌注桩基础。

(8) 金灶互通立交 D 匝道 2 号桥

本桥采用整体式断面设计,桥面宽度 10.5~12.244m,桩号范围:DK0+527.767~DK0+825.967。本桥位于 $A=329m$ 的缓和曲线及 $R=2000m$ 的圆曲线上,上部结构采用 25m、30m 跨装配式先简支后桥面连续预应力混凝土小箱梁。跨径组合为 $4\times30m+7\times25m$,桥长 298m。本桥下部采用柱式墩。桩基统一采用钻孔灌注桩基础。本桥下部结构采用柱式墩、座板台。桩基统一采用钻孔灌注桩基础。

(9) 金灶互通立交 H 匝道桥

本桥采用整体式断面设计,桥面宽度 9.0m,桩号范围:HK0+134.042~HK0+286.842。本桥位于 $A=132m$ 的缓和曲线及 $R=280m$ 的圆曲线上,上部结构采用 25m 跨装配式先简支后桥面连续预应力混凝土小箱梁。跨径组合为 $6\times25m$,桥长 155.6m。本桥下部结构采用柱式墩、座板台。桩基统一采用钻孔灌注桩基础。

(10) 潮惠左幅加宽桥

本桥采用整体式断面设计,桩号范围:CHK31+662~CHK31+902。本桥上部结构采用 25m、30m 跨装配式先简支后桥面连续预应力混凝土小箱梁。该桥为左幅单侧加宽,与潮惠高速公路拼接,路线设计加宽宽度为 0~1088.6cm,为简化设计,方便施工,减少梁板预制种类,第 1~2 号孔设计实际加宽宽度为 1025~1088.6cm,第 3~4 号孔设计实际加宽宽度为 765~821cm,第 5~7 号孔加宽宽度为 505cm,第 8~9 孔加宽宽度为 245cm。为加强美观,防撞栏沿最外侧设置,局部实际桥宽超出理论桥宽位置处通过划标线明确。跨径组合为 $25m+3\times30m+5\times25m$,桥长 240m。本桥下部采用柱式墩。桩基统一采用钻孔灌注桩基础。

(11) 潮惠右幅加宽桥

本桥采用整体式断面设计,与潮惠高速公路拼接,桩号范围:CHK31+512~CHK31+825。本桥上部结构采用 25m、30m 跨装配式先简支后桥面连续预应力混凝土小箱梁。该桥为右幅单侧加宽,与潮惠高速公路拼接,路线设计加宽宽度为 0~1684.6cm,为简化设计,方便施工,减少梁板预制种类,第 1 号孔设计实际加宽宽度为 1285~1684.6cm,第 3~4 号孔设计实际加宽宽度为 765~840cm,第 5~10 号孔加宽宽度为 505cm,第 11~12 号孔加宽宽度为245cm。跨径组合为 $8\times25m+23m+3\times30m$,桥长313m。本桥下部采用柱式墩。桩基统一采用钻孔灌注桩基础。

(12)潮惠 K30+305 中桥加宽桥

本桥采用整体式断面设计,与潮惠高速公路拼接,桩号范围:CHK31+275~CHK31+335。本桥上部结构采用20m跨装配式先简支后桥面连续预应力混凝土小箱梁。该桥为左幅单侧加宽,与潮惠高速公路拼接,路线设计加宽宽度为447.7~711.2cm,为简化设计,方便施工,减少梁板预制种类,设计实际加宽宽度全桥统一为767cm。为加强美观,防撞栏沿最外侧设置,局部实际桥宽超出理论桥宽位置处通过划标线明确。小桩号桥台侧路基段注意与加宽桥接顺。跨径组合为 $3\times20m$,桥长65.6m。本桥下部结构采用柱式墩。桩基统一采用钻孔灌注桩基础。

12)第十四标段内桥梁

结合区域处地形、地质和场地条件等特点,考虑工程的安全性、经济性、施工可行性及景观性等,除汕湛高速公路上的两座小桥采用空心板结构外,桥梁上部结构采用预应力混凝土小箱梁(桥面连续)及现浇连续箱梁,其中预应力混凝土小箱梁为25m及30m跨,现浇连续箱梁布置在匝道桥上,具体如下:

(1)A匝道第三联(37+40+37m)、第四联($4\times24m$);

(2)C匝道第一联($3\times20.5m$)、第二联($3\times20.6m$)、第三五联(均为 $3\times21m$);

(3)D匝道第一联($3\times25m$)、第二联($3\times30m$);

(4)E匝道第三联($3\times21m$)、第四联($3\times21m$)、第五联($3\times19m$);

(5)F匝道第四联($3\times25m$)。

桥梁下部结构桥墩为柱式墩,桥台为座板台,基础均采用钻孔灌注桩基础;本互通区域内共设桥梁10座,分别为华阳枢纽互通立交主线左幅桥、华阳枢纽互通立交主线右幅桥、A匝道桥、B匝道桥、C匝道桥、D匝道桥、E匝道桥、F匝道桥、汕湛高速公路小桥(LA1K13+900、K13+896)、汕湛高速公路小桥(LA1K15+256.76、K15+254),桥梁总长度4641.43m,其中主线桥共长1681.79m,匝道桥共长2959.64m,汕湛高速公路上两小桥共长45m。

3.2 榕江特大桥设计与施工

3.2.1 建设条件

1)地理条件

榕江特大桥桥址区属冲积平原,地形平坦。沿线多为农田、鱼塘,于里程 K51+400~K53+400 处跨越溶江两岸大堤。榕江特大桥北岸跨大堤桥桥址区属冲积平原,地形平坦。沿线多为农田、鱼塘,于里程 K42+400~K44+400 处跨越溶江。

2)水文地质条件

(1)水位

榕江特大桥工程海区潮汐类型属不正规半日潮混合潮型,日不等现象明显;水面高度不一致,一般相差 30~100cm。桥位处设计水位和潮差见表 3-9。

桥位处设计水位和潮差　　　　　　　　表 3-9

重现期(年)	高水位(m)	低水位(m)	潮差(m)
300	4.493	-1.68	2.65

(2)设计冲刷深度

设计冲刷深度见表 3-10。

设计冲刷深度　　　　　　　　表 3-10

部位	索塔	过渡墩/辅助墩
一般冲刷深度(m)	3.66	1.95
局部冲刷深度(m)	4.88	1.98

(3)榕江流速

设计流速极大值见表 3-11。

设计流速极大值统计表　　　　　　　　表 3-11

重现期(年)	10	50	100	300
流速(m/s)	0.73	1.00	1.34	1.59

(4)渡浪

100 年重现期,浪溅区范围为 -0.5~+8m,大气区下界至设计高水位减 η_0,η_0 值取设计高水位时的重现期 100 年 $H_{1\%}$(波列累积频率为 1% 的波高)波峰面高度。

(5)地表水

桥址区的地表水体主要为溶江、鱼塘及水渠,桥梁沿线共分布河流一条(溶江),各类渠道十多条,大小鱼塘数十个。里程 K38+800~K44+970 段,道路两侧已成片开垦成鱼塘养殖区,与配套水渠形成完善的防洪、灌溉系统。

(6)地下水

场区地下水主要为第四系松散堆积层孔隙水及基岩裂隙水。松散岩类孔隙水赋存于砂砾层中,其透水性好,含水率大,给水度高,与地表水有连通性,主要接受大气降水与地表水的补给;基岩裂隙水赋存于全、强风化花岗岩中,接受上部含水层的越流补给。由于风化裂隙无方向性,延伸较短,且裂面多为泥质充填,因此,富水性及给水度均较低。地下水位随季节会略有变化,即丰水季节水位略有上升,枯水季节水位略有下降。在地质勘察期间,实测稳定水位埋深 1.0～2.10m,稳定水位高程 0.12～0.38m,季节性变化幅度 0.50～1.00m。

3)地层

桥址区上覆为第四系全新统人工填土(Q^{ml})、冲积层(Q_4^{al})、残积层(Q^{el})、海陆交互层(Q_4^{mc})及第四系更新统冲积层(Q_3^{al})。下伏燕山早期[$\gamma_5^{3(1)}$]花岗岩。根据岩土体地质时代、地层成因、岩体风化程度及岩土物理力学特征等,将桥址区地层划分为56层,自上而下依次为:

(1)素填土(Q^{ml})。灰褐、灰红、灰黄色,主要由粉质黏土、中粗砂、碎石组成,稍压实。局部分布,厚度 0.80～5.00m,地层编号为①$_1$。

(2)杂填土(Q^{ml})。灰褐色,稍湿,松散,由黏性土及部分砂砾组成,分布不均。零星分布,厚度 1.00～3.60m,地层编号为①$_2$。

(3)粉质黏土(Q_4^{al})。浅黄色,可塑,主要成分为黏粒,次为粉粒,土质不均匀,黏性一般,含部分砂及圆砾,由上往下含量渐增。零星分布,厚度 1.50～15.50m,地层编号为②。

(4)粉质黏土(Q_4^{al})。棕灰色,软塑～饱和,主要以黏粒为主,土质均匀,黏性较好,手感细滑。零星分布,厚度 1.20～6.40m,地层编号为②$_1$。

(5)粉质黏土(Q_4^{al})。灰黄、浅灰色,湿,可塑,局部夹少量细砂,黏性较好。零星分布,厚度为 2.70m。地层编号为③$_0$。

(6)细砂(Q_4^{al})。灰褐、灰黄色,饱和,中密,局部含较多黏粒及少量中粗砂。零星分布,厚度 3.10～4.90m,地层编号为③$_4$。

(7)中砂(Q_4^{al})。灰白色,饱和,中密,矿物成分以石英为主,长石次之,含少量黏粒,级配较好。零星分布,厚度 1.50m,地层编号为③$_5$。

(8)粗砂(Q_4^{al})。粗砂、黄褐色,饱和,中密,含量55%,主要成分为石英,其余为细中砂及黏粉土,分选性一般。零星分布,厚度 2.10～9.50m,地层编号为③$_6$。

(9)砾砂(Q_4^{al})。灰白色,饱和,稍密,含 25%～35%圆砾及部分黏粒,圆砾成分为石英,间隙充填中粗砂,局部夹薄层粉质黏土,分选性差。零星分布,厚度 1.40～12.80m,地层编号为③$_7$。

(10)淤泥质粉质黏土(Q_4^{mc})。灰黑色,流塑,土质不均,黏性好,局部夹少量粉砂,含量约8%。地面以下 2.4～8.0m 含少量贝壳,地面以下 27.4～30.30m 含腐殖物,味臭。局部分布,厚度 1.00～29.30m,地层编号为④$_1$。该层中有3个透镜体夹层,一是粉质黏土(Q_4^{mc}),层号为④$_1$,二是淤泥质粉质黏土(Q_4^{mc}),层号为④$_1$,三是细砂(Q_4^{mc}),层号为④$_4$。

(11)淤泥质黏土(Q_4^{mc})。灰黑色,饱和,可塑,主要成分为黏粒,土质均匀,黏性好,手感细滑,味略臭,含少量有机质及腐木。零星分布,厚度18.20~18.50m,地层编号为④$_2$。

(12)粉砂(Q_4^{mc})。浅灰色,饱和,松散,局部含较多黏粒。零星分布,厚度为2.00m,地层编号为④$_3$。

(13)细砂(Q_4^{mc})。浅灰色,饱和,稍密,局部含较多黏粒及少量中粗砂,其中地面以下23.50~23.90m为粗砂。零星分布,厚度1.00~4.80m,地层编号为④$_4$。

(14)中砂(Q_4^{mc})。黄褐色,饱和,中密,含20%细圆砾,圆砾成分为石英,含部分黏粒,间隙充填中细砂,分选性差。零星分布,厚度为5.10m,地层编号为④$_5$。

(15)粗砂(Q_4^{mc})。浅灰色,饱和,中密,局部含较多粉细砂及砾砂。零星分布,厚度为2.20m,地层编号为④$_6$。

(16)粉质黏土(Q_4^{al})。灰黄,灰褐色,湿,可塑,地面以下21.30~24.90m土质较均匀,地面以下24.90~25.40m夹较多腐殖质,黏性较好。局部分布,厚度0.70~21.20m,地层编号为⑤。该层中有3个透镜体夹层,一是粉质黏土(Q_4^{al}),层号为⑤$_2$;二是粗砂(Q_4^{al}),层号为⑤$_6$;三是砾砂(Q_4^{al}),层号为⑤$_7$。

(17)黏土(Q_4^{al})。浅灰色、灰黄色,流塑~饱和,以黏粒为主,土质均匀,黏性较好,刀切面光滑。零星分布,厚度为2.60m。地层编号为⑤$_1$。

(18)粗砂(Q_4^{al})。粗砂,黄褐色,饱和,中密,含30%的圆砾,成分为石英,其余为细中砂及黏粉粒,分选性差。零星分布,厚度1.40~4.90m,地层编号为⑤$_6$。

(19)粉质黏土(Q_4^{al})。灰白色,可塑,主要成分为黏粒,次为粉粒,土质均匀,黏性好。零星分布,厚度0.90~7.40m,地层编号为⑥$_0$。

(20)粉砂(Q_4^{al})。浅灰色,中密~饱和,主要成分为石英、长石,间隙充填少量黏粒,颗粒级配较好。零星分布,厚度1.40~6.80m,地层编号为⑥$_3$。

(21)细砂(Q_4^{al})。浅灰,灰褐色,饱和,中密~密实,地面以下20.30~24.30m含较多中粗砂及少量砾砂;地面以下31.00~34.20m含少量腐殖质。零星分布,厚度1.60~14.40m,地层编号为⑥$_4$。

(22)中砂(Q_4^{al})。浅灰色、灰褐黄色,中密~饱和,主要成分为石英、长石等,间隙充填少量黏粒及细砂,颗粒级配中等。零星分布,厚度0.80~7.80m,地层编号为⑥$_5$。

(23)粗砂(Q_4^{al})。浅灰色,中密~饱和,主要成分为石英、长石等,局部含较多粉黏粒,细砂及少量砾砂,其中地面以下23.70~24.10m为粉质黏土。零星分布,厚度1.00~20.00m,地层编号为⑥$_6$。该层中有2个透镜体夹层,一是粉质黏土(Q_4^{al}),层号为⑥$_0$,二是细砂(Q_4^{al}),层号为⑥$_4$。

(24)砾砂(Q_4^{al})。灰白色,饱和,中密,含25%~35%圆砾及部分黏粒,圆砾成分为石英,间隙充填中粗砂,分选性一般,夹薄层泥炭质土。零星分布,厚度 2.10~26.20m,地层编号为⑥$_7$。该层中有1个透镜体夹层,为粉质黏土(Q_4^{al}),层号⑥$_0$。

(25)粉质黏土(Q_3^{mc})。灰黑色,软塑,主要成分为黏粒,次为粉粒,含腐殖物及贝壳,具腐臭味,局部含粉砂团块,由淤泥质黏土固结而成。局部分布,厚度 1.20~20.90m,地层编号为⑦。该层中有1个透镜体夹层,为粉质黏土(Q_3^{mc}),层号为⑦$_0$。

(26)粉质黏土(Q_3^{mc})。灰黄色,稍湿,硬塑,局部夹少量砾砂约6%,主要成分为粉黏粒,黏性较好。零星分布,厚度 1.70~6.80m,地层编号为⑦$_0$。

(27)粉砂(Q_3^{mc})。浅灰色,饱和,中密~密实,局部含少量淤泥(腐殖质)。零星分布,厚度为 3.30m,地层编号为⑦$_3$。

(28)细砂(Q_3^{mc})。灰黑色,饱和,稍密,局部含少量淤泥(腐殖质)。零星分布,厚度为 2.40m,地层编号为⑦$_4$。

(29)粗砂(Q_3^{mc})。浅灰色,中密~饱和,主要成分为石英、长石等,局部含较多黏粒、细砂及砾砂。零星分布,厚度 7.00~11.50m,地层编号为⑦$_6$。

(30)粉质黏土(Q_3^{al})。浅灰,浅红,灰黄色,稍湿,硬塑,局部夹少量细砂,其中地面以下 48.70~49.70m、50.60~52.30m 局部夹较多中粗砂及砾砂,黏性较好。局部分布,厚度 0.90~29.70m,地层编号为⑧。该层中有1个透镜体夹层,为粉质黏土(Q_3^{al}),层号为⑧$_0$。

(31)粉质黏土(Q_3^{al})。黄褐色,可塑,主要成分为黏粒,次为粉粒,土质不均匀,黏性一般,局部含砾砂及中粗砂团。零星分布,厚度 0.80~8.20m,地层编号为⑨$_0$。该层中有1个透镜体夹层,为粗砂(Q_3^{al}),层号为⑨$_6$。

(32)粉砂(Q_3^{al})。浅灰色,饱和,中密,矿物成分以石英为主,分选性较差,含少量黏粒、中粗砂约7%。零星分布,厚度 1.10~3.30m,地层编号为⑨$_3$。

(33)细砂(Q_3^{al})。浅灰,灰褐色,饱和,中密~密实,局部含较多黏粒,其中地面以下 39.30~39.80m 局部夹较多腐殖质。零星分布,厚度 1.90~11.60m,地层编号为⑨$_4$。该层中有1个透镜体夹层,为粗砂(Q_3^{al}),层号为⑨$_6$。

(34)中砂(Q_3^{al})。灰白色、黄褐色,中密~饱和,主要成分为石英、长石等,间隙充填少量粗砂,颗粒级配中等。零星分布,厚度 1.90~6.80m,地层编号为⑨$_5$。

(35)粗砂(Q_3^{al})。浅灰色,饱和,中密~密实,主要成分为石英,局部含较多粉细砂及砾砂,其中地面以下 42.20~42.60m 为粉质黏土。局部分布,厚度 0.90~26.30m,地层编号为⑨$_6$。该层中有1个透镜体夹层为粉质黏土(Q_3^{al}),层号为⑨$_0$。

(36)砾砂(Q_3^{al})。灰白色,饱和,密实,含25%~35%圆砾及部分黏粒,圆砾成分为石英,间隙充填中粗砂,局部含粉质黏土团块,分选性差。零星分布,厚度 3.20~17.50m,地层编号为⑨$_7$。

(37)圆砾土(Q_3^{al})。细圆砾土,黄褐色、灰白色,饱和,密实,成分为石英,间隙充填中粗砂,局部含粉质黏土团块,分选性差。零星分布,厚度为4.90m,地层编号为⑨$_8$。

(38)粉质黏土(Q_3^{mc})。粉质黏土,深灰色,可塑,主要成分为黏粒,次为粉粒,土质均匀,黏性好,含腐殖物,具腐臭味,其中地面以下45.90~46.30m含砾砂20%,由淤泥质土固结而成。零星分布,厚度0.60~15.00m,地层编号为⑩。该层中有1个透镜体夹层,为粉质黏土(Q_3^{mc}),层号为⑩。

(39)细砂(Q_3^{mc})。灰黑、浅灰色,中密~饱和,主要成分为石英、长石等,局部含较多黏粒,其中地面以下49.20~49.40m为粗砂。零星分布,厚度为2.70m,地层编号为⑩$_4$。

(40)粉质黏土(Q_3^{al})。灰红、浅灰、棕灰色,湿,可塑,局部夹少量细砂,其中地面以下53.90~56.40m局部夹较多腐殖质,黏性较好。局部分布,厚度0.90~10.00m,地层编号为⑪。该层中有2个透镜体夹层,一是粗砂(Q_3^{al}),层号为⑪$_6$;二是粉质黏土(Q_3^{al}),层号为⑪。

(41)粗砂(Q_3^{al})。浅灰色,饱和,中密,主要成分为石英,局部含较多黏粒、细砂及少量砾砂。零星分布,厚度0.80~7.80m,地层编号为⑪$_6$。

(42)细砂(Q_3^{al})。浅灰色,中密~饱和,主要成分为石英、长石等,局部含少量黏粒、中粗砂。零星分布,厚度1.00~3.20m,地层编号为⑫$_4$。

(43)中砂(Q_3^{al})。灰白、黄褐色,饱和,密实,50%成分为石英,其余为细中砂及黏粉土,分选性一般。零星分布,厚度为5.00m。地层编号为⑫$_5$。

(44)粗砂(Q_3^{al})。浅灰、灰褐色,饱和,中密~密实,主要成分为石英,局部含较多粉细砂及少量砾砂,其中地面以下54.00~55.60m夹少量腐殖质。零星分布,厚度0.90~19.00m,地层编号为⑫$_6$。该层中有2个透镜体夹层,一是粉质黏土(Q_3^{al}),层号为⑫$_0$;二是粗砂(Q_3^{al}),层号为⑫$_6$。

(45)砾砂(Q_3^{al})。中砂:灰白色,饱和,密实,含35%细圆砾,圆砾成分为石英,含部分黏粒,间隙充填粗砂,分选性好。零星分布,厚度1.50~5.30m,地层编号为⑫$_7$。

(46)粉质黏土(Q_3^{al})。褐黄色,硬塑,主要成分为黏粒,次为粉粒,土质均匀,黏性好,其中地面以下66.8~67.5m含粗砂30%。零星分布,厚度0.50~10.90m,地层编号为⑮。

(47)细砂(Q_3^{al})。浅灰色,饱和,中密~密实,局部含较多黏粒及少量中粗砂。零星分布,厚度2.50~5.50m,地层编号为⑮$_4$。

(48)粗砂(Q_3^{al})。浅灰、灰黄色,饱和,中密,主要成分为石英,局部含较多粉细砂及砾砂。零星分布,厚度1.70~7.00m,地层编号为⑮$_6$。

(49)砂质黏性土(Q^{el})。褐黄间灰白色,湿,可塑,为花岗岩风化残积土,局部含较多中粗砂及砾砂,遇水易软化、崩解。零星分布,厚度0.80~6.60m,地层编号为⑳$_2^{1k}$。

(50)砂质黏性土(Q^{el})。粉质黏土:浅黄色间灰褐色,稍湿,硬塑,主要为粉黏粒,土质不均,局部偶见原岩碎屑,为花岗岩残积而成,黏性差。零星分布,厚度2.00~17.50m,地层编号为$㉑_2^{ly}$。

(51)孤石[$\gamma_5^{3(1)}$]。浅红间灰白色,为微风化花岗岩:岩芯多呈短~长柱状,局部块状,其中地面以下34.80~35.00m、35.90~36.10m为中风化岩。零星分布,厚度0.30~14.50m,地层编号$㉑_0$。该层中有3个透镜体夹层,一是全风化花岗岩[$\gamma_5^{3(1)}$],层号为$㉑_A^{35}$;二是强风化花岗岩[$\gamma_5^{3(1)}$],层号为$㉑_B^{35s}$;三是孤石[$\gamma_5^{3(1)}$],层号为$㉑_0$。

(52)全风化花岗岩[$\gamma_5^{3(1)}$]。褐红间灰白色,褐黄间灰白色,原岩结构基本破坏,但尚可辨认,岩芯已风化呈坚硬土柱状,遇水易软化、崩解。大部分布,厚度0.60~32.00m,地层编号为$㉑_A^{35}$。该层中有2个透镜体夹层,一是孤石[$\gamma_5^{3(1)}$],层号为$㉑_0$;二是强风化花岗岩[$\gamma_5^{3(1)}$],层号为$㉑_B^{35s}$。

(53)强风化花岗岩[$\gamma_5^{3(1)}$]。褐黄间灰白,青灰色,原岩结构大部分破坏,矿物成分已显著变化,风化强烈,裂隙很发育,岩芯呈土柱状、半岩半土状,遇水易软化,崩解,其中地面以下53.40~59.00m岩芯多呈块状,局部夹较多中风化岩块、碎岩块。大部分布,厚度0.70~115.50m,地层编号为$㉑_B^{35s}$。该层中有5个透镜体夹层,一是强风化花岗岩[$\gamma_5^{3(1)}$],层号为$㉑_B^{35s}$;二是中风化花岗岩[$\gamma_5^{3(1)}$],层号为$㉑_C^{35s}$;三是强风化花岗岩[$\gamma_5^{3(1)}$],层号为$㉑_B^{35t}$;四是孤石[$\gamma_5^{3(1)}$],层号为$㉑_0$;五是全风化花岗岩[$\gamma_5^{3(1)}$],层号为$㉑_A^{35}$。

(54)强风化花岗岩[$\gamma_5^{3(1)}$]。褐黄间灰白色,原岩结构大部分破坏,矿物成分已显著变化,风化强烈,裂隙很发育,岩芯呈土柱状、半岩半土状,遇水易软化、崩解,局部夹少量岩块、碎岩块。零星分布,厚度6.19~14.70m,地层编号为$㉑_B^{35t}$。该层中有2个透镜体夹层,一是强风化花岗岩[$\gamma_5^{3(1)}$],层号为$㉑_B^{35s}$;二是孤石[$\gamma_5^{3(1)}$],层号为$㉑_0$。

(55)中风化花岗岩[$\gamma_5^{3(1)}$]。浅肉红色,粗粒花岗结构,块状构造,裂隙较发育,岩体较完整,岩芯呈短柱状,节长2~32cm,RQD=68%,其中地面以下72.80~74.00m、75.80~76.00m、76.5~77.5m裂隙较发育,岩体破碎,岩芯以块状为主,锤击声清脆,不易击碎。局部分布,厚度0.90~100.70m,地层编号为$㉑_C^{35}$。该层中有3个透镜体夹层,一是强风化花岗岩[$\gamma_5^{3(1)}$],层号为$㉑_B^{35s}$;二是微风化花岗岩[$\gamma_5^{3(1)}$],层号为$㉑_D^{35s}$;三是中风化花岗岩[$\gamma_5^{3(1)}$],层号为$㉑_C^{35}$。

(56)微风化花岗岩[$\gamma_5^{3(1)}$]。浅红间灰白、浅红间灰黑色,粗粒结构,块状构造,裂隙稍发育,岩芯完整,岩芯多呈短~长柱状,少量块状,岩质坚硬,撞击声脆,其中地面以下34.60~36.90m局部夹中风化岩,一般柱长10~60cm,最长柱长115cm,RQD=87%。零星分布,最大揭示厚度为14.00m,地层编号为$㉑_D^{35}$。该层中有1个透镜体夹层,为中风化花岗岩[$\gamma_5^{3(1)}$],层号为$㉑_C^{35}$。

4)不良地质与特殊岩土

(1)不良地质

桥址区的不良地质主要为砂土液化。桩基设计时只要确保桩尖进入液化砂土层以下稳定持力层一定深度,砂土液化对基础的稳定性不会产生大的影响。

(2)特殊岩土

软土具有承载力低、触变性、高压缩性、低透水性等不良工程性能,软土地基受振动载荷后易产生侧向滑动、沉降及基础下土体挤出等现象。软土因某种原因(排水固结、振陷等)下沉,当沉降量大于桩的沉降时,还会产生负摩阻力。负摩阻力会增加桩侧表面的荷载,降低桩基的承载力,使建筑物产生沉降、倾斜、开裂。

桥址区的特殊岩土主要为软土及填筑土,场区内软土为淤泥及淤泥质土,分为两类:一类为表层软土,分布于鱼塘、水渠、河流等地表水体的底部,厚0.5~1.5m,该层软土可采用抛石挤淤或清除换填法处理;另一类为浅层软土,广泛分布于河口冲积平原,分布连续,面积较广,埋深2~50m,单层厚度一般6~20.9m,埋深、厚度变化大,具多层性。填筑土场区内零星分布,厚度一般为1.2~3.6m。桥梁基础穿过填土及软土以下,伸入稳定持力层中,可以消除、降低填土及软土的不利影响。

5)通航条件

榕江主航道为Ⅰ级航道,规划通航10000吨级海轮;潮汕环线高速公路榕江特大桥单孔双向垂直于航道方向的净宽应不小于347m,设计跨径为(60+140+400+140+60)m的桥跨方案。该桥桥位处在潮汕近海地区,受台风影响较大。

船撞力见表3-12。两个方向的防撞力不同时作用。撞击力偏离基础中心线的距离按照0.25倍的撞击面宽度的同时不小于2m取。

通航孔桥船撞力表(单位:MN)　　　　　　表3-12

桥位	主墩	辅助墩	过渡墩
榕江特大桥	45.43	5.07	4.39

3.2.2 桥跨布置

根据水文资料与桥位主跨、榕江浅滩水位的情况,钢栈桥顶高程是按照20年一遇榕江最高潮水位+2.977m进行设计的,经榕江水位复测,常水位为0.27~1.1m,栈桥北岸引桥位于浅滩区,引桥有水中墩29个,南北栈桥起点位于南北岸堤坝,为实现主线便道、堤坝路与栈桥合理的连接,栈桥过南北岸堤坝防浪墙时采用开缺形式与堤坝路接平。其中北岸堤坝路面高程为+4.5m,南岸堤坝路面高程为+4.1m,为便于施工,北岸浅滩栈桥高程与堤坝路高程设为一致;主桥位于深水区,栈桥上部结构高度约为2m,考虑0.5m富余高度(壅水高度),栈桥顶面高程为 +2.977 +2.0 +0.5 = +5.477m。按照 +6.0m 设计。北岸栈桥浅滩区至深水区通过两联渐变至 +6.0m 高程,纵坡为 0.78%,南岸栈桥由堤坝开始渐变至 +6.0m,纵坡为 +0.944%。

榕江大桥采用设计跨径为 (60 + 140 + 400 + 140 + 60)m 的桥跨方案。榕江特大桥桥型布置如图 3-1 所示。

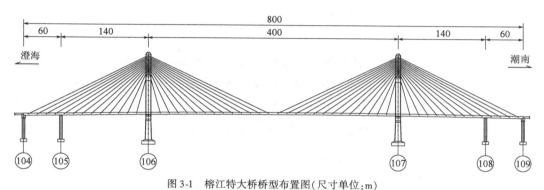

图 3-1 榕江特大桥桥型布置图(尺寸单位:m)

3.2.3 关键结构设计

榕江特大桥采用双塔钢箱梁斜拉桥,中跨、次边跨及边跨均布设斜拉索。主梁采用流线型扁平钢箱梁。斜拉索采用扇形布置,双索面,在外侧锚固。索塔采用倒 Y 形框架,塔柱为钢筋混凝土构件(上塔柱索塔锚固区根据受力需要设置井字形预应力),下横梁为预应力混凝土构件。

设计原则为上部结构箱梁纵向按全预应力混凝土构件设计,顶板横向按预应力混凝土 A 类构件设计。下部桩基、承台、墩身和盖梁为普通钢筋混凝土结构,除对墩身、桩基础、盖梁进行承载能力验算外,还应对裂缝宽度进行验算。

1) 索塔基础

全桥采用半漂浮体系。在索塔处设置具有横向水平承载能力、纵向活动能力的单向减隔振拉索支座和双向活动竖向减隔振拉索支座,设置带纵向阻尼装置。在辅助墩和过渡墩处设置具有横向水平承载能力、纵向活动能力的单向减隔振支座和双向活动竖向减隔振支座。

(1) 钢管复合桩

每个承台下采用 30 根 $\phi 3.0$m 或 $\phi 2.7$m 钢管复合桩,梅花形布置,按支承桩设计,钢管与钢筋混凝土组成桩基础结构主体共同受力。整个桩身由有钢管段、无钢管段两部分组成。有钢管段的长度根据地质条件、结构受力、沉桩能力、施工期承载等综合确定,长度为 34.5m,桩基根据持力层岩面高差,设计成不等桩长,桩底高程需满足"对于中风化岩面最深的钻孔,桩基嵌岩深度不小于 2.5 管径"的要求。

复合桩钢管内径 3000mm,钢管壁厚分两种:下部约 2m 范围壁厚为 36mm,其余壁厚为 25mm,钢管对接时内壁对齐,采用全熔透焊接方式。在顶部一定区段钢管内壁设置 10 道剪力环,在该区段钢管上方设置替打段。实际替打段长度由施工单位自行确定。桩身配置普通钢筋,纵向主筋为 $\phi36mm$ 的 HRB400 钢筋,箍筋采用 $\phi12mm$ 的 HRB400 钢筋。每根桩均埋设 4 根超声波检测管。

(2)承台

采用八边形承台,转角直径设置为 2.8m 倒角,平面轮廓尺寸横桥向为 43.7m、纵桥向为 21.3m,承台厚度 5.5m。承台顶设置 2m 厚二承台,二承台顶面、底面为带圆倒角矩形,顶面平面轮廓尺寸为横桥向 32.4m,纵桥向 12.5m,底面平面轮廓尺寸为横桥向 39.4m,纵桥向 19.5m。承台防撞设置了防撞套箱,兼作施工钢套箱用,封底混凝土厚度为 2m。承台根据受力计算配置了钢筋。

(3)钢管复合桩与承台连接

桩身埋入承台 20cm,桩顶以上钢护筒进行切割处理,割出沿圆周均匀分布、宽 12cm、长约 2m 的钢板条 24 道,并在其外侧焊接两根一束的 $\phi32mm$ HRB400 钢筋,以加强钢护筒与承台的连接。

(4)钢管复合桩钢管阴极保护设计

本桥按照 100 年使用寿命要求设计,根据目前国内外大桥钢管桩的腐蚀防护方法和近年来有关钢管桩的腐蚀防护研究工作及实施经验,对钢管复合桩的钢管采用涂层+阴极保护的联合防护方法:使用前对钢管进行工厂化内外壁高性能环氧涂层涂敷,使用后实施牺牲阳极方式的阴极保护。

钢管进行内外防护,外壁采用高性能双层熔融结合环氧粉末涂层,内壁采用高性能无溶剂液体环氧涂层。钢管外壁防腐方案对水中区和泥下区分别设计。钢管桩外壁位于局部冲刷线上部区域和海水区域,即高程为 −20m 以上部位,采用高性能复合加强双层熔融结合环氧粉末涂层,内层厚度 $\geqslant 300\mu m$,面层厚度 $\geqslant 700\mu m$,涂层总厚度 $\geqslant 1000\mu m$。钢管桩外壁位于局部冲刷线下部区域,即高程 −20m 以下部位,采用高性能复合普通双层熔融结合环氧粉末涂层,内层厚度 $\geqslant 300\mu m$,面层厚度 $\geqslant 350\mu m$,涂层总厚度 $\geqslant 650\mu m$。内层为耐腐蚀型涂层,面层为抗划伤耐磨涂层。

钢管内壁防腐方案按照普通级防腐涂层设计,采用高性能无溶剂液体环氧涂层,厚度 $\geqslant 200\mu m$;为了提高内防腐涂层与钢桩内部灌注混凝土的相对黏结强度,在内壁防腐涂层上再喷涂一层耐磨防滑涂层,厚度 $\geqslant 50\mu m$。涂层具有耐蚀型、抗划伤耐磨特性。

采用牺牲阳极的阴极保护系统,阳极材料选择高效铝阳极。第一期阴极保护设计寿命为50年,设计更换1次,每次有效期为50年。因为设计寿命长,牺牲阳极适量增加以弥补自身消耗。本次设计的前提是钢管桩外壁涂覆高性能熔结环氧粉末(Fusion Bonded Epoxy,FBE)防护涂层,涂层初始破损率为0.5%,50年涂层破损率为8%,裸钢在海泥中的初期阴极保护电流密度设定为$25mA/m^2$,平均阴极保护电流密度和末期阴极保护电流密度设定为$20mA/m^2$。采用海水中安装牺牲阳极保护泥下区钢管桩的新型阴极保护方式。阴极保护监测系统采用智能化数据采集系统及无线网络传输装备,将数据传送至控制终端,现场利用太阳能蓄电池供电。

技术要点:在有效保护时间内,被保护钢管桩的保护电位为$-0.75\sim-1.00V$(相对于银/氯化银参比电极)。牺牲阳极消耗量满足阴极保护有效保护年限要求。通过监测牺牲阳极发射电流估算阳极消耗情况。阳极材料应符合《铝-锌-铟系合金牺牲阳极》(GB/T 4948—2002)要求,阳极材料为2型,其实际电容量大于2600Ah/kg。

2)索塔塔身

(1)塔柱

索塔采用钻石形结构,包括下塔柱、中塔柱、上塔柱和下横梁。塔柱顶高程149.900m,塔柱底高程3.000m,索塔总高146.9m;其中上塔柱高44.845m,中塔柱高58.255m,下塔柱高40.3m;中塔柱横桥向侧面的斜率为1/3.218,下塔柱内侧面的斜率为1/3.567;下塔柱侧面顺桥向斜率为1/24.7。索塔在桥面以上高度约为101.2m,塔底左右塔柱中心间距21.2m。塔柱采用空心单箱单室断面。上塔柱高度范围内为等截面,截面尺寸为7.60m(顺桥向)×7.00m(横桥向),顺桥向壁厚1.20m,横桥向壁厚1.0m。中塔柱高度范围内为等截面,截面尺寸为7.60m(顺桥向)×5.00m(横桥向),顺桥向壁厚1.10m,横桥向壁厚1.10m。下塔柱高度范围内为变截面,截面尺寸由7.60m(顺桥向)×8.00m(横桥向)线形变化为10.50m(顺桥向)×9.20m(横桥向),顺桥向壁厚1.20m,横桥向壁厚1.20m。塔柱的外缘采用半径0.5m的圆弧倒角,以提高景观效果。

在下横梁的顶、底板对应位置设置横隔板。在索塔的底部设置2m的实心段,以利于塔、承台之间的刚度过渡。此外,在塔冠处设置横隔板作为检修平台。塔柱在下横梁处、桥面处、结形撑与塔柱交点处均设置人孔,可实现索塔与桥面、下横梁、结形撑等的连通,便于维护检修。塔顶设梯形塔冠,塔冠高度3.50m,塔冠内安装相关附属设施,并作为外壁维护作业的操作室。索塔竖向主筋采用$\phi40mm$钢筋,根据受力需要进行配筋。

(2)下横梁

索塔下横梁设在主梁下方,顶部高程43.300m;横梁采用箱形断面,为全预应力混凝土结构,横梁高6.5m、宽7.60m,腹板壁厚顺桥向1.2m,顶底板壁厚1.1m,在永久竖向支座下各设1道壁厚1.0m的竖向隔板;横梁内布置76束$22\phi^j15.20mm$钢绞线,钢绞线锚下张拉控制应力采用1395MPa,所有预应力锚固点均设在塔柱外侧,采用深埋锚工艺,预应力管道采用塑钢复合波纹管、真空压浆工艺。下横梁横桥向钢筋采用φ32mm钢筋,按间距15cm布置。下横梁侧面设通气孔,底面设排水孔。横梁顶面设置支座垫石、阻尼装置垫石等。

(3)钢锚梁

斜拉索在塔端的锚固方式包括混凝土锚固及钢锚梁锚固两种,第1~3对斜拉索由于竖向、横向角度较大,采用混凝土锚块锚固,其余4~13对斜拉索锚固在钢锚梁上,设置于上塔柱柱中。每套钢锚梁锚固2对斜拉索,单个塔柱钢锚梁共10套。钢锚梁与钢牛腿编号对应斜拉索编号;4号锚梁锚点高程为+124.119m;最上一节13号锚梁锚点高程为+143.57m。钢锚梁梁长5.4m、高0.85m。钢锚梁为箱形结构,由侧面拉板、端部承压板、腹板、锚板、锚垫板、加劲肋等构件组成。其中侧面拉板主要承受斜拉索水平拉力,板厚40mm。腹板为将索力传递至侧面拉板的重要板件,厚30mm,腹板两侧设置加劲肋。锚板厚40mm,锚垫板厚80mm。

(4)钢牛腿

钢牛腿是钢锚梁的支承结构,每根钢锚梁直接支承在一对钢牛腿顶板上。钢牛腿由上承板、聚四氟乙烯滑板、腹板、腹板加劲板、塔壁钢板、剪力钉及开孔钢板连接件(Perfobond Leiste,PBL)加劲钢板组成。钢牛腿顶面宽0.75m,牛腿高度为0.8m。牛腿顶面粘贴聚四氟乙烯板,厚度为2mm,四氟板上贴不锈钢板,不锈钢板厚4mm。上承板两侧各设置5个φ40mm×26mm椭圆孔,采用M24高强度螺栓连接钢锚梁及钢牛腿。塔壁钢板外侧通过剪力钉及加劲钢板与混凝土塔壁连接。加劲钢板设有φ60mm圆孔。塔柱环向箍筋及横向加强钢筋从孔中水平穿过。斜拉索套筒分两段制造,预留段在工厂中与钢牛腿壁板焊接,另一段在工地采用高强螺栓与预留段连接。

(5)钢锚梁与钢牛腿的连接

钢牛腿与钢锚梁接触面采用不锈钢板与四氟滑板构成滑动摩擦副,以确保钢锚梁沿纵桥向可做微小滑动。整体组装前四氟滑板面涂硅脂油,增加摩擦副的润滑性。

(6)构件的耐久性关键控制指标

综合考虑不同混凝土构件所处的腐蚀环境、构件的重要性与承载能力以及施工水平等因素,确定榕江大桥不同混凝土构件的氯离子扩散系数、最小保护层厚度(未考虑施工偏差),见表3-13、表3-14。

塔身混凝土耐久性关键控制指标 表3-13

构件	环境	设计年限(年)	环境等级	NT Build492 氯离子扩散系数($10^{-12}m^2/s$)	
				28d	56d
塔身	大气区	100	Ⅲ-C	6.5	4.5

混凝土钢筋净保护层厚度　　　　　　表 3-14

构件	环境	保护层厚度(mm)	
		外部	内部
现浇塔身	大气区	70	—

混凝土构件的表面裂缝最大宽度计算值应不超过表 3-15 的限值。

不同混凝土构件表面裂缝计算宽度限值　　　　表 3-15

部位	腐蚀环境	结构类型	裂缝宽度(mm)
下横梁	Ⅲ-C	预应力钢筋混凝土	—
塔身	Ⅲ-C	普通钢筋混凝土	0.15

(7)混凝土构件外加防腐蚀设计

混凝土构件外加防腐蚀措施见表 3-16。

混凝土构件外加防腐蚀措施　　　　　　表 3-16

构件	环境	外加防腐措施
索塔下塔柱 +8.0m 以下	浪溅区	高性能单层环氧钢筋(外层钢筋及拉筋)+阻锈剂(混凝土)
现浇支座垫石和挡块	大气区	高性能单层环氧钢筋+阻锈剂(混凝土)
现浇横梁的预应力钢绞线	大气区	高性能浆液真空灌浆+塑钢波纹管道

(8)钢构件的外加防腐蚀设计

索塔锚固区内衬钢模及连接螺栓防腐涂装方案应满足《公路桥梁钢结构防腐涂装技术条件》(JT/T 722—2008)❶的要求,采用表 3-17 中的防腐涂装体系。

防腐涂装　　　　　　表 3-17

部位	涂装体系及用料	技术要求(最低干膜厚度)	场地
钢锚梁(耐候钢)	不涂装	—	—
索塔锚固区内衬钢模	喷砂除锈	Sa2.5 级,Rz30 – 70μm	工厂
	环氧富锌底漆 2 道	2 × 50μm	工厂
	环氧云铁中间漆 2 道	2 × 100μm	工厂
	聚氨酯面漆 1 道	60μm	工厂
终拧后的高强螺栓	表面处理	除油除污,对螺栓、螺母、垫圈的外露部位机械打磨 St3 级	工地

---

❶ 该规范已作废,现行版本为《公路桥梁钢结构防腐涂装技术条件》(JT/T 722—2023)。

其他预留、预埋钢构件的外露表面需进行防腐涂装,涂装方案见表3-18。

其他预留、预埋构件防腐涂装　　　　　　表3-18

部位	涂装体系及用料	技术要求(最低干膜厚度)	场地
预留、预埋钢构件的外露表面	喷砂除锈	Sa2.5级,Rz40-70μm	工厂
	锌基涂镀1道	80μm	工厂
	环氧云铁中间漆1道	60μm	工厂
	氟碳面漆1道	40μm	工厂
	氟碳面漆1道	40μm	现场

3)辅助墩、过渡墩墩身及基础

(1)钢管复合桩

辅助墩承台下采用8根φ2.8m或φ2.5m钢管复合桩,过渡墩承台下采用12根φ2.8m或φ2.5m钢管复合桩,潮南侧辅助墩、过渡墩基础按支承桩设计,澄海侧辅助墩、过渡墩基础按摩擦桩设计,钢管与钢筋混凝土组成桩基础结构主体共同受力。整个桩身由有钢管段、无钢管段两部分组成。有钢管段的长度根据地质条件、结构受力、沉桩能力、施工期承载等综合确定,长度为37.5m,桩基根据持力层岩面高差,潮南侧桩底高程需满足"对于中风化岩面最深的钻孔,桩基嵌岩深度不小于2.5管径"的要求;澄海侧按设计高程终孔。

复合桩钢管内径2800mm,钢管壁厚分两种:下部约2m范围壁厚为36mm,其余壁厚为25mm。钢管对接时内壁对齐,采用全熔透焊接方式。在顶部一定区段钢管内壁设置10道剪力环,在该区段钢管上方设置替打段。桩身配置普通钢筋,纵向主筋为φ32mm HRB400钢筋,箍筋采用φ12mm HRB400钢筋。每根桩均埋设4根超声波检测管。

(2)承台

辅助墩承台平面呈哑铃形,由2个分离的、边长10.75m的正方形承台通过系梁连接而成,转角位置设置半径1.2m和1.8m的圆倒角,系梁宽3.5m。承台厚4.5m,封底混凝土厚度为2m。封底混凝土厚度根据实际施工条件(水位等)进行设计。过渡墩采用矩形承台,转角位置设置半径1.2m的圆倒角,平面轮廓尺寸横桥向为35.75m、纵桥向为10.75m,承台厚度4.5m,封底混凝土厚度为2m。封底混凝土厚度根据实际施工条件(水位等)进行设计。

(3)墩身

辅助墩、过渡墩均采用矩形空心墩,辅助墩墩身截面外侧尺寸为6.5m(横桥向)×4.5m(顺桥向),倒角半径为0.5m。墩身壁厚1.0m,墩顶、墩底各设置5m实心段;过渡墩墩身截面外侧尺寸为8.0m(横桥向)×4.5m(顺桥向),倒角半径为0.5m。墩身壁厚1.0m,墩顶、墩底各设置5m实心段,墩顶设置盖梁,盖梁高3.5m。

(4)钢管复合桩与承台连接

桩身埋入承台20cm,桩顶以上钢护筒进行切割处理,割出24道沿圆周均匀分布、宽12cm、长约2m的钢板条,并在其外侧焊接两根一束的 $\phi32mm$ HRB400钢筋,以加强钢护筒与承台的连接。

(5)混凝土构件外加防腐蚀设计

混凝土构件外加防腐蚀措施见表3-19。

混凝土构件外加防腐蚀措施　　　　　　　　　　　　　　　表3-19

构件	环境	外加防腐措施
现浇承台	浪溅区~水下区	采用高性能环氧钢筋+疏水化合物
墩柱下塔柱+8.0m以下浪溅区高性能单层环氧钢筋(外层钢筋及拉筋)+疏水化合物(混凝土)	浪溅区	高性能单层环氧钢筋(外层钢筋及拉筋)+疏水化合物(混凝土)
现浇支座垫石和挡块	大气区	高性能单层环氧钢筋+疏水化合物(混凝土)
现浇盖梁的预应力钢绞线	大气区	高性能浆液真空灌浆+塑钢波纹管道

(6)其他钢构件外加防腐蚀设计

其他钢构件(包含预留预埋部分)的外露表面需进行防腐涂装,涂装方案见表3-20。

防腐涂装方案　　　　　　　　　　　　　　　　　　　　　　表3-20

部位	涂装体系及用料	技术要求(最低干膜厚度)	场地
预留、预埋钢构件的外露表面	喷砂除锈	Sa2.5级,Rz40-70μm	工厂
	锌基涂镀1道	80μm	工厂
	环氧云铁中间漆1道	60μm	工厂
	氟碳面漆1道	40μm	工厂
	氟碳面漆1道	40μm	现场

4)斜拉索

(1)斜拉索规格总体

全桥共 $2\times4\times13=104$ 根斜拉索,最长约216m,最大规格为LPES7-223,单根最大质量(不计锚具)约为15.6t,根据索力分为LPES7-121、LPES7-151、LPES7-187、LPES7-211、LPES7-223共5种规格。成品索疲劳应力幅规格为200MPa。

(2)减振措施

由于拉索很长,自振频率较低,在风或行车荷载的激励下极易产生振动,需加以控制。完全抑制拉索的振动非常困难,减振措施的目标是将拉索振动的幅度控制在可接受的范围之内。从满足拉索的二次弯曲强度、疲劳强度和使用者的视觉安全三方面考虑,确定本桥拉索振动的允许幅值控制在其长度的1/1700以内。根据同类工程的拉索减振研究结果,为使拉索的风/雨激振和涡激振得到抑制,本桥采用阻尼器、气动措施并用的综合减振方案。

①气动措施

斜拉索的表面应进行处理,使风/雨激振得到抑制,但同时要确保拉索在设计风速下的风阻系数 $C_d \leq 0.8$。承包商应提供有效的斜拉索抑振试验资料。

②阻尼器

阻尼器必须能够为拉索提供不小于3%的附加阻尼,承包商应在制造厂和成桥后进行测量,以证实其产品能够达到上述目标。阻尼器应具备一定的强度和抗疲劳性能,使用寿命至少20年,并且可以更换,还要便于检查。

使用一种锚头端索体的刚度过渡装置(暂称为"弯曲限制器"),以取代传统的连接筒。弯曲限制器应能起到在拉索锚具端减少弯曲应力、改善锚口处疲劳性能的作用。

5)钢箱梁

(1)横断面

采用带风嘴的扁平流线型截面,梁顶宽33.56m(不计风嘴),底板宽26.11m,梁高3.5m,风嘴长度为3.77m。箱梁内设置2道中纵腹板,间距18m。斜拉索锚固于边腹板外侧。

(2)梁段划分

斜拉桥主梁受力复杂,施工安装难度大,根据结构受力、运输设备、起吊能力、桥位处自然环境及架设工期等因素,全桥钢箱梁划分为 A、B、C、C1、C2、D、E、F、G、H、I 共11种类型,63个梁段。其中 A、B 为塔区零号段梁段;C、C1、C2 为标准梁段;E、H 为辅助墩和过渡墩顶梁段;I 为跨中合龙段。主梁标准节段长度14.5m。跨中标准梁段采用桥面起重机施工,最大起质量约为321.9t;塔区梁段和边跨梁段均利用大型起重船吊装,最大起重量约为321.9t。

(3)结构构造

①顶板

根据结构受力需要,同时有利于提高桥面板刚度和抗疲劳性能,减少桥面铺装病害的发生,能更好地应对重交通荷载所带来的不利因素,钢箱梁顶板在索塔区、辅助墩和过渡墩附近梁段厚度采用20mm,其余梁段厚度采用18mm。顶板全部采用 U 形加劲肋加劲(除中央分隔带、外侧防撞护栏处设板肋外),上口宽300mm,下口宽170mm,高度300mm,间距600mm,U 形加劲肋厚度采用8mm,并与其所支承顶板厚度相适应;板肋高度180mm,厚度16m。

②底板

底板包括水平底板和斜底板两部分,根据受力需要,水平底板、斜底板在顺桥向不同区段采用了12mm、16mm、20mm三种不同的钢板厚度,中跨、边跨的标准梁段底板厚度为14mm,索塔、辅助墩、过渡墩梁段附近底板加厚至16mm,A梁段、B梁段和H梁段加厚至20mm。不同厚度底板对接时,底板上缘保持齐平。底板采用U形加劲肋加劲,基本间距780mm。加劲肋采用6mm厚钢板。加劲肋的上口宽250mm,下口宽400mm,高260mm。底板加劲肋工地连接采用内侧钢衬垫对接焊。

③中纵腹板

钢箱梁内横向设置两道纵隔板,除索塔区、竖向支承和压重区的A、B、E、F、H梁段采用实腹板式外,其余均为桁架式。桁架式纵隔板上、下弦杆为T形截面,板厚为12mm;斜杆为∠160mm×14mm角钢,节点板厚14mm。板式纵隔板采用整体式,由上、下两块板组成,上板与顶板单元一起组装,板块间以T形角接的方式相连。索塔区、支座区板厚为20mm。由于中纵腹板板高厚比较大,为保证其具有足够的抗压屈能力,设置了纵、横向纵向板式加劲肋。

④边腹板

外腹板厚度均为30mm。为保证其具有足够的抗压屈能力,外腹板设置了两道300mm×30mm拉索锚固,并在附近增设两道300mm×30mm纵向平板加劲肋,以增大外腹板刚度。外腹板纵向加劲肋在拉索处横隔板位置断开,并与横隔板焊接;在其他位置横隔板上开孔穿过。

⑤横隔板

为避免搭接偏心、提高整体受力性能,横隔板采用整体式,由上、下两块板组成,上板与顶板单元一起组装,板块间以T形角接的方式相连。横隔板标准间距为2.90m,可以保证钢箱梁具有足够的横向刚度、抗扭刚度,满足支承其上的正交异性板的局部变形的要求;根据构造要求索塔区A、B梁段,辅助墩D、E、F梁段,过渡墩H、G梁段横隔板采用了特殊间距布置。非吊点处横隔板一般厚度为12mm,拉索吊点处横隔板在吊点附近4.657m范围内厚度为16mm,其余位置厚度为12mm;支座、临时墩及阻尼器安装处等特殊部位根据受力需要,采用了不同板厚。为方便将来更换支座,在支座处横隔板上设置了千斤顶作用点局部加劲构造。

⑥斜拉索梁端锚固构造

本桥采用锚箱式锚固,锚箱安装在主梁腹板外侧,并与其焊成一体。斜拉索拉力主要通过锚箱的两个锚固板作为剪应力传递给主梁腹板,主梁腹板和承压板内侧均设置了补强板,以利于锚固处的应力合理分散到主梁上。为使承压板的压弯曲较小,除增大承压板及其垫板厚度外,将承压板设计成四边支承的构造。根据斜拉索索力的不同和锚箱板件受力情况,将锚箱构造分成了M1~M3共三种类型。

⑦风嘴

风嘴与主梁同时加工、架设,但不参与主梁受力,仅承受其自重、局部风荷载及检修人员荷载。检修道板采用10mm厚钢板加平板加劲,风嘴采用8mm厚钢板加平板加劲。

6)桥面系

(1)防撞护栏

为减轻桥梁自重和降低车辆碰撞防撞护栏产生的能量,同时使防撞护栏与桥面周围景观协调,符合全桥景观的要求,桥面防撞护栏采用金属梁柱式护栏。防撞护栏立柱形状除考虑受力外,还着重考虑了其美观造型。防撞护栏立柱采用钢板焊接成型,材质为Q345C钢或性能相当的铸钢,该材质具有较大的抗弯、抗剪强度,且具有较好的冲击韧性。根据现行行业规范《公路交通安全设施设计规范》(JTG D81)、《公路交通安全设施设计细则》(JTG/T D81)、《公路交通安全设施施工技术规范》(JTG/T 3671)以及钢箱梁横隔板/横肋设置情况与本桥防撞护栏的受力要求,立柱的标准间距为1.45m。横梁材质选用与立柱强度相同的Q345C。防撞护栏立柱高为1500mm,设置4根横梁,横梁规格尺寸为160mm×120mm×6mm×7500mm,冷弯半径(外径)$R=15$mm。

外侧防撞护栏立柱底座板与桥面板焊接,外侧防撞护栏立柱底座板厚为57.7mm、外侧路缘石高为166.8mm;内侧防撞护栏立柱底座板与路缘石顶板焊接。立柱底座板材质为Q345C钢,底座板与立柱采用螺栓连接,底座板在工厂完成攻丝,攻丝螺纹尺寸与连接螺钉相配套。为减小底座板的尺寸,地脚螺钉与立柱的间距较小,地脚螺钉采用内六角螺钉。伸缩缝处防撞护栏应满足较大的伸缩和转动变位,在榕江特大桥主桥与非通航孔桥相接伸缩缝处每根横梁两头设一个长为880mm的腰圆孔,设孔后两端横梁可沿横梁的内导管滑动和转动,以满足伸缩缝变位的要求。伸缩缝处横梁与普通横梁之间单侧竖向间隙为6mm,单侧横向间隙为2mm。为保证倒角处能满足变位要求,伸缩缝处横梁冷弯半径(外径)$R=25$mm。

(2)路缘石、泄水槽及排水沟

榕江特大桥主桥桥面横坡为2.0%,在中央分隔带及桥面两侧设置路缘石,在外防撞护栏立柱处设置挡水板,路缘石高166.8mm,挡水板高143.2mm,路缘石和挡水板在工厂与钢箱梁焊接。内侧路缘石在防撞护栏立柱两侧开有排水槽,便于排放中央分隔带内积水,排水槽宽85mm。由于桥址区降雨量较大,且本桥桥面较宽,为满足桥面排水要求,不影响正常行车,在桥面两侧每隔2.9m(标准间距)设置一根直径168mm的排水管,排水管在工厂与钢箱梁焊接。排水管为弯管,弯管壁厚8mm。

在钢箱梁每个梁段的外侧检修道护栏及对应风嘴位置处,设置检修道排水槽,顺桥向宽度1m,检修道设置相应排水箅子。

7）索塔检修通道

（1）索塔爬梯、电梯

①索塔中塔柱的一侧塔柱内设有预留电梯通道,由于索塔内部空间有限,预留电梯井道与爬梯要求相互配合,所以图纸考虑了电梯井道的相应构件和预埋件,并与爬梯各构件同步施工,以备后续需要。

②人行爬梯是供大桥维护人员使用的设施。人员从桥面人洞进入塔柱,通过爬梯可到达索塔顶部及底部。楼梯均采用斜行方式,净宽度为600mm,符合人的生理特点,并满足在保证电梯井道尺寸条件下能通过索塔内部水平方向人孔的要求。爬梯左右侧交替布置,设置电梯一侧的爬梯顺桥向贴近一侧设置。

③塔柱内人行爬梯由平台和楼梯组成。各平台均由预埋件、槽钢、踏板、栏杆等焊接而成;各楼梯由槽钢、踏板、护栏等焊接而成;预埋钢板与预埋钢筋焊接组成预埋件,预埋于塔柱混凝土内,在平台、楼梯安装时与之焊接。

④楼梯上的栏杆与平台上的护栏采用 $\phi33.5mm$ 钢管横向连接,以增强整体的横向刚度。

⑤平台的结构与位置均考虑了设置电梯层站和电梯安全门的要求,电梯在到达层站和安全门层出口处均设有平台与楼梯衔接。

⑥塔柱内电梯的预埋件按相关产品要求实施,并符合相关产品技术要求。

（2）预留电梯井道与井道封闭

①预留电梯井道与爬梯关联设计,电梯井道采用预留空间方式给出,仅提供电梯安装的足够空间和安装电梯支撑系统的基本构件,有安装电梯需求时,井道、电梯机房由电梯供应商依据索塔内部结构、电梯井道预留空间和电梯主要技术参数确定并完成。

②预留电梯井道空间由两根平行设置的H型钢梁和顺桥向的内塔壁围成。其中,靠近索塔横桥向中心的H型钢梁与爬梯安装共用。连同爬梯安装所需要的另一根H型钢梁构成一组H型钢梁,每组H型钢梁应在同一水平高度,位置高度符合施工图要求。

③预留电梯井道按"部分封闭井道"形式要求,所有能够接近电梯运行部件的位置应予以封闭。封闭部位、范围、尺寸和结构要求应符合现行国家标准《电梯制造与安装安全规范》(GB 7588)和《机械安全 防止上下肢触及危险区的安全距离》(GB/T 23821)。

（3）栏杆

下横梁顶面两侧均设有1.2m高的栏杆。栏杆采用不锈钢无缝钢管。不锈钢钢管外观类型按景观设计要求确定,采用哑光型。平台栏杆的端立杆及斜梯栏杆的端立柱上端用软质聚乙烯盖封孔。

(4) 风雨密闭门

桥面位置、塔顶位置、承台进塔位置的人孔设置了风雨密铝质门。铝制门质量应符合《船用风雨密单扇铝质门》(CB/T 4437—2016)的规定。塔顶位置的人洞门作为盖板使用,盖板较难开启,增配气动杆或弹簧等附件。

(5) 钢构件的外加防腐蚀设计

钢构件(包含预留、预埋部分)的外露表面需进行防腐涂装,涂装方案见表3-21。不锈钢构件不需要涂装。

防腐涂装　　　　　　　　　　　　　　　　　　　表3-21

部位	涂装体系及用料	技术要求(最低干膜厚度)	场地
预留、预埋钢构件的外露表面	喷砂除锈	Sa2.5级,Rz40~70μm	工厂
	锌基涂镀1道	80μm	工厂
	环氧云铁中间漆1道	60μm	工厂
	氟碳面漆1道	40μm	工厂
	氟碳面漆1道	40μm	现场

8) 支座、阻尼、伸缩装置

(1) 支座

支座及塔梁纵向锚固支座应符合《桥梁球型支座》(GB/T 17955—2009)、《公路桥梁摩擦摆式减隔震支座》(JT/T 825—2013)的要求。本桥采用2类拉索球型支座和4类摩擦摆式减隔震支座,其主要参数见表3-22~表3-24。

塔梁连接处支座技术参数一览表　　　　　　　　　　表3-22

分类	参数	取值
竖向支座 (在横向设计承载力内为单向活动、大于设计承载力后为双向活动)	竖向承载力(kN)	9000
	横向承载力(kN)	7800
	纵向位移(mm)	±500
	横向位移(mm)	正常状态下±4,横向超载受力被破坏后±500
	转角(rad)	0.02
竖向支座 (双向活动)	竖向承载力(kN)	9000
	纵向位移(mm)	±500
	横向位移(mm)	横向超载受力被破坏后±500
	转角(rad)	0.02

辅助墩处支座技术参数一览表 表3-23

分类	参数	取值
竖向支座 (在横向设计承载力 内为单向活动、大于设计承载力 后为双向活动)	竖向承载力(kN)	10000
	横向承载力(kN)	1000
	纵向位移(mm)	±600
	横向位移(mm)	正常状态下±4,横向超载受力被破坏后±600
	转角(rad)	0.02
竖向支座 (双向活动)	竖向承载力(kN)	10000
	横向承载力(kN)	—
	纵向位移(mm)	±600
	横向位移(mm)	±600
	转角(rad)	0.02

过渡墩处支座技术参数一览表 表3-24

分类	参数	取值
竖向支座 (在横向设计承载力 内为单向活动、大于设计承载力 后为双向活动)	竖向承载力(kN)	5000
	横向承载力(kN)	1000
	纵向位移(mm)	±600
	横向位移(mm)	正常状态下±4,横向超载受力被破坏后±600
	转角(rad)	0.02
竖向支座 (双向活动)	竖向承载力(kN)	5000
	纵向位移(mm)	±600
	横向位移(mm)	横向超载受力被破坏后±600
	转角(rad)	0.02

支座的设计使用寿命不小于50年,摩擦系数≤0.03。索塔处纵向临时锚固支座仅在施工期间使用,合龙后根据设计要求予以拆除。

(2)阻尼装置

阻尼装置允许结构在静力荷载(如温度、汽车、基础沉降等)或者动力荷载的静力分量(如风荷载中的平均风部分)下的慢速变位,在动力作用(如地震、脉动风、车辆制动力等)下具有阻尼耗能作用,其阻尼力与速度之间符合 $F = Cv^o$ (其中,F 为阻尼力;C 为阻尼系数;v^o 为速度)。仅索塔处设置纵向阻尼装置,其主要参数见表3-25。

塔梁连接处阻尼装置技术参数一览表　　表3-25

分类	参数	取值
动力阻尼参数	力与速度函数	$F = Cv^\alpha$
	速度指数	0.4
	阻尼系数 $C[\mathrm{kN}/(\mathrm{m/s})]$	3000
	阻尼力(kN)	32.50
	地震反应计算冲程(mm)	±390
静力限位参数	额定最大行程(mm)	±500

要求阻尼装置对各种动力激励如脉动风、车辆制动力和车辆颠簸等引起的不同频率、速度和振幅的振动均具有良好的阻尼作用。阻尼装置安装后应能够在 -5～+50℃ 的气温、100% 相对湿度的环境中工作,并能承受以下气象条件下的各种可能组合:雨、雹、雾、烟、风、臭氧、紫外线、砂、尘及盐雾。在大桥桥位处工作条件下,阻尼装置的液压缸服务寿命要求达到 50 年、可动构件达到 20 年;关节轴承和销子应能承受拉、压交替荷载的冲击。根据健康监测设计的需要,阻尼装置考虑采用带有 RS485 数据接口功能,并接入本项目健康监测系统。

(3)伸缩装置

采用模数式伸缩装置。伸缩量 1200mm,竖向转角 ±0.02rad,平面内转角 ±0.01rad。伸缩缝的设计使用寿命为不小于 20 年。伸缩缝使用时的太阳辐射下的局部最高温度由厂家根据经验确定。伸缩装置的安装应在供货商的指导下进行,要求与两端结构连接可靠,具有良好的平整度,伸缩装置应通过构造将水从伸缩缝两端排出,水不能进入钢箱梁内,防水、防尘,便于养护更换。供货商应根据设计单位的要求对此进行详细设计,并提交设计单位认可后才能生产。

9)防撞系统

(1)防撞设计原则

采用桥梁防撞设施是为了防止船舶撞击桥梁时桥梁发生整体或局部破坏。桥梁防撞设施可以阻止船舶撞击力传到桥梁结构,或者通过缓冲消能延长船舶的碰撞时间,减小船舶撞击力,保障桥梁安全。防撞设施的设计需要考虑桥梁结构的自身抗撞能力、桥梁结构的外形、水流的速度、水位变化情况、通航船舶的类型、碰撞速度等因素。采取船舶管理措施虽可减少船舶撞击桥墩的概率,但却不能彻底消除船舶撞击桥墩的可能性,因此对抗力不足或安全储备较小的桥墩仍需要采取可靠的桥梁防撞设施。针对榕江大桥的特点,防撞设施设计时,采用防撞套箱、柔性护弦等来缓冲船舶撞击力,将墩身受到的撞击力折减到自身抗力范围内,确保桥梁结构安全。

榕江特大桥防撞设施的设置应遵循以下原则:

①尽量保证偏航船舶不直接撞击桥梁结构;

②对船舶碰撞的撞击能量进行消能缓冲,减小防撞设施的受力;

③与桥区景观协调,尽量不影响现有桥区的景观效果;

④防撞设施不能影响航道的通航,占用可通航水面的范围尽量小;

⑤通过合理设计结构、选择材料,尽量减少船舶的损伤;

⑥防撞设施功能可靠,制造、安装经济方便;

⑦防撞设施在满足其功能的前提下,应尽可能地减少平时维修养护的费用,并考虑其在被撞坏后是否较易修复。

(2)索塔承台防撞设计

索塔承台采用防撞套箱方案,防撞套箱的设计考虑了结构重力、船舶碰撞力等荷载。防撞套箱高度为8.2m,宽度为1.5m;其间设置56道舱壁,56个密闭舱。

(3)索塔塔身

索塔塔身采用柔性橡胶护舷方案,护舷采用H50×L(100)拱形(V形)橡胶护舷,设置范围为塔底至最高通航水位以上8m。

(4)过渡墩、辅助墩承台、墩身

过渡墩、辅助墩承台、墩身采用柔性橡胶护舷方案,护舷采用H50×L(100)拱形(V形)橡胶护舷,设置原则为最低通航水位下1m至最高通航水位以上3m,结合构造,在过渡墩、辅助墩承台及墩底3m范围内设置防撞护舷。

3.2.4 施工工艺与关键技术

1)栈桥施工

北岸和南岸钢栈桥深水区采用400t打桩船打桩,浅水区采用钓鱼法施工,施工采用单工作面逐跨推进的作业方式。盛华工09号打桩船用于打钢管桩,满载吃水深度为1.11m,落潮时水位实测0.80m,只能在K43+600~K44+250区间工作。

主墩平台钢护筒及钢管桩在工厂加工,采用1000t驳船运输,利用1300t打桩船搭设,采用100t起重船吊装平台上部结构,辅助墩、过渡墩平台采用履带式起重机在栈桥上搭设。深水区施工设备为起重船、履带式起重机和打桩船,浅水区施工设备为履带式起重机和沉桩机(90型和60型)。

钢管桩、贝雷片、桥面板等相关材料通过水路运至主墩区,辅助墩、过渡墩平台利用栈桥运输材料。钢管桩在工厂制作,驳船运输至现场。先施工栈桥,然后施工平台,平台搭设完成后与栈桥连接。

主桥平台施工顺序为:主墩平台→辅助墩平台→过渡墩平台,平台钢护筒及钢管桩同步进行施工。

栈桥开始施工时即设置航标,悬挂夜间红灯示警等通航导向标志,以保证安全。打桩船采用抛锚定位,抛锚时考虑尽量能多打桩,减少抛锚次数,以加快施工进度,共抛4只锚,均采用专用锚,并保证锚有足够长的锚缆,每只质量不小于2t。打桩船通过铰锚机将船移到位后沉桩。管桩下沉控制项目包括钢管桩插打位置精确度及垂直度、钢管桩的桩长、钢管桩振动下沉时贯入度。

2)主桥桩基施工工艺

本项目主桥下部构造共有6个主墩(104~109号墩),基础采用群桩承台式设计。106号、107号主塔墩,105号、108号辅助墩,以及104、109号过渡墩桩基采取搭设钻孔平台进行施工。选用ZJD-4000/350C全液压型气举反循环回转钻机进行钻孔施工。主桥桩基参数见表3-26。

主桥桩基参数表　　　　表3-26

内容	墩位	直径(m)	单根桩长(m)	数量(根)	备注
主墩	106号	3.0~2.7	60~75	30	
	107号	3.0~2.7	66~95	30	
辅助墩	105号	2.8~2.5	104	8	单桩混凝土最大用量591.4m³,最大钢筋笼质量80.2t
	108号	2.8~2.5	58	8	
过渡墩	104号	2.8~2.5	85	12	
	109号	2.8~2.5	55	12	
合计	—	—	—	100	

主桥桩基施工工艺流程如图3-2所示。

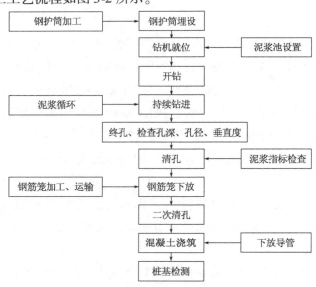

图3-2　桩基施工工艺流程图

(1)钢护筒施工

钢护筒在工厂加工成整根,用驳船运至现场。106号、107号主墩钢护筒用打桩船打设,104号、105号、108号、109号辅助和过渡墩钢护筒用门式起重机配振动锤沉入。

(2)钻孔

每个主墩共计桩基30根,其中106号和107号主墩均为嵌岩桩,嵌岩深度大,钻孔时间长;桩基绝大部分处于淤泥层、粉质黏土层、粗砂层、花岗岩层,中间夹杂少量砂砾层,淤泥深度20~30m不等,地质条件差,因此考虑复杂地质条件下桩基施工,钻机选型尤为重要,结合类似项目成果经验,在主桥淤泥质地层、砂层、岩层段地层冲击钻难以保证桩基垂直度,旋挖钻遇岩层难以钻进、护壁差的情况下,根据地质钻探资料,本主桥桩基拟采用ZJD-4000/350C全液压气举反循环回旋钻机,该钻机具有成孔快,垂直度控制好等优点,适合复杂地质桩基。

根据地质钻探资料,地层上部为淤泥粉质黏土、粉质黏土,下部为砂砾和花岗岩,宜选用5-13刮刀钻头(图3-3)进行施工,若遇到桩基下部岩层强度较高,换用大扭矩牙轮钻头(图3-4)。牙轮钻头的优点体现在重量大,导向性、导正性好,传递扭矩平稳等方面。

图3-3 刮刀钻头　　　　　图3-4 牙轮钻头

主桥桩基均位于水中。受平台工作面限制,按照设备操作空间和跳打原则,每个主墩拟投入设备4台套,将整个区域划分为4块,每块桩数7~8根,每块投入一套设备。

合理的钻孔顺序不仅能保证工程质量,降低窜孔、坍孔等施工风险,还会使现场施工井然有序,从而提高工效,加快进度;钻孔顺序安排的原则是:相邻孔位不同时钻进,同一台钻机尽可能隔孔依次钻进,钻机移位幅度不大。

基于以上原则,结合桩基础的布置,排定钻孔顺序见图3-5。

拟定钻孔顺序:

1号钻机:1→3→5→7→2→4→6;

2 号钻机:10→12→14→8→11→13→15→9;
3 号钻机:16→18→20→22→17→19→21→23;
4 号钻机:30→28→26→24→29→25→27。

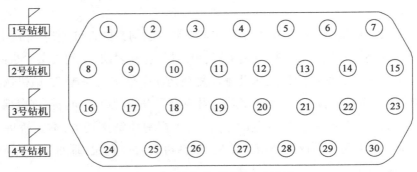

图 3-5 主塔墩基桩钻孔施工顺序图
1~30-钻孔编号

(3) 泥浆制备与循环净化工艺

护壁泥浆在钻孔灌注桩施工中非常重要,尤其是对于大直径深孔、土层为砂层、造浆性能差的工程,泥浆控制显得尤为重要。施工采用不分散、低固相、高黏度的PHP(水解聚丙烯酰胺)泥浆。PHP优质泥浆系统施工分为三个步骤:鲜浆制备、净化排渣、回浆处理。

PHP优质泥浆系统施工工艺如下:

①采用相对密度较小的泥浆钻进,钻至护筒底口停止钻进。

②换浆:在钻头未出护筒前,将新鲜浆注入孔内,将相对密度较小的泥浆换出。

③新浆性能指标:考虑到孔深和地质条件,为加强护壁效果,泥浆相对密度可适当增大至 1.06~1.12,含砂率不大于 4.0%,黏度 20~22s,pH 值 8~10,胶体率不小于 95%,失水率小于 20mL/30min。

④钻孔过程检测:每 2h 对泥浆指标进行监测,如发现因地层原因造成泥浆指标损失,则加入新浆进行调整。

⑤循环净化:本工程施工空间有限且未设置泥浆沉淀池,因此,直接设置泥浆净化器,对泥浆进行处理。

⑥净化排渣:主要通过砂箱、旋流除砂器进行净化排渣。孔内抽出的泥浆携带大量的钻渣,首先通过砂箱将大块的钻渣排除,滤回的泥浆再经过旋流器分离出泥浆中携带的剩余钻渣,分离后的优质泥浆继续返回到孔内循环使用,而钻渣通过排渣槽回收到指定堆放处。钻渣要求集中堆放,运输到场外指定地点。

⑦回浆处理:通过泥浆泵灌注混凝土时,将孔内泥浆抽回至其他未开孔或已施工完毕的护筒内,待使用时采用"泵循环造浆法",加入适当的造浆材料对泥浆指标进行调整,使

之达到满足施工需要的泥浆性能,供应下一个孔的成孔。

施工中应注意的问题:应严格控制泥浆质量,做到定时检测,及时添加 PAM(聚丙烯酰胺)及纯碱,改善泥浆的稳定性。置换的泥浆必须经沉淀、排渣、检测合格后方可使用。增黏剂 PAM 较难溶解,集中投放易结团,难以发挥效应,应采用提前溶解、多次少量投放的方法进行。

(4)钻孔施工

①钻机就位

钻机进场安装之前,必须检查各部件是否完好、齐全,如发现有损坏或缺失,必须更换或配齐,确保对机械的运行无影响后,再进行安装。由于钻机在安装好之后自重大,施工现场的起吊设备有限,测量人员必须提前准确测放桩位坐标及确定钻机安装位置,然后再按照顺序组装。钻机为组合机需现场组装,拼装前备好起重用的各种型号的钢丝绳和卸扣(吊整机用 4 根 A36 钢丝绳、4 只 35T 卸扣,其他用 A21.5 钢丝绳,各种吊装均使用双绳)。

在打设好的钢护筒上对称地用油漆标出桩位中心。将钻机在平台上由履带式起重机配合组装完毕,然后根据桩位中心和钻机底盘尺寸在平台上作出钻机底盘边线标志,根据定位标志,用履带式起重机吊钻机入位,并找平稳固,确保桩位中心偏差不大于 20mm。

待钻机组装完毕后,应用全站仪测量钻盘中心位置,并用水平尺及测锤检测,进行就位复测,检查其动力头回转中心位置与桩位中心的对中以及钻机水平情况,满足要求后,将钻机与平台进行限位固定,保证钻机在钻进过程中的稳定性。

施工现场用起重机将钻头、配重钻杆及配重拼装连接后,在相应的法兰连接处焊接加固,然后将钻头组件吊入孔内固定,安装钻杆前,检查钻杆是否完好,有无断裂、扭曲变形,确定无问题后方可使用。必须加用钻杆密封圈、气管密封圈,用螺丝将各个法兰牢固连接。准备工作完成后,将钻头下放水中,距孔底约 50cm 处,接通供气及泥浆循环管路,开动空压机,开启供气阀供气,在护筒内用气举法使泥浆开始循环,检查钻杆、孔内水面、供风管路、循环管路、水龙头等有无漏气、漏水现象,并观察水头情况,开动钻机空转,持续 5min 确定无故障后,即可开始钻进。

成孔验收合格之后,进行钻机移位。先将钻机的钻杆移到合适的场地,钻机部件复位,连接的电源、泥浆管等拆除,再吊起钻机(必要时拆卸吊装)整体,然后安装在待钻孔位置,最后将钻头及其他部件吊装就位。

②护筒内钻进阶段

在开钻之前,宜用电磁铁对护筒内进行扫吸,清除孔内的铁质杂物,避免护筒内掉入铁件或其他杂物,对后期钻孔造成困难。护筒内钻进应注意以下几个要点:

护筒内壁泥块的清除:一般护筒直径要比钻头的直径大 20~30cm,护筒内底口 1m 以上宜采用带钢丝刷的钻头钻进,选择高转速、大泵量慢进尺钻进,这样既可保证将内壁泥块清理干净,更有利于护筒内的土层造出优质的泥浆以满足施工需要以及成孔质量要求。

泥浆控制:根据地质报告结果显示,施工区域上部地层有部分粉质黏土,因此在钻进时,对自造的泥浆应进行有效的监测。泥浆过稠则会大大降低钻进效率,甚至可能引起糊钻现象;泥浆过稀则不能保证出护筒后的护壁安全。因此,钻进时应重点监测泥浆的性能指标(泥浆相对密度 1.05~1.20,黏度不低于 20s,含砂率不大于 4%),及时排浆、加水稀释泥浆,既要提高钻进效率,更要保证泥浆浓度满足钻进施工。

③正常钻进过程

在钻进过程中注意进尺,如发现进尺明显减慢,返浆困难,要停止钻进,检查钻具是否损坏或糊钻,及时处理。

当地质情况的变化频繁,层面交界无规律,应控制钻进速度,防止斜孔发生,因此必须及时调整钻机的水平度和垂直度,确保钻孔的垂直度。在黏土层容易出现糊钻,因此应根据实际情况多次提钻、清理钻头,同时低速慢进,补浆换浆,提高护壁的稳定性,避免坍孔、缩径、漏浆等不良情况的发生。水头高度必须保持护筒内水位高于护筒外水位 2~3m。加接钻杆时,先停止钻进,将钻具提离孔底 0.3~0.5m,维持泥浆循环 5min 以上,以清除孔底沉渣并将管道内的钻渣携出排净,然后再加接钻杆。

加接钻杆时,钻杆连接螺栓应拧紧牢固,前 10 根钻杆连接螺栓必须使用双螺母,认真检查密封圈,以防钻杆接头漏水漏气,使反循环无法正常工作;升降钻具应平稳,尤其是当钻头处于护筒底口位置时,必须谨慎操作、防止钻头钩挂护筒,破坏护筒底部的孔壁。

钻进过程中定期对钻头和钻杆进行检查,防止由于螺栓的脱落或钻头的严重磨损造成钻进过程中的事故。

(5)清孔检孔

清孔时将钻具提离孔底 30~50cm,缓慢旋转钻具,补充优质泥浆,进行反循环清孔,同时保持孔内水头,防止坍孔。经检测孔底沉渣厚度满足设计及规范要求,孔内泥浆指标符合泥浆控制技术规范要求后(循环时间控制在 2~4h),及时停机拆除钻杆(提钻过程中,保证钻机的稳定、垂直,防止钻头将孔壁的泥皮刮落)、移走钻机,尽快进行成桩施工。

在钻孔和清孔的过程中,泥浆经过旋流器分离出泥浆中携带的剩余钻渣,分离后的优质泥浆继续返回到孔内循环使用,而钻渣通过排渣槽回收到指定堆放处。钻渣集中堆放,运输到场外指定地点。废浆排入泥浆船,由专门的废浆运输船运走。当桩位偏差不超过 100mm,偏斜度不超过 1/100,沉渣厚度不超过 10cm 及泥浆指标达到要求后,及时报验。

当钻孔达到孔底设计高程后,提出钻头,采用测孔仪对孔径、垂直度、沉淀厚度、孔壁形状进行检测,经监理工程师验收认可后,立即采用气举反循环清孔。清孔时将钻头下放至距离孔底20cm左右位置,钻机慢速空转,保持泥浆正常循环,同时置换泥浆。根据《公路桥涵施工技术规范》(JTG/T F50—2011)❶要求,当泥浆指标达到相对密度1.03~1.10,黏度17~20Pa·s,含砂率小于2%,胶体率大于98%后,可停止清孔,拆除钻具,移走钻机。严禁使用超钻加深钻孔的方法代替清孔。

(6)钢筋笼施工

钢筋笼均在后场钢筋加工场采用胎架成型法集中制作,用平板拖车通过施工便道和栈桥运至施工墩位处,利用80t履带式起重机及100t门式起重机下放钢筋笼。

(7)安装导管、二次清孔

导管采用φ325mm钢管,接头为快速螺纹接头。每套导管除采用标准长度外,还配备特殊长度的管节,以便按照不同孔深连接导管。导管内外壁须光洁,无混凝土黏结块,无破损,丝口完整无损坏。导管在使用前需进行水密承压和接头抗拉试验、长度测量标码等工作,水密试验压力不小于孔底静水压力的1.3倍。

下导管前认真检查导管是否有破损,数量是否足够。将导管从孔中心逐节连接下放。每节导管接头处均仔细检查,并涂抹黄油,以保证界面处不渗漏水。导管底端至孔底距离按30~50cm考虑,导管位于孔中心,并在灌注混凝土之前进行升降试验。放置导管的夹板要水平,使导管处于竖直状态。在灌注混凝土前利用导管进行二次清孔直至孔底沉渣厚度合格。

成孔检测合格后,进行钢筋笼的孔口安放并做好检验与验收工作,钢筋笼安放完成且下放导管完成后,须对孔底沉渣厚度进行检测,超标时,必须在灌注混凝土前,利用导管加风管进行二次清孔。

(8)灌注水下混凝土

混凝土在拌和站集中拌制,用混凝土运输车运至现场灌注。首批混凝土封底成功后,应该连续灌注,中途不得停顿。并应尽量缩短拆除导管的间断时间,每根桩的浇筑时间不应太长。在整个浇筑过程中,及时提升导管,控制导管埋深,导管在混凝土中的埋深控制在2~6m。拆除导管应迅速及时,拆除后要检查密封圈好坏,及时更换密封圈,并保证导管有足够的安全埋管深度。为确保桩顶混凝土强度,混凝土灌注时,其顶面要超浇一定高度,即比设计高程高出1.5m左右,多余部分在承台施工前凿除。当混凝土灌注临近结束时,核对混凝土的灌入数量,以确定所测混凝土的高度是否准确,当确定混凝土的顶面高程到位后,停止灌注,及时拆除导管。

灌注混凝土过程中,严格控制混凝土质量,随时检测混凝土坍落度,并根据规范要求

---

❶ 该规范已作废,现行版本为《公路桥涵施工技术规范》(JTG/T 3650—2020)。

抽样制作混凝土试件,以检验桩基础混凝土质量。为确保成桩质量,桩顶加灌 1.5m 高度。灌注过程中,指定专人负责填写水下混凝土灌注记录。

3) 辅助墩、过渡墩桩基平台施工工艺

辅助墩、过渡墩平台类似主墩,根据地质情况、钢栈桥位置,考虑设计水位流速,平台设备、施工荷载等,经过受力分析计算,辅助墩钻孔平台尺寸为 45.7m(横桥向)×28m(纵桥向),过渡墩平台尺寸为 49.7m(横桥向)×28m(纵桥向),基础均采用 φ820mm×10mm 钢管桩,钢管桩间设置 I32a 型钢平联及斜撑,利用贝雷桁架作为主梁,顺桥向布置,花架连接,每组贝雷桁架采用[10 槽钢交叉连接,以增强整体稳定性,分配梁采用 I20a 型钢,间距为 30cm,面板采用 10mm 厚花纹钢板,接缝之间采用焊接。平台两侧护栏高 1.2m,采用工字钢和小直径钢管焊制,立杆采用 I12.6 型钢,间距 1.5m,底部焊接在 I20a 型钢端头,水平扶手采用 φ48mm×3.5mm 钢管,设置两道,立杆顶部及中间各一道。

辅助墩承台范围外横纵向间距最大 9.0m×6.0m,最小 4.0m×5.2m,横向 7 排,纵向 6 排,过渡墩承台外钢管桩横纵向最大间距 9.0m×6.0m,最小 5.0m×6.0m,横向 8 排,纵向 6 排。承台范围内设置钢护筒,每根钻孔桩桩位处设置一根 φ280mm×25mm 钢护筒,钢护筒间距为 3.45m×3.45m,钢护筒顶面高程低于平台高程 20cm(分配梁下),护筒整长 43.3~44.8m,入土深度 37~39m,相邻钢护筒及钢护筒与外侧 φ820mm 钢管桩采用两层 I32a 型钢进行平联,参与整体平台承重受力。平台周边两排钢管桩范围作为支栈桥与主栈桥连通,四周挂设救生圈、警示标语、安装照明及通航警示标志等设施。

辅助墩(105 号、108 号墩)基础为承台 + 群桩基础,桩径 2.5~2.8m,桩长 58~104m;过渡墩(104 号、109 号墩)基础为承台 + 群桩基础,有 12 根桩基,桩径 2.5~2.8m,桩长 55~85m。永久钢护筒均位于桩基上部 37.5m 范围。根据施工计划安排,每个辅助墩、过渡墩投入 2 台 ZJD - 4000/350C 全液压钻机,避免相邻桩基同时施工,采取跳打原则,辅助墩桩分 4 轮施工,过渡墩桩分 6 轮施工。相应钻机根据主墩桩基进度进行周转配备。桩基施工同样采用跳打原则。

4) 承台施工

(1) 钢围堰(防撞套箱)吊装

钢围堰(防撞套箱)在工厂进行加工,块件加工完成后,在工厂拼装成整体,用驳船运至施工现场,根据钢围堰质量选用 1300t 起重船进行整体下放,然后封底、抽水、加内支撑。

①钻孔平台上部拆除:桩基施工完成后,采用 100t 门式起重机拆除钻孔平台上部结构,如面板、分配梁、贝雷桁架、桩顶分配梁及钢管桩间平联,但保留外围钢管桩及其之间的平联。

②钢围堰(防撞套箱)拼装:在下放之前,安装钢围堰顶层内支撑和水平定位支撑。

③将出台边线外延5m,在此范围内抽砂,将河床高程降至-7.50m。

④钢围堰(防撞套箱)下放前对钢护筒的外围周边情况进行探测,确保无障碍物。在平台四周设四个锚固点,挂设链条葫芦(10t)。锚固点按对角线布置。钢围堰吊装时,起重船不占用航道,在边跨一端进行吊装作业。在涨潮时,吃水深度满足要求时,起重船在边跨一端就位抛锚,然后开始吊装作业。起吊钢围堰,下落至距平台50cm时用链条葫芦挂住钢围堰四角。在护筒上安装悬吊系统,并安装好吊杆,吊杆底端锚固好,顶端暂不锚固。最后,安装顶升系统。

用链条葫芦调整钢围堰方向和平面位置,使平面位置和方向均符合要求,并使钢围堰内壁与钢护筒保持一定的距离。缓缓下放钢围堰,同时观察底板孔洞与钢护筒的相对位置,确保钢护筒与孔洞对正。下放钢围堰直至护筒穿出底板。卸掉链条葫芦。继续下放钢围堰,直至距设计高程20cm。吊杆顶端锚固好,检查顶升系统,保证顶升系统正常工作。起重船吊钩缓缓下放,将钢围堰荷载逐渐转移到悬吊系统。吊钩完全松弛后,解除钢绳。利用悬吊系统继续下放钢围堰直至达到设计高程,调整各吊杆受力使整个悬吊系统受力均匀,然后锚固好吊杆。

⑤钢围堰(防撞套箱)加工过程中要求采用有效的措施防止焊接变形,壁体加工时要求留有一定的配切长度。在钢围堰(防撞套箱)整体运输的过程中要求采取局部加强、多点吊装、带缆固定等有效措施,防止钢围堰壁体变形。钢围堰(防撞套箱)运输安装过程中,要求选择天气状况较好的时候进行。钢围堰吊装下放时,为防止壁板变形,要先将钢围堰顶层内支撑以及所有横向内支撑安装完毕。

(2)封底混凝土施工

主塔墩承台封底混凝土采用C20水下混凝土,厚度2m,采用导管连续浇筑完成。封底混凝土施工是及时、有效形成承台干施工环境的关键工序,要确保封底施工的成功,必须抓好以下几个主要方面的工作:

①根据现场实际情况,选择合理的浇筑工艺。

②加强混凝土配合比设计,提高混凝土的性能。

③对封底设备进行合理配置,加强设备的维修保养,提高设备的完好率,以确保混凝土的浇筑强度。

④加强封底现场的组织管理,使封底有序进行。封底施工的总体工艺为:搭设封底平台,安装导管、中心集料斗及分料槽,按顺序进行导管水下封口,补料,直至混凝土面达到高程。封底前准备工作:钢护筒外壁及钢围堰基底的清理、封底混凝土浇筑平台搭设。

(3) 安装内支撑

采取钢套箱整体吊装。

(4) 钢护筒割除、封底混凝土清理找平、桩头处理

钢围堰内水抽干后,测量放出桩顶高程,放出钢护筒的切割线,钢护筒割除过程中,同时人工清除封底混凝土表面浮渣和淤泥,对局部高程高于承台底高程点进行凿除,对低于承台底的高程点浇筑找平层混凝土,使钢筋绑扎场地平整。

桩头处理采用钢钎、风镐凿除桩头至设计控制高程,凿除的混凝土残渣转运至指定弃渣地点。桩头处理过程中,注意不得损伤桩身混凝土和主筋,以保证桩基与承台之间的连接。桩头凿除后,应对桩头钢筋进行清理、调整。

(5) 承台钢筋及冷却水管施工

承台钢筋在钢筋加工场加工成半成品,运至现场绑扎。承台钢筋采用高性能环氧钢筋,应按厂家相关要求制定环氧钢筋操作规程,并经监理、设计人员审查后方可实施。

钢筋固定后,承台底部钢筋网采用束筋形式,并与桩身锚固钢筋交错布置,各种钢筋位置如有冲突,可对桩身锚固钢筋的位置适当调整。承台混凝土在浇筑时必须振捣密实,确保承台混凝土的浇筑质量。根据承台的温控计算,承台须埋设冷却管。冷却水管竖向及水平间距均按1m控制。

冷却管采用热传导性能好、并有一定强度的镀锌管,直径42.4mm,壁厚3.2mm。浇筑混凝土前应提前进行通水试验,检测冷却管是否存在堵塞或损坏。冷却管在埋设及浇注混凝土过程中应防止堵塞、漏水、破坏。冷却管每层高度可根据承台内钢筋布置做适当调整,各层冷却管进出水口间如相互冲突可适当调整。冷却管自灌注混凝土时即通入冷水,并连续通水14d。为保证冷却效果,必要时分段并增加进出水口数量。管中水速由混凝土水化热试验和现场实际情况决定。冷却管安装时,将其按设计位置固定在支架上,做到管道通畅,接头可靠,不漏水、阻水。安装冷却管完毕后,逐根做密水检查。

冷却管的出水口和进水口采取集中布置、统一管理,并标识清楚。水管由潜水泵供水。承台上需埋设塔柱施工时所需的各种预埋件,如塔身钢筋预埋、塔式起重机基础预埋、支架底座预埋等,并注意预埋件不得成为永久结构物的腐蚀通道。

(6) 承台混凝土浇筑施工

承台以钢吊箱壁板作为模板。在钢筋绑扎前,须在承台范围内进行除锈打磨。"双掺"技术是指为改善混凝土的性能,同时掺加粉煤灰和外加剂。对于大体积混凝土,粉煤灰取代了部分水泥,使混凝土的水化热降低,可有效防止温度裂缝。粉煤灰采用磨细Ⅱ级粉煤灰,外加剂采用各种优质的高效缓凝减水剂。

按照大体积混凝土及自防水混凝土的施工配合比设计,采用P·O42.5级普通硅酸

盐水泥,掺Ⅱ级以上粉煤灰及 URC-3 型聚羧酸系缓凝高效减水剂,其缓凝效果为缓凝时间控制在 40h。

主塔墩单个承台(含塔座)的体积为 6046m³(C40 混凝土),两次浇筑成型,最后浇筑塔座,每次浇筑时间约为 20h,由后场混凝土拌和站集中供应,搅拌运输车运输至现场,采用卧泵和汽车泵进行浇筑。混凝土分层浇筑、分层振捣,由周边向中间推进,这样可使混凝土表面产生的少量泌水汇总到中心,便于潜水泵集中抽出。

混凝土浇筑期间,由专人检查预埋钢筋和其他预埋件的稳固情况,对松动、变形、移位等情况,及时将其复位并固定好。承台混凝土采用冷却水管降温和蓄水养护。每层混凝土浇筑 12h 后,开始对其内部进行冷却水管通水降温养护,从下到上依次通水,利用冷却水管出水口的水进行混凝土表面的蓄水养护,以控制混凝土表面温度与外界温度之间的差值。第一层混凝土的蓄水养护时间不少于 10d,第二层混凝土的养护时间不少于 7d。

(7)辅助墩、过渡墩承台施工

辅助墩承台长 28.75m、宽 10.75m,承台顶高程 +3.0m、底高程 -1.5m,承台厚 4.5m,单个承台体积为 1155.65m³(C40 混凝土),分两次浇筑成型。承台封底厚 2m,水下 C20 混凝土体积为 513.6m³。

因辅助墩范围水位较浅,承台底淤泥非流塑状,辅助墩承台施工拟采用钢板桩围堰施工,围堰尺寸较承台尺寸外侧方向扩 1m,钢板桩采用拉森Ⅳ型,围堰顶高程 +5m,围堰内设置 2 层围檩及内支撑。钢板桩采用拉森Ⅳ型,围堰内设置 2 层围檩及内支撑。

过渡墩承台长 35.75m、宽 10.75m,承台顶高程 +3.0m、底高程 -1.5m,承台厚 4.5m,单个承台体积为 1723.8m³(C40 混凝土),分两次浇筑成型。承台封底厚 2m,水下 C20 混凝土体积为 863.7m³。

同辅助墩,过渡墩承台施工拟采用钢板桩围堰施工,钢板桩采用拉森Ⅳ型,围堰内设置 2 层围檩及内支撑。

辅助墩与过渡墩承台的其他施工工艺与主塔墩承台基本相同。

(8)大体积混凝土施工温控措施

根据《大体积混凝土施工规范》(GB 50496—2009)[1],104~109 号承台属于大体积混凝土结构,必须采取温控措施。措施如下:降低水化热和入模温度;结构分层施工,主墩承台分三层施工,第一层厚 2m,第二层厚 3.5m,第三层(塔座)厚 2m。辅助墩和过渡墩承台一次施工完毕,采用冷却管降温,同时对结构表面进行覆盖保温,以减小内外温差。

5)索塔施工

索塔采用倒"Y"形框架钻石型结构,分为下塔柱、下横梁、中塔柱、上塔柱和塔冠装饰

---

[1] 该规范已作废,现行版本为《大体积混凝土施工标准》(GB 50496—2018)。

块等部分。中塔柱横桥向向内倾斜，下塔柱横桥向向外倾斜。索塔在桥面以上高度约101.2m，塔底左右塔柱中心间距21.2m。

塔柱采用空心单箱单室断面。上塔柱高度范围内为等截面，中塔柱高度范围内为等截面，下塔柱高度范围内为变截面，塔柱的外缘采用半径0.5m的圆弧倒角。在下横梁的顶、底板对应位置设置横隔板。在索塔的底部设置2m的实心段，以利于塔、承台之间的刚度过渡。

索塔下横梁设在主梁下方，顶部高程43.300m；横梁采用箱形断面，为全预应力混凝土结构，横梁高6.5m、宽7.60m，在永久竖向支座下各设1道壁厚1.0m的竖向隔板；所有预应力锚固点均设在塔柱外侧，采用深埋锚工艺，预应力管道采用塑钢复合波纹管、真空压浆工艺。

塔柱主体采用翻模及液压爬模法施工，横梁采用支架法施工。承台、塔座完工后，安装翻模进行塔柱起步段施工，然后安装自动液压爬模架体，向上爬升，开始塔柱标准段自动液压爬模施工。自动液压爬模施工至下横梁底部倒角时（第6节完成后）停止爬升，下横梁及塔柱曲线变化段同步分两次整体支架立模浇筑（第7节和第8节），然后自动液压爬模继续爬升施工中塔柱，当自动液压爬模施工至上中塔柱连接段（第18节完成后）停止爬升，采用牛腿桁架进行连接段的施工（第19节），最后自动液压爬模施工上塔柱及塔冠，具体施工顺序为：

塔座施工→塔柱起步段施工第1～2节翻模施工→下塔柱第3～6节自动液压爬模施工→下横梁及塔柱曲线变化段牛腿支架立模分两次施工（第7节、第8节）→中塔柱第10～18节自动液压爬模施工→上中塔柱连接段（第19节）支腿桁架立模施工→上塔柱第20～26节自动液压爬模施工→塔冠装饰块第27节施工。索塔施工工艺流程如图3-6所示。

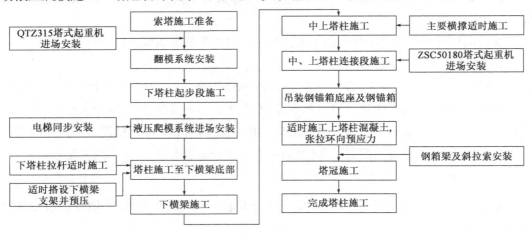

图3-6 索塔施工工艺流程图

(1)索塔施工关键技术

榕江特大桥索塔高度为146.9m,施工精度要求高,高塔施工、索塔混凝土耐久性、混凝土的泵送施工、钢锚梁的加工与安装精度以及下横梁施工质量控制等是索塔施工的关键问题。

①索塔施工设备布置。塔柱高度为146.9m,索塔塔柱施工和上塔柱钢锚梁安装,需要克服高空作业、大风等不利因素影响,克服超高程混凝土输送可能出现的各种问题。因此,索塔施工时大型起重设备及混凝土泵送设备的选型和布置方式尤为关键。

②索塔施工测量监控。塔柱的施工精度要求高,施工测量控制难度大。索塔施工测量监控的重点和难点有以下几点:索塔线形的监控,包括高程、平面位置测控;钢锚梁安装的精确定位监控;索塔结构应力和变形监控,包括多种工况以及日照温差、风荷载等因素影响下的索塔各部位的应力状态和变形情况。因此,索塔施工过程中应综合应用多种测量手段,使用高效的施工监控工艺,同时加强施工监测,是确保索塔施工精度要求的关键。

③钢锚梁施工。钢锚梁的加工精度、安装精度要求高,特别是首节钢锚梁安装定位特别困难,是整个索塔钢锚梁施工的关键所在。

④索塔高性能混凝土施工。索塔混凝土的耐久性、混凝土的泵送施工要求高;高强度等级、高性能混凝土的配合比设计难度大;保证超高程混凝土的泵送要求,满足混凝土的外观质量要求,确定混凝土的浇筑工艺是确保索塔混凝土施工质量的关键。

⑤下横梁施工。下横梁采用落地式钢管支架法施工,支架安装高度高,承重大,施工质量要求高,支架的承载能力及稳定性是整个横梁施工的关键所在。

⑥环形预应力施工。斜拉索索力大,锚固点集中,从而使塔柱的索、梁锚固区应力集中,锚固区域环向预应力的施工质量关系到锚固区域是否具有足够水平向承载能力和抗裂安全度,是塔身施工质量的关键。

⑦施工组织难度大。

(2)下塔柱施工

塔柱起步段施工高度8.2m,采用翻模施工,模板为新制钢模,模板面板采用5mm钢板,横向加劲肋及连接法兰为14mm厚的钢带,竖肋为[10槽钢,背枋为[12槽钢。严格控制加工质量,做到表面平整,尺寸偏差符合设计要求,具有足够的强度、刚度、稳定性,拆装方便,接缝采用企口缝确保严密不漏浆。按高度2.25m一节设计,共加工2节,每次浇筑高度4.1m。模板四周设置操作平台,操作平台可自由拆装。倒角部分采用定型钢模,准确预埋爬模预埋件。施工时尽量缩短起步段与塔座混凝土龄期,实心段部分采用大体积混凝土温控措施。索塔起步段施工完成后,安装爬升导轨,爬架分块组拼为整体,开始标准节段施工。

在下塔柱施工时,由于下塔柱外倾,必须按照设计要求施工横向拉杆,抵抗塔柱底部弯矩,避免产生裂缝,在下塔柱之间加设一道对拉杆,使之产生向内的主动拉应力,保证施工中的向外扩展的塔肢受力平衡。

6)下横梁施工

索塔下横梁与塔柱同步施工,采用落地钢管支架现浇施工,钢管立柱支撑于承台顶面。下横梁与上下倒角一起施工,高度合计9m。下横梁分两层施工,第一层施工高度为0~6.5m,第二次施工高度为6.5~9m。

(1)施工步骤

搭设支架(落地钢管支架立柱采用 $\phi820mm \times 10mm$ 钢管,塔柱支撑采用 $\phi450mm \times 8mm$ 钢管,平联及斜撑采用 I25 工字钢),与立柱连为整体,平联、斜撑及钢管立柱采用焊接连接,同时立柱与塔柱预埋构件连接锚固。钢管桩顶部双拼 I60 型钢,顶面铺设贝雷片、I20 分配梁。下塔柱施工过程中搭设下横梁支架。

支架安装完成后,按设计要求的荷载进行预压,确定预拱度。之后,开始横梁钢筋绑扎、预应力管道安装,模板安装,分层浇筑混凝土。铺设底板(底板采用15mm钢模板)、安装底板钢筋和底板预应力管道、搭设内支架。底面设纵梁,支点为型钢,立于底板底层钢筋,此处要加固。内支架用脚手架搭设、安装腹板钢筋和预应力管道、安装内外侧模板,浇筑第一层混凝土,安装顶模板,安装顶板钢筋,预应力管道以及预埋件,浇筑第二层混凝土,拆模养护,穿预应力钢束、张拉、压浆、封锚。

(2)温控措施

下横梁属大体积结构,必须采取温控措施。采用冷却管降温,同时对结构表面进行覆盖保温,以减小内外温差。下横梁混凝土温控措施与承台类似。

7)上中塔柱连接段施工

上中塔柱连接段采用牛腿支架现浇施工,牛腿上布置卸荷砂筒,砂筒上布置 $2HN582 \times 300$ 分配梁和贝雷梁,贝雷梁上布置型钢分配梁、拱架和面板。上中塔柱连接段支架结构布置见图 3-7。

8)上塔柱钢锚梁施工

上塔柱为空心等截面预应力钢筋混凝土结构,采用液压爬模施工。斜拉索上端锚固于索塔上塔柱,斜拉索在塔端的锚固方式包括混凝土锚固及钢锚梁锚固两种,第 1~3 对斜拉索由于竖向、横向角度较大,采用混凝土锚块锚固,其余 4~13 对斜拉索锚固在钢锚梁上。

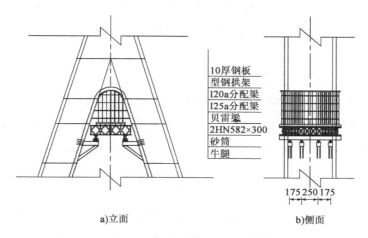

图 3-7　上中塔柱连接段支架结构布置图(尺寸单位:cm)

(1)首节钢锚梁及钢牛腿吊装定位前准备工作

①钢锚梁及钢牛腿吊装施工前,应在工厂完成整体竖向预拼,以验证相邻钢锚梁之间的匹配、尺寸与高程误差累计和倾斜趋势等,便于后续制作时进行必要调整。预拼节段不少于6个节段,保留1个节段进行下一轮拼装。

②对主塔施工节段顶高程及平面位置进行测量,作为首节钢锚梁及钢牛腿精确定位指导数据。

③调位支架安装与调整。调位支架已安装完成,确保安装精度满足设计要求。根据计算的支架竖向变形值及对主塔高程测量值,将支架上方的微调螺栓顶高程进行预抬,并保持螺母表面平整清洁。

④标出钢锚梁定位标线,在调位支架横梁上方用红色油漆标出钢锚梁轮廓线作为定位标线,在钢锚梁下翼缘板对应位置也利用红色油漆标出定位标线。

⑤索塔劲性骨架已安装完成。

⑥安装钢牛腿预埋板临时拉耳,安装过程中需要在2个钢牛腿预埋板的4个底脚处连接手拉葫芦作为钢锚梁及钢牛腿下放导向,钢锚梁吊装前根据连接卸扣大小安装临时耳板,耳板焊接在预埋板侧下方,定位完成后切除。

⑦钢锚梁与吊索已连接完成,并检查连接无误,吊索或吊具完好无损。

(2)首节钢锚梁及钢牛腿吊装和初定位

吊装工作应选择无风无雨雾天气,且温差变化较小的时段内进行。塔式起重机起吊首节钢锚梁及钢牛腿缓慢提升至对应的塔肢上方,下落至劲性骨架顶口附近后停止下落,在预埋板临时耳板上连接4台5t手拉葫芦导向,手拉葫芦另一端锚固于塔柱混凝土顶面。手拉葫芦连接完成后,塔式起重机开始缓慢落钩,下落过程中4台手拉葫芦协调导向,使钢锚梁与钢牛腿缓慢平稳降落至调位支架上方。下落过程中应注意参照预先的标线位置,使钢锚梁与钢牛腿尽量精确下落。落位完成后,塔式起重机脱钩,完成初定位。

(3)首节钢锚梁及钢牛腿精确调位

初定位完成后开始精确调位施工。精确调位分为钢锚梁及钢牛腿高程精确调位、顺桥向精确定位、横桥向精确定位。调位工具主要包括:4台手拉葫芦、首节钢锚梁及钢牛腿精确调位劲性骨架(用于悬挂手拉葫芦和钢牛腿预埋钢板的横桥向限位)、精确调位支架等。

(4)钢锚梁及钢牛腿纠偏措施

钢锚梁与钢牛腿的制造及安装导致倾斜度存在偏差,随着锚梁的不断接高,预偏差在逐渐累积加大,必须控制节段安装累计偏差。当节段安装到一定高度后要进行纠偏,纠偏采用钢垫片,钢锚梁制造时,将每个垫片上侧钢锚梁的高度相应减小,使垫片厚度与减小后钢锚梁的高度之和与原设计钢锚梁高度相等。纠偏钢板采用12mm钢板,钢板材质与钢锚梁材质相同。当一批锚梁安装定位前,测量锚梁实际倾斜情况,根据测量值,确定调整值,对垫板进行切削,并随下批钢锚梁一起安装。

(5)斜拉索套筒安装

斜拉索套筒分2次安装,第一次安装与钢锚梁制作同时进行,由厂家进行测量定位、安装。预留段在钢锚梁吊装就位连接后,现场采用塔式起重机吊装,定位后施拧高强螺栓,高强螺栓的施工在钢锚梁连接的施工操作平台上进行。

(6)高强螺栓连接施工

钢锚梁节段之间及两段斜拉索套筒之间采用高强螺栓连接,高强螺栓施拧符合《钢结构高强度螺栓连接的设计、施工及验收规程》(JGJ 82—1991)❶的规定。高强度螺栓的施拧工具为定扭矩扳手,采用扭矩法施工,松口、回扣法检查。

为保证高强螺栓施拧的准确与稳定,采取措施如下:合理安排施工时间及施工步骤,提高工效;施工采用的扭矩系数根据温度变化情况,结合板厚公差、湿度、螺栓批号等综合条件加以调整;加大扭矩系数复验的频率。

高强螺栓施拧扭矩系数的确定建立在试验的基础上,但施工现场条件与试验室条件不同,因此根据扭矩系数复验的结果,考虑预拉力损失、温度与湿度对扭矩系数的影响,结合每次施工的实际情况进行调整。

---

❶ 该规范已作废,现行版本为《钢结构高强度螺栓连接技术规程》(JGJ 82—2011)。

9)塔柱预应力施工

(1)上塔柱环向预应力施工

为平衡斜拉索的水平分力和增强混凝土塔柱与钢锚梁连接,在上塔柱斜拉索锚固区内配置了设计图纸中的预应力钢筋,采用塑料波纹管和真空压浆工艺。由于环向预应力钢束曲率半径很小,为防止混凝土劈裂,弯曲钢束沿径向设置防崩钢筋。预应力钢束采用1860MPa低松弛钢绞线。其设计张拉控制应力为1395MPa。

环向预应力施工采用"先穿法",其施工工艺流程见图3-8。

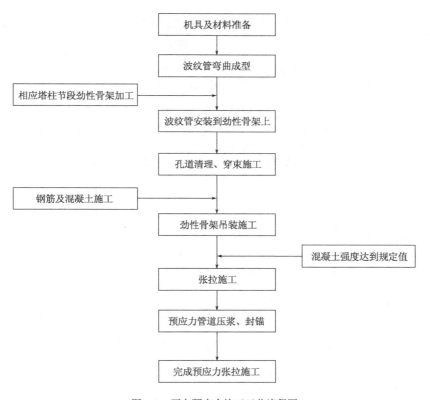

图3-8 环向预应力施工工艺流程图

(2)上、中塔柱连接段预应力钢束施工

预应力钢束张拉顺序:待上、中塔柱连接段施工完毕后,自索塔分岔处由下而上依次张拉,同一高程的预应力钢束由中间向两侧对称张拉。具体施工工艺与塔柱环向预应力施工工艺相同。

(3)斜拉索锚固预应力粗钢筋施工

在上、中塔柱连接段钢锚梁底座区域设有预应力精轧螺纹粗钢筋,混凝土施工时设置张拉槽,张拉槽设计 $\phi 8mm$ 钢筋网并用混凝土封端。预应力管道采用 $\phi 45mm$ 金属波纹管预埋成孔。波纹管采用型钢定位架进行固定,以避免波纹管在混凝土浇筑时跑位。压浆管采用 $\phi 15mm$ 钢管,设置在粗钢筋的锚固端,长度应穿过张拉槽并固定。预应力精轧螺纹粗钢筋采用千斤顶、配套油泵、压力表等设备进行张拉,张拉设备必须配套标定,且设专人保管使用。张拉完毕后进行预应力管道压浆,采用真空辅助压浆工艺,其具体的操作规程同上塔柱环向预应力管道压浆。

10) 钢箱梁施工

钢箱梁施工流程详见表 3-27。

主桥上部结构安装施工流程图　　　　表 3-27

阶段	施工流程
阶段一	(1) 施工主塔、过渡墩,预留辅助墩处支架位置; (2) 塔柱施工完成后,提前搭设边跨和次边跨存梁支架、索塔区施工托架;按照 1.05 倍主梁自重对支架进行预压
阶段二	(1) 驳船浮运梁段到位,在索塔墩侧,利用起重船按顺序吊装次边跨和边跨钢箱梁梁段,顶推纵向滑移存放,辅助墩、过渡墩顶梁段叠放底层; (2) 辅助墩墩身施工,起重船吊装塔区 A、B 及 Z1、B1 斜拉索对应的梁段至塔区支架上,滑移调整至相应位置;完成梁段焊接,并与索塔下横梁临时固结
阶段三	(1) 第一次张拉 B1、Z1 斜拉索; (2) 安装跨中及边跨桥面吊机; (3) 第二次张拉 B1、Z1 斜拉索
阶段四	(1) 4 台桥面吊机分别吊装 Z2、B2 斜拉索对应梁段; (2) 梁段形成后第一张拉 B2、Z2 斜拉索; (3) 吊机前移,第二次张拉 B2、Z2 斜拉索; (4) 重复上述循环,张拉至 B8、Z8 斜拉索
阶段五	(1) 辅助墩及过渡墩压重施工,利用桥面起重机爬臂吊装墩顶梁段; (2) 同时重复阶段三循环施工,安装至 B13、Z13 斜拉索
阶段六	(1) 拆除索塔施工托架及边跨存梁支架; (2) 调整斜拉索索力
阶段七	(1) 施工中跨合龙段临时压重; (2) 利用桥面起重机同时吊起中跨合龙段,完成中跨钢箱梁合龙,拆除中跨合龙临时压重
阶段八	(1) 拆除主梁与索塔横梁的临时固结; (2) 拆除桥面起重机; (3) 安装斜拉索减振设施; (4) 安装桥面系; (5) 施工加载试验,交工通车

(1) 塔区钢箱梁吊装

塔区钢箱梁吊装由专人指挥,其具体的施工步骤如下:①起重船抛锚定位,运输船运输钢箱梁至桥位定位。②安装钢箱梁吊装专用吊具及起吊钢绳,检查无异常后起钩,当钢箱梁吊离运输船 10cm 后停止起钩,静止 15min,进行设备、吊物、环境检查,无异常情况后,缓缓起钩,直至超过支架顶面 50cm 后停止起吊。③运梁船退出,起重船绞动前进缓慢前移,到达安装位置后徐徐落钩,直至钢箱梁放置于支架顶面的移位器上。

钢箱梁吊装放置于支架一端的移位器上。利用 2 台 60t 穿心式千斤顶和直径 32mm 精轧螺纹钢水平均速拖动梁段至设计位置,利用设置于钢箱梁底的三向千斤顶进行钢箱梁的精确定位。依次完成 A 梁段、2 个 B 梁段、2 个 C1 梁段等五个梁段的定位。

(2) 塔区钢箱梁定位及焊接

定位完成后,再次测量钢箱梁坐标和高程,如有变化,再次进行微调。首先精确定位 A 梁段,再对 2 个 B 梁段精确定位,将 B 梁段与 A 梁段用临时匹配件连接,然后由钢箱梁制造商通过工地全截面的栓焊连接成整体,按相同的方法完成 2 个 C1 梁段的栓焊连接。精确调位采用多向千斤顶,该千斤顶进行顶升后、通过纵横轴线方向布置的水平液压缸的驱动作纵向或横向移位。

(3) 塔区钢箱梁临时固结

A 梁段精确定位后通过在梁底和索塔横梁底张拉两排竖向预应力束的施工临时固结构造,克服上拔力、竖向压力和纵向弯矩;另利用固结构造和索塔横梁间的摩擦力提供纵、横向约束。

(4) 边跨钢箱梁吊装

考虑边跨距离较长,若采用墩顶高支架存梁,支架搭设高度超过 40m,存在安全风险,材料浪费较多。根据榕江现场实际情况,边跨临时支架拟采用矮支架进行搭设,支架高程与主墩平台相吻合,并在辅助墩和过渡墩墩顶设托架。存梁支架搭设前先进行过渡墩施工,待存梁结束后,完成辅助墩墩身施工。存梁采用梁柱组合结构,根据水位情况,在保证船舶吃水深度满足实际要求的情况下,在边跨深水范围采用打桩船搭设钢管桩,其余位置采用履带式起重机+振动锤击沉钢管桩,钢管桩按照设计位置打入河床后,用平联互相联系,支架与辅助墩、过渡墩墩身预埋件连接,次边跨均采用履带式起重机配合振动锤"钓鱼法"进行钢管桩的插打、平台搭设,具体工艺同栈桥施工。边跨存梁支架总体立面、平面布置见图 3-9 和图 3-10。

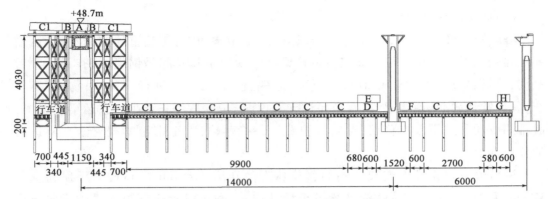

图 3-9　边跨存梁支架总体立面布置图（尺寸单位：mm）

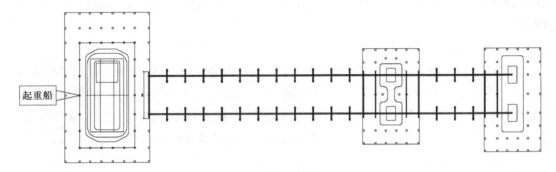

图 3-10　边跨存梁支架总体平面布置图

（5）标准段钢箱梁施工

标准梁段的悬拼施工工艺流程为：运梁船抛锚定位→桥面起重机扁担梁下降并与钢箱梁连接→两侧同步起吊→临时连接→精确定位→焊接→挂索并第一次张拉→前移桥面起重机至下一个节段→第二次张拉斜拉索→循环施工下一节段。施工工艺流程如图 3-11～图 3-13 所示。

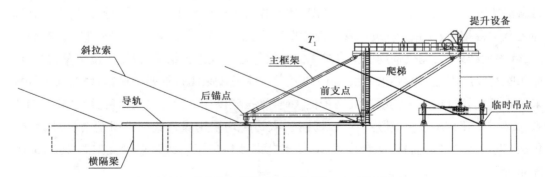

图 3-11　吊装块件，焊接接头，架设并第一次张拉斜拉索
T_1-吊点力 1

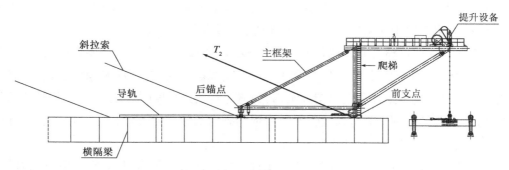

图3-12 吊机前移,就位后第二次张拉斜拉索
T_2-吊点力2

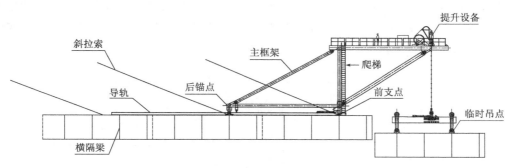

图3-13 驳船就位,吊装下一块件

(6)梁段精确定位及钢箱梁连接

钢箱梁桥面板及加劲肋采用栓焊结合的方式(即桥面板焊接、U肋栓接),其余均采用焊接方式。梁段吊至设计位置后,与前一梁段临时连接;在合适的温度时段,精确调整焊缝间隙,达到施工控制要求后,安装U形加劲肋定位螺栓,调平板件错台,焊接定位板;先焊接周边板横向环缝,进行无损探伤合格后,焊接底板纵向加劲肋嵌补段。检验合格后,对焊缝进行必要的打磨处理,即完成梁段工地连接。

(7)斜拉索两次张拉

钢箱梁环焊缝焊接完后,进行斜拉索挂索和第一次张拉斜拉索。桥面起重机行走到位后,进行斜拉索的第2次张拉,并测量指定梁段的高程、索力等内容。重复上述工序,施工下一梁段。第2次张拉斜拉索完成后,开始进行下一块标准梁段的吊装施工。重复以上步骤,完成所有标准梁段的吊装施工。

(8)中跨合龙段施工

①加强对已成桥线形、索力、塔偏位及应力等方面的监测,对不满足要求的部位及时进行调整。

②张拉13号斜拉索,桥面吊机拆换扁担梁后前移,在梁段上架设施工通道。

③在合龙口两侧钢箱梁上临时压载,每侧压载重量为合龙梁段自重的一半,压载拟采用水箱加水,水箱置于起重机两侧的腹板附近(可减少跨中挠度)。

④按监控要求调整合龙口两侧 C(NZ14、SZ14)梁段技术指标符合要求后,在梁段腹板外侧及时焊接劲性骨架,在梁顶挂设手拉葫芦交叉斜向对拉,使两侧箱梁在横向、竖向的位置上相对固定。劲性骨架为桁架结构,为适应合龙口宽度的变化,其一端设计为可伸缩的构造,梁段精确调位前将劲性骨架的固定端先行焊接固定在梁段上。由于受劲性骨架的影响,合龙段的风嘴拟采取现场拼装。

为调整合龙口的宽度以适应合龙梁段的长度,需在塔柱下横梁与塔区相应的钢箱梁间设置合龙口宽度纵向调整装置。该装置可根据实际的调整行程及需要,安装在塔区的下横梁与钢箱梁之间,使用时仅对主桥一侧钢箱梁进行纵向偏移;也可在主跨两边的塔区均安装该装置,对主桥两侧的钢箱梁均进行纵向偏移调整(此处主要介绍一边安装的情况),见图3-14和图3-15。

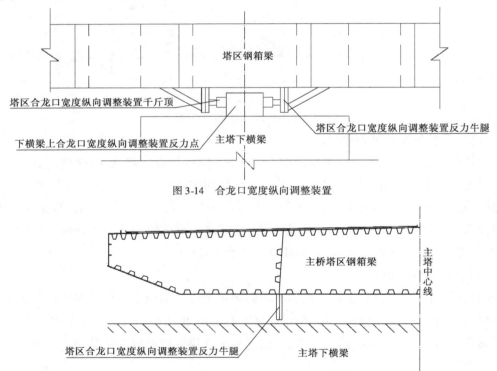

图3-14　合龙口宽度纵向调整装置

图3-15　合龙口宽度纵向调整装置

考虑到其他构筑物对梁段的约束作用及支座的摩阻力作用,该纵向顶推装置不仅要设置正向顶推千斤顶,亦要设置反向顶推千斤顶。以保证悬臂钢箱梁按指定方向顶开后,又能利用反向千斤顶顶推力克服构筑物对梁段的约束作用及支座的摩阻力作用将钢箱梁向回顶。以保证合龙段与其两侧钢箱梁结合紧密。

合龙口宽度纵向调整装置正、反向顶推千斤顶一端,着力于塔柱下横梁的反力点上,一端顶于塔区箱梁底板的牛腿上。每侧塔区对称于桥轴线布置两个调整装置。

⑤在合龙口两侧梁段上布设测量点,进行连续观测,每间隔2h测量一次合龙口间距及相邻梁段的高程,同时测量大气温度、钢箱梁内表温度,连续观测1~2昼夜。根据实测数据,确定合龙段实际长度及合龙时间,切割合龙段余量。

⑥合龙口两侧的桥面起重机同步吊装合龙梁段,吊装过程中,对称均匀地移走临时压载(放水),利用起重机的调位装置,使合龙段准确地嵌入合龙口,调整至两侧缝宽满足要求后,立即锁定临时加强件及劲性骨架,然后由钢箱梁制造单位对接缝进行全断面焊接。合龙梁段可在白天起吊至合龙口底部,晚上合适的时候将梁吊入合龙口。

⑦当合龙梁段拼缝施焊完成后,拆除劲性骨架及通道,吊装风嘴并焊接。

11)斜拉索施工

全桥共 $2 \times 4 \times 13 = 104$ 根斜拉索,最长约216m,最大规格为LPES7-223,单根最大质量(不计锚具)约为15.6t,根据索力分为LPES7-121、LPES7-151、LPES7-187、LPES7-211、LPES7-223共5种规格。成品索疲劳应力幅规格为200MPa,拉索布置见图3-16。

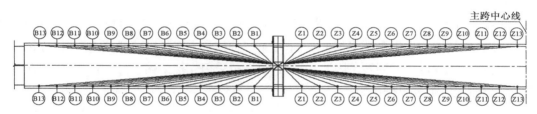

图3-16 斜拉索总体布置图

斜拉索通过水运至现场,采用梁上放索方案,先梁端、后塔端的挂索方案,斜拉索张拉统一在塔端对称进行,索力调整在塔端进行,本桥采用桥梁构件几何控制法进行施工控制。

主塔设置13对斜拉索,空间密索型布置。斜拉索采用扇形式布置,双索面,在外侧锚箱室锚固。其中1~3号斜拉索在塔端直接锚固主塔内壁楔块,4~13号斜拉索采用钢锚梁锚固,锚固点间距2.0m。斜拉索拉力主要通过锚箱的两个锚固板作为剪应力传递给主梁腹板,主梁腹板和承压板内侧均设置了补强板,以利于锚固处的应力合理分散到主梁上。在梁上的锚固点间距为14.5m。单根斜拉索最大质量为15.612t。

根据斜拉索索力的不同和锚箱板件受力情况,将锚箱构造分成了M1~M3共三种类型。斜拉索采用平行钢丝斜拉索,标准强度 $R_Y = 1770$MPa,直径为7mm。锚头采用冷铸锚,斜拉索采用塔端单端张拉,塔端采用张拉端锚具,梁端采用锚固端锚具。

具体施工顺序为:斜拉索运输及上桥→桥面放索→斜拉索塔端挂设→斜拉索梁端挂

设→斜拉索张拉→斜拉索临时减振→斜拉索防雷。

（1）斜拉索放索施工

利用梁面吊索桁车将索盘吊至桥面,并安放于移动放索机上,移动放索机将索盘移至钢箱梁端头,然后利用 10t 卷扬机与塔顶起重机放索。

①预先将放索机安放于对应钢箱梁顶面距离主塔根部 5～10m 处。

②运索车将斜拉索运至主塔下方支栈桥上。

③梁面起吊桁车将索盘吊装至放索机上就位。

④卷扬机牵引移动放索机至钢箱梁梁端,固定移动放索机。

⑤连接放索卷扬机钢绳与斜拉索塔端锚头,安装锚头小车,开动卷扬机将锚头牵引至主塔根部。过程中应在斜拉索上每隔 2m 左右安装 1 台放索小车,防止放索过程中斜拉索 PE 层与钢箱梁摩擦。

⑥在距离斜拉索塔端锚头根部 2～3 倍索长处安装抱箍,连接塔顶起重机吊环,并在斜拉索塔端锚头后安装吊带,与塔式起重机吊钩连接,解除放索卷扬机钢绳、锚头小车,开动塔顶起重机与塔式起重机向上提升斜拉索,直至斜拉索完全脱离索盘。过程中应不断进行放索小车的解除与安装。

（2）斜拉索挂索施工

斜拉索挂索施工可分为先挂塔端再挂梁端、先挂梁端再挂塔端两种方案。按照设计要求,本桥斜拉索均采用塔端张拉方案,采用第二种挂索方案可以使斜拉索牵引与张拉施工连续进行,减少设备的周转。因此,本桥斜拉索拟采用先挂梁端、再挂塔端的挂索方案。斜拉索挂索施工流程见图 3-17。

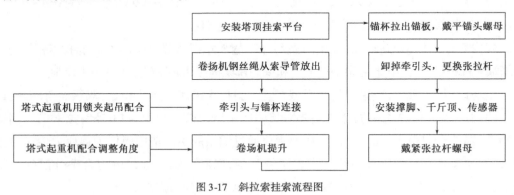

图 3-17 斜拉索挂索流程图

（3）斜拉索张拉施工

斜拉索锚固完成后,在拉索锚固点,用安装在撑脚上的 YCWB 型千斤顶系统(需拆除软牵引装置)对每根拉索进行初张拉。根据总体施工工艺,斜拉索采用塔上张拉,每根索需进行两次张拉,张拉过程中索塔顺桥向两侧的拉索和横桥向对称的拉索须对称同步张拉,同步张拉的不同步索力差值不超出设计规定值。两侧不对称或设计索力不同的拉索,按照设计规定的索力分级同步张拉,各个千斤顶同步之差不大于油表读数的最小分格,索力终值误差小于±2%。斜拉索张拉流程如图3-18所示。

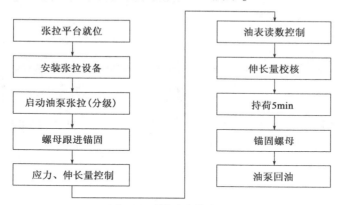

图3-18 斜拉索张拉流程图

塔上张拉步骤如下所述。

第一步:拆除卷扬机牵引绳或软牵引装置,接长张拉杆,安装张拉螺母1、张拉螺母2,开启油泵,千斤顶牵引斜拉索,直至斜拉索锚头出锚垫板面,临时锚固斜拉索锚头,如图3-19所示。

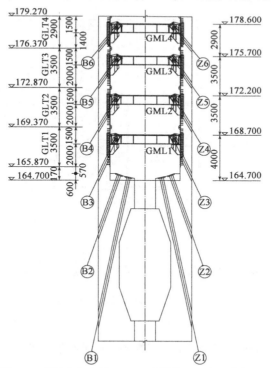

图3-19 塔端张拉流程(一)(尺寸单位:mm;高程单位:m)

第二步：拆除加长张拉杆，开启油泵对称同步张拉斜拉索，观察压力传感器读数，直至张拉力至设计值，如图 3-20 所示。

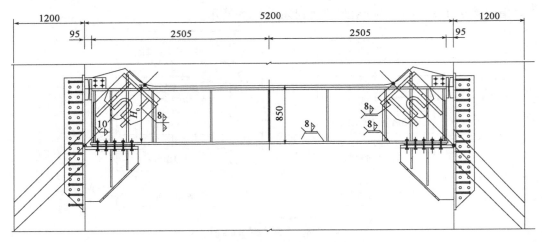

图 3-20　塔端张拉流程（二）（尺寸单位：mm）

第三步：张拉到位后，拆除所有张拉设备，进行下节段施工，如图 3-21 所示。

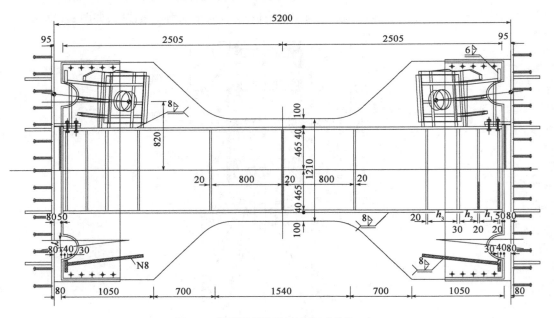

图 3-21　塔端张拉流程（三）（尺寸单位：m）

（4）张拉的关键技术

①斜拉索张拉前，对拉索成品、锚具和配件，全部或抽样检验，符合图纸要求后方可使用。

②所有千斤顶张拉前按规定进行标定,并配备相应的测力传感器,以控制千斤顶的张拉力。张拉机具由专人使用和维护,张拉机具长期不使用时,在使用前全面校验。当千斤顶的使用超过规定的使用时间,或使用期间出现异常情况,均进行一次校验,以确保测力的准确。

③斜拉索安装与钢箱梁的安装密切相关,两者交叉配合进行。不论是初张力的张拉,还是复测、调索的张拉,凡不符合拉索、箱梁施工安装所规定的允许偏差时,向监理工程师报告,并由设计、监理、施工三方共同确定调整方法,并进行调整。

④斜拉索锚固时不宜在锚环与承压板间加垫,需要加垫时,其垫圈材料和强度应符合承压要求,并应设成两个密贴带扣的半圆环。

⑤注意消除斜拉索的张拉效应。

12) 附属设施施工

(1) 钢箱梁检查车安装

钢箱梁安装完成后进行箱外检查车的安装。为保证箱外检查车吊装时不变形损坏,检查车水运时置于专用刚性吊架之上;在索塔附近钢箱梁上布置 2 台 5t 卷扬机,利用主桥防撞护栏立柱安装螺孔固定提升梁;箱外检查车运抵桥位后,通过卷扬机滑车组提升安装。轨道倒流板的安装可利用钢箱梁环缝焊接工作平台。

(2) 索塔爬梯及升降机的安装

塔柱施工过程中,对索塔内爬梯及升降机安装预埋件进行准确预埋安装,塔柱施工完毕后,将爬梯及升降机安装完成。

(3) 钢箱梁沥青混凝土桥面铺装

①钢梁顶喷砂除锈、剪力钉施工。

钢箱梁施工完成后,对箱梁顶面进行喷砂抛丸除锈,然后焊接栓钉,采用 $\phi13mm \times 40mm$ 剪力栓钉焊接于箱梁顶面,间距 15cm,施工前,确保栓钉无锈蚀,焊接位置准确,焊缝饱满,不烧伤箱梁顶板,钉身应竖直,当设计位置与主梁拼缝焊接位置冲突时,应将栓钉偏离焊缝位置 2~3cm,栓钉严格按照设计控制间距。

②钢筋网铺设,按照设计要求,铺设 $\phi8mm$ 钢筋网,钢筋网与剪力钉应点焊连接,施工过程中控制钢筋网距钢箱梁顶面保护层厚度,钢筋网施工时与设计联系,拟变更为钢筋焊网,整体搭接铺设,详见图 3-22。

③高性能轻型超高韧性混凝土(STC)组合桥面混凝土铺装。STC 桥面混凝土进行专门配合比设计,根据施工情况召开专家会审查批复,混凝土铺装工艺同普通水泥混凝土桥面施工工艺,采用三辊轴摊铺设备一次性摊铺浇筑完成,不得进行分段浇筑,STC 桥面板摊铺后应进行保湿养护,终凝后进行高温蒸汽养护,养护温度恒定在 80℃,养护时间不低

于72h,养护完成后,应对桥面清扫,并对凸凹不平整部位采用打磨机进行打磨,确保STC层高程平整。

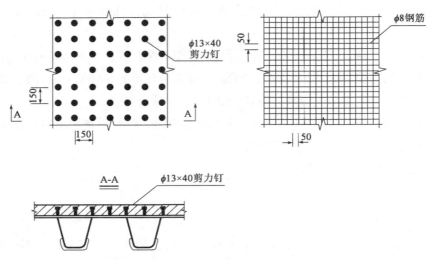

图3-22 STC桥面铺装剪力钉、钢筋网布置图(尺寸单位:mm)

④行车道STC桥面铺装施工要点。超高性能轻型组合桥面结构的施工应选择具有相关工程经验的技术人员和专业施工队伍完成。施工前,应制定详细的施工组织设计,并对负责各工序的施工人员进行岗前培训,建立质量控制体系,确定施工质量的有效控制方法,并对路段内施工的钢桥面进行封闭。施工时,除施工中必需的设备人员外,严禁任何车辆、机具及人员通行,确保工作面的洁净、干燥及施工现场的整洁性,并防止施工过程中对工作面的污染;施工前,宜完成试验段施工,以检验施工设备的正常有效运转及各工序质量控制的正确性;超高性能轻型组合桥面结构的工期安排应避开雨季和冬季施工,并应做好预防措施,施工时气温应在5℃以上,宜在10℃以上,风力达到6级及以上必须停止施工;施工单位应建立各道工序的质量检查制度,并应留有完整的检查记录;每道工序完工后,应进行全面质量检验,确认合格后才能进入下一道工序的施工;超高性能轻型组合桥面结构施工的质量检验和过程控制检测按照《超高性能轻型组合桥面结构技术规程》(GDJTG/T A01—2015)的规定实施,本规程未规定的按国家相关标准执行。

(4)防撞护栏安装

护栏是桥梁工程的重要组成部分,是桥梁不可缺少的完全防护装置,是车辆安全通过的重要保障,对桥梁工程的评价起着直观的作用。所以护栏施工不仅是要保证质量,还要满足艺术造型和美观的要求。钢箱梁采用立柱直接与钢底座进行栓接,混凝土梁段通过预埋钢板立柱与钢筋混凝土底座栓接,通过放样测量,将立柱高度误差控制在2mm以内。

3.2.5 施工质量控制措施

1）保证质量的管理措施

主要质量保证措施见表3-28。

主要质量保证措施　　　　　　　　　　　　表3-28

序号	影响因素		主要质量保证措施
1	组织因素		①设立高效的、适应发包人管理制度和管理部门要求的质量管理组织机构,明确职责,赋予权力（一票否决）。 ②设立质量管理小组（高级别、跨部门、具备资源调动能力）。 ③强化质量管理的三个实体组织:质检、测量、试验
2	资源因素	设备	①抽调施工质量最稳定的船机设备投入本工程。 ②对标国际先进水准,采购和制造一批新设备。 ③对设备进行严格的质量符合性审查及标识
		人力	①足额配备质量管理人员,严格培训考核、持证上岗。 ②抽调公司类似工程施工经验丰富的精兵强将,确保人才优势。 ③强化岗前培训、技能培训和全员质量意识教育
		物资	①配置标准、规范的仓储、转运设施设备。 ②严格按计划提前采购筹备物资,延伸管理链到生产厂家、料源地,确保质量稳定。 ③严格审查质量保证文件。 ④严格进行原材料抽检、复验。 ⑤严格执行进场、仓储、领用及不合格品退场制度。 ⑥信息化管理
		经济	①实施全面预算管理,保证资金供给。 ②设立专项质量基金,保证质量管理活动顺利开展。 ③严格落实质量责任制,质量与效益挂钩,优质优价、奖罚分明、及时兑现
3	施工环境因素		①对施工环境全面监测,实时分析监测数据并预警。 ②与海事部门密切配合,尽可能创造有利的施工环境。 ③对于雨、热天,大风等不利环境因素,采取针对性对策措施。 ④施工环境不能满足质量要求时,立即停工
4	制度因素		①实施全面覆盖的质量责任制,及与之配套的质量责任可追溯机制、追究机制、考核奖惩机制。 ②实施质量否决制度。 ③实施质量符合性审查、质量标识、质量许可（质量准入）制度。 ④实施严格的质量教育、培训、持证上岗制度。 ⑤严格遵守施工流程、作业标准、工艺程序、工序交接、质量检验等相关管理制度。 ⑥实施质量例会、质量检查、质量通报、"周讲评、月评比、季考核"等管理制度

(1)全面分析、归纳影响本工程质量的管理因素

针对性地建立质量保证机制,并制定具体、可行的保证措施,系统、全面管理影响本工程质量的各种因素,确保质量管理体系有效运行、各项质量管理措施得到严格落实。

(2)施工流程管理及"三全控制"保证

全面落实施工流程管理,严控五个环节,保证工程质量;施工工艺质量符合性评审;编制质量管理点设置计划(主要含主塔墩和预制场);制定标准化、定量化的质量保证措施;落实质量保证措施计划;对质量保证措施的实施效果进行评审。本工程拟最大限度实施定量化的标准流程管理,以保证工程质量尽可能接近工厂生产线所能达到的质量水平。

"三全控制"即全对象、全诱因、全关系控制,能够对工程质量提供根本保证。本工程"三全控制"的主要环节有:作业主体、作业对象、工艺方案、施工材料、设备、环境、作业过程、进度(成本)和质量关系控制等。

(3)首件制及产品认证制保证

高度重视本工程推行的"首件工程认可制",充分发挥其验证功能、标准化作用以及示范效应。通过这些措施确保后续施工作业大规模开展得到保障。主要措施:严格按要求编制计划;认真编制首件工程技术文件,严格评审,及时报批;以模拟演练的方式落实人员培训、技术交底工作;全面审查开工条件、监测施工环境;实时监控、记录作业控制参数,对施工过程全程录像;全面、深入总结,编制推荐施工工艺、管理方案、质量标准、检验验收手段、质量保证措施、过程记录及质量检验用表等,经严格评审,提升为批量施工的量化作业控制标准。

(4)测量、试验、监控保证

主要措施:建立系统规范的管理制度并严格执行;保证人员、设备、环境满足标准要求;严格进行校验、认证、评审,定期检查;强化档案及记录管理,保证可追溯性。

(5)质量检验保证

主要措施:严格进行检验划分,落实"三检制",全面覆盖施工过程各环节;配合监理人做好检验批、分项、分部、单位工程检验验收;对质量检验中发现的不符合、不合格项,严格进行标识、报告、整改、复验;坚决贯彻"四不放过"原则;做好资料整理归档工作,确保质量保证资料、检验验收资料的系统性、完整性、可追溯性。

(6)构件及成品保护保证

本工程场地集中,但时间跨度大、中间产品暴露时间长,保护构件和成品是质量保证的重要一环。具体措施:

①统筹规划施工进度安排及施工区域使用,优化构件制作与安装、下部结构与上部结构的施工流水。

②制定并严格执行构件及成品保护制度,责任到人、逐件负责。

③制订详细的构件及成品保护方案,认真评审,严格执行;对于施工期钢结构腐蚀状况进行专项监测和评估;对于预制安装混凝土构件结合面,制订专项保护方案等。

④配置标准的存储、运输设施或设备,规范作业过程,标准化作业。

⑤尽可能划清边界,隔离封闭保护;必要时采用自动监控系统进行实时监控。

⑥通过教育培训,全面提高员工的成品保护意识。

2) 保证质量的技术措施

(1) 本工程质量风险点分析及技术保证措施见表3-29。

工程质量风险点分析及保证措施 表3-29

序号	风险点名称	风险点分析	质量保证措施
1	地材供应及质量	①地材供应不稳定可能造成工程进度迟缓或停工,影响施工质量。②地材质量不稳定影响混凝土质量	①加强材料调查,确定多方供应渠道。②加强地材采购的组织管理。③采购供应稳定、符合标准的原材料。④严格地材的验收、检验。⑤充分考虑各种因素,制订应对措施。⑥派驻代表,延伸管理链到地材产地
2	桩基水下混凝土灌注	影响混凝土完整性,可能造成桩身缺陷	①制订水下混凝土专项施工方案并严格组织实施。②保证混凝土生产系统可靠,能力满足浇筑强度要求,合理配备备用系统。③混凝土配合比、工作性能符合水下灌注工艺要求。④做好导管水密及接头抗拉试验。⑤严格控制导管埋置深度

(2) 本工程质量关键点分析及技术保证措施见表3-30。

工程质量关键点分析及保证措施 表3-30

序号	关键点名称	关键点分析	质量保证措施
1	钢护筒桩位坐标及垂直度控制	高水位施工以及入土沉桩困难	①采用GPS-RTK定位系统进行桩位测量,保证定位精度;采用沉桩实时监控系统监控沉桩姿态;对偏位动态监控。②保证打桩船导向架具有较大的刚度,在沉桩过程不产生有害位移或变形。③采用功率较大的打桩船将钢管桩和钢护筒一次性打设到位,避免二次沉桩
2	钻孔泥浆指标控制	优质泥浆可以防止孔壁坍塌、缩径等现象发生	①采用轻质环保泥浆。②严格保证泥浆配比,反循环泥浆经过分离筛、泥浆净化器过滤合格后,才能重复使用。③根据地层的不同,调整泥浆性能指标,保证孔壁稳定
3	钻孔清孔质量控制	附着于护筒壁的泥沙影响混凝土灌注质量,桩底沉渣影响桩基的承载力	①在钻头上安装钢刷,对钢管内壁进行全断面反复清扫,清除附着泥沙。②采用两次清孔工艺

续上表

序号	关键点名称	关键点分析	质量保证措施
4	大体积混凝土浇筑及养护质量控制	浇筑和养护质量影响混凝土的密实度、均质性、抗裂性（包括表面微细缩缝），进而影响到混凝土的耐久性，是保证钢筋混凝土结构使用寿命的关键环节之一	①优化混凝土配合比设计、降低水化热；合理选择原材料，严格控制原材料质量及拌合物的拌和质量；严格控制混凝土的入模温度等措施。 ②混凝土构件内部埋设测温元件并通过自动测温系统定期检测混凝土内部温度，根据仿真计算提出的温控标准，采取相应温控措施（埋置水平冷却管）。 ③对浇筑后的混凝土进行二次振捣，排除混凝土因泌水在粗集料、水平钢筋下部生成的水分和空隙，提高混凝土与钢筋的握裹力，防止因混凝土沉落而出现裂缝，减少内部微裂缝；实时监控、调整温度、湿度等养护参数。 ④采取适度晚拆模的方式进行保湿及保温养护，有效防止混凝土中的水分散失过快而形成干缩裂缝；拆模后使用土工布覆盖洒水养护，对墩台进行湿养7d以上
5	钢筋保护层厚度控制	保护层偏薄会缩短外界因素的渗透路径，影响耐久性。严控保护层厚度是保证钢筋混凝土结构使用寿命的关键环节之一	①钢筋在加工和安装过程中精确放线和控制，确保钢筋绑扎成整体后的边线准确。 ②采用专用的支架和垫块限定钢筋的位置，确保钢筋保护层厚度符合要求，并保证钢筋在混凝土浇筑过程中不发生位移；浇筑前对保护层厚度及影响保护层厚度的钢筋的固定、绑扎等进行全面检查；严格落实工艺纪律，避免不规范的浇筑、振捣操作影响保护层厚度。 ③根据不同的使用部位和对保护层厚度的要求，采用相适应外形和尺寸的垫块，确保钢筋绑扎的紧固度和稳定性；采用与混凝土材质相同的定位块，并使垫块与模板的接触面积尽量小。 ④构件出场前进行全面的保护层厚度检测
6	封底混凝土施工	封底混凝土施工是钢围堰止水的关键，水下混凝土需一次浇筑完成	①混凝土配合比、工作性能符合水下灌注工艺要求。 ②做好导管水密及接头抗拉试验。 ③按照水下混凝土扩散半径，合理布置导管间距。 ④首盘混凝土要求导管埋深0.4～0.6m，在导管口附近布设测点，及时测量其埋深与流动范围。 ⑤浇筑过程中，监测各测点位置的混凝土高程以及导管埋深，为各导管的灌注和升降、拆卸提供依据
7	钢锚梁定位控制	钢锚梁施工须保证底座定位精度，消除接高后的累积误差	①在底座四角预埋调节高程的螺栓，并设置水平千斤顶进行平面位置微调，确保底座安装精度。 ②钢锚梁出厂前进行试拼。 ③利用匹配件进行节段间平面位置初定位。 ④设置微调装置进行节段竖向导向和水平方向精确定位

续上表

序号	关键点名称	关键点分析	质量保证措施
8	线形控制	线形控制不到位可能导致成桥状态不能满足设计和相关规范要求	①采用全过程几何自适应线形控制法,施工监控单位提前介入钢箱梁、索塔钢结构制造预拼装和斜拉索制作阶段,严格控制制造精度。 ②采用能够精确、全面计算几何非线性效应的分析软件和施工监控方法。 ③钢箱梁以几何线形为基本控制目标,以斜拉索长度为主、索力为辅的调控原则进行整个主梁悬臂施工的监控工作;非通航孔钢箱梁以几何线形、应力为主要控制指标进行监控工作
9	关键材料、半成品、成品保护	钢筋、钢构件防腐涂层、斜拉索PE防护层等容易遭到破坏,较一般成品、半成品的保护更为关键	①钢筋运输及存放与其他钢材分开;存放场地保证干净整洁,捆与捆之间采用垫木隔开;钢筋机械连接接头加工完成后采用塑料或橡胶保护套防护,防止搬运过程中破坏丝扣。 ②有防腐涂层的钢构件存放支点处应设置柔软垫层;运输、吊装过程中避免由于碰撞、摩擦等原因造成防腐涂层破损。 ③避免对有防腐涂层的钢筋、钢构件进行焊接,钢构件吊点处加强件、吊耳、临时预焊件等的连接安排在加工阶段完成。 ④为避免放索、挂索过程中的挤压、摩擦及拽拉破坏斜拉索PE层,采用移动式放索机和放索小车进行放索;放索、挂索时用内垫柔软垫层抱箍连接索体

3)保证质量的其他措施

(1)编写可行有效的总体施工组织设计

可行有效的总体施工组织设计是确保工程质量的基础。每项工程开工前,组织以总工程师为领导的技术骨干熟悉结构图纸,领会设计意图,考察施工条件,编制总体施工组织设计。根据工程施工特点,确定施工机械、材料,确定切实可行的施工方案、合理的施工进度,使资源配置达到最优化。总体施工组织设计一经批准,即在总工程师的主持下,层层交底,使全体技术管理人员同操作人员均做到岗位明确,职责明确,技术标准明确,质量要求明确,操作规程明确。

(2)严格控制试验检测

项目经理部设有工地试验室,并为试验室配备与其相适应的仪器、设备,以工程试验需要,同时对试验、检测程序做出了具体规定和要求。

原材料是工程的主体,检查原材料是保证工程质量的基础,其各项技术指标是否满足设计规范要求,直接影响工程质量。所以为确保原材料的质量,材料部门必须对砂、石料等地材、水泥、钢材等主材和厂家的资质和质量保证体系情况进行调查并建立台账,然后由实验室赴现场取样检测各项技术指标,在确认其达到设计规范要求时,由材料部门采购。未经检验或检验不合格的材料,严禁进场用于工程中。

(3)加强施工工序控制

工程质量是在生产过程中形成的,施工过程中的每道工序是形成质量的基础,所以工序控制对保证工程质量符合设计规范至关重要,可以及时发现缺陷并迅速予以排除,只有关键部位、关键工序的质量得到保证,才能确保分项、分部工程质量。每道工序均要精心组织施工,具体措施为:制定稳妥的施工技术方案,层层交底至工班的操作工人,在作业队设主办工程师,质检员对施工过程实行有效的自检,班组之间实行自检、互检、交接检,树立下道工序就是用户的理念,决不允许不合格产品流入下道工序。

(4)做好质量检查及记录

质量记录是工程施工过程的原始反映,具有可追溯性,重视各级技术人员对施工原始记录、试验、检测记录、施工日志等各类质量记录的形成、整理工作。在施工技术管理制度中,对此项工作做出具体规定和详尽要求。同时,积极配合监理人员做好各类资料的报验工作。

(5)配备高技能、高素质的技术人员

技术人员、操作工人的技术水平、操作技能和工作责任心直接影响工程质量,所以选拔有能力、有经验的施工人员并要求到项目上的人员保持相对稳定性。同时积极引导职工开展 QC 活动,杜绝人为因素的质量隐患的产生,确保工程质量。

3.2.6 施工监控与运营期监测

1)斜拉桥施工监控任务

对于本项目高次超静定桥跨结构斜拉桥,其成桥的梁部线形和结构恒载内力与施工方法有着密切的关系,也就是说,不同的施工方法和工序会导致不同的结构线形和内力。另外,由于各种因素(如材料的弹性模量、混凝土收缩徐变系数、结构自重、施工荷载、温度影响等)的随机影响,在测量等方面会产生误差,结构的原理论设计值难以做到与实际测量值完全一致,两者之间会存在偏差。尤其值得注意的是,某些偏差(如主梁的高程误差、轴线误差、索力误差等)具有累积的特性。若不及时有效地调整,随着主梁悬臂长度的增加,主梁的高程会显著偏离设计值,造成合龙困难或影响成桥的内力和线形,导致施工质量缺陷,并为结构健康服役留下隐患,影响结构的耐久性和安全性,甚至导致恶性施工事故的发生。特别是对于大跨度斜拉桥,施工中的不合理误差状态如不能及时地加以识别和处理,主梁、索塔的应力有可能发生积聚而超出设计安全状态,进而发生施工事故。

对于误差的出现,需要客观、系统地去认识。误差的出现首先是必然的,原因也是多方面的,不能笼统地归结为施工误差,这样无法解决问题。误差大体上分为理论误差、构件制造误差和安装误差(也就是传统上讲的施工误差),对于不同类型的误差要有针对性地实施控制,才能从根本上解决问题。

斜拉桥施工过程中由于施工控制方案及调整控制措施不当,会出现以下几类常见问题:

(1)斜拉桥成桥线形较大地偏离原设计线形,导致运营效果不佳。典型的例子为重庆石门大桥,成桥后主梁线形呈明显波浪起伏状,使行车舒适度下降,并会导致桥梁的使用寿命缩减。

(2)主梁悬臂施工中线形误差累积过大,导致主梁合龙困难。典型的例子为美国 P-K 斜拉桥,主梁合龙前两侧高程误差达 27cm,采用压重才强迫合龙,主梁的内力因此产生不利的影响。

(3)主梁悬臂施工中内力误差累积过大,进行内力调整将滞延施工工期,若不对内力误差进行及时调整,主梁的施工安全会受到极大不利影响。

(4)构件制造误差过大,梁段无法准确拼接,不得不采取强制措施安装,使得结构局部受力很不合理,影响结构的耐久性,同时也影响施工工期、增大施工风险。

(5)斜拉索制造长度误差和安装误差都会造成斜拉索端部受力不合理,进而影响斜拉索使用的耐久性,增加施工风险。

2)榕江特大桥的施工监控任务

通过有效施工控制保证结构的受力和变形始终处于安全的范围内,成桥后的结构内力和线形符合设计要求。施工控制工作的目标是:

(1)施工过程中和竣工后结构内力状况满足设计要求。

(2)成桥的线形、索力逼近设计状态。

(3)精度控制和误差调整的措施不对施工工期产生实质性的不利影响。

(4)主梁合龙前两端高程误差、轴线偏差处于毫米级。

3)大跨度斜拉桥的长期监测与安全性评估

桥梁结构在运营过程中将面临结构内力状态的改变及损伤,这些都将危及桥梁结构的安全。桥梁的长期监测与安全性评估属于桥梁健康监控与剩余寿命评估的内容。目前国内外许多大跨度桥梁都在进行该项工作,但由于投入的经费以及工作承担者的认识不同,在工作的具体内容和深度上有很大差别。考虑到建设初期,是同步建设该桥运营状态安全监测网的有利时机,建议考虑建立榕江特大桥运营状态结构健康安全监测网。

施工控制的工作,广义上讲,就是指施工控制体系的建立和正确的运作。斜拉桥结构施工控制的根本目的在于通过对施工过程中误差状态的准确把握,采用现代控制论方法对施工中的各个阶段状态作出准确的预测,指导施工顺利进行,确保成桥内力状态与线形逼近设计目标状态,保障整个施工过程中结构的安全性以及结构施工进程的高效率进行。因此,斜拉桥施工控制实质上是在存在误差的条件下通过合理的调控措施使得成桥线形和内力状态逼近目标状态的过程,即连续最优控制过程。实现这一过程最为有效的方式为以几何控制为指导原则,联合全过程控制、自适应控制等先进理念发展,完备的大跨度斜拉桥施工系统。基于几何控制的大跨度斜拉桥施工全过程自适应控制系统的研发思路见图3-23。

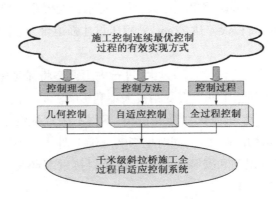

图3-23　全过程自适应控制系统的研发思路示意图

在传统的斜拉桥施工控制中,主要以斜拉索的张拉索力和主梁安装高程作为控制的手段,从而实现对于斜拉桥施工过程的连续最优控制。相对于传统的施工控制方法而言,几何控制的思路通过关键构件的无应力尺寸与形状的控制能够有效规避由测试误差和制造误差导致的不良效应,为获得令人满意的施工控制成果奠定坚实的基础。尽管几何控制的原理较为简单,但其在大跨度斜拉桥施工控制中的有效实施需要合理的技术支撑系统。按照技术支撑系统的必要性进行分类,可以将其分为基本支撑系统和必要支撑系统两大类。其中,基本支撑系统主要包括:

(1)大跨度斜拉桥施工全过程非线性动态仿真分析系统。

(2)关键构件无应力状态的计算方法、数字化制造及安装控制系统。

(3)斜拉桥最优施工控制方法研究及施工过程最优控制系统。

上述研究仅为几何控制实施的基本技术支撑体系,对于大跨度和超大跨度斜拉桥而言,施工过程的结构安全性问题、施工控制关键控制参数的确定问题、施工过程结构状态的准确评价问题均不容忽视,完备的斜拉桥施工控制系统还应包括如下必要支撑系统:

(1)斜拉桥施工安全性分析方法与安全性对策系统。
(2)大跨度斜拉桥施工全过程参数敏感性研究。
(3)斜拉桥施工期参数识别及模型修正研究。

即大跨度斜拉桥施工全过程几何自适应控制系统通过对上述6项关键支撑系统进行集成而发展成完备的施工控制系统。大跨度斜拉桥施工全过程几何自适应控制系统及其支撑系统的关系如图3-24所示。

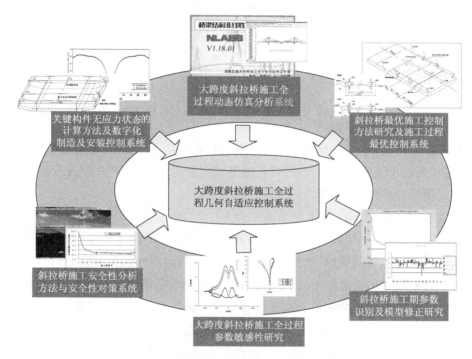

图3-24 全过程几何自适应控制技术及其支撑系统的关系

4)主桥各墩基础的沉降监测

(1)基础沉降监测的目的

桥梁各墩基础承受着巨大荷载,在自重的作用下会产生沉降,为了保证桥梁基础的安全,监测沉降大小,给设计及施工提供可靠数据,必须在桥梁施工过程中及竣工后对基础的沉降进行周期监测。沉降监测就是自工作基点或基准点对观测点进行周期性的高程测量,从而获得其相对沉降或绝对沉降值。

(2)高程基准点选择

选取大桥首级控制网上的三个以上水准点作为监测的高程基准点。采取一定措施进行保护,保证在整个施工期间基准点的稳定性,防止人为损坏或变形。

各墩变形点均设立在承台顶面的四个角及墩中心轴线上,采用不锈钢标志事先预埋在承台内部,并在上面做保护盖,防止施工时破坏。

(3)监测方法

与陆上能直接联通的点,采用二等水准的测量方法用水准仪进行高差测量。对于跨江部分采用两台全站仪进行对象观测,采用三角高程方法进行高差测量。并严格按照《国家一、二等水准测量规范》(GB/T 12897—2006)的要求进行施测。

各沉降监测点之间的高差测量,采用电子水准仪进行。

(4)测量精度及周期

由于大桥基础沉降缓慢,周期设为每月一次。根据实际情况监测时间可以缩短。测程等级为二等水准。

5)索塔变形监测

(1)索塔变形监测的目的

索塔产生变形的原因:一是由于索塔两侧斜拉索的拉力不等,而使索塔在顺桥向产生挠度变形;二是由于索塔受风力、日照等外界环境因素的影响,而产生挠度变形;三是由于设计与施工的不合理性,而使索塔产生额外的变形。

对索塔进行挠度观测的目的,主要有三点:

①在索塔建设过程中,随着索塔高度的增加,挠度变形的幅度也急剧增大。只有准确地掌握索塔摆动和扭转的规律,才能有效地指导施工和相应的施工测量工作。

②在大桥钢箱梁吊装过程中,由于施工原因,致使索塔两侧斜拉索受力不平衡,从而使索塔在顺桥向产生一定的偏移。这种偏移有时可达几十厘米。为了将这种变形限制在一定范围内,不至于使其危及索塔安全,需对此变形进行观测。

③为了延长桥梁的使用寿命,验证工程设计与施工的效果,并为科学研究提供资料,应该对桥梁进行变形观测。

对索塔进行挠度监测主要是观测索塔不同高度位置的平面位移。

(2)测站选择及变形点的建立

全站仪的测站选择岸上的控制点或者辅助墩上的加密控制点。变形点布设在左右两塔柱的外侧,每隔20m布设一层,每层左右塔柱各一个监测点。

(3)监测方法

索塔挠度变形观测的常用方法有:测角、测边、边角交会法、全站仪坐标法、天顶距测量法、水平距离观测法和GPS实时动态测量RTK监测法等,其各有优缺点。由于目前全站仪测角、测距精度都非常高,所以全站仪极坐标法是最常用的方法。GPS实时动态测量RTK监测法具有实时、连续、不受外界气候影响的特点,目前也被广泛应用,但其缺点是周围环境必须开阔,不能遮挡卫星信号。

本桥将主要采用全站仪坐标法。如前所述,此方法精度高,而且可以利用TCA2003全站仪的自动瞄准、定时测量的测量机器人功能。

(4)测量精度及周期

按照《工程测量规范》(GB 50026—2007)三等变形观测的精度要求,变形点的点位中误差应不超过±6mm。变形观测的周期,在工程施工阶段,可根据影响索塔受力变化的具体工况而定(如钢箱梁的吊装、斜拉索的张拉等);为了观察索塔一昼夜的变形规律,应每小时进行一次观测;工程竣工并进入运营后,应定期观测,一般为半年或一年进行一次观测。

6)钢箱梁线形观测

(1)观测目的

主要是观测不同荷载作用下,各节段钢箱梁的高程,观测主梁的竖向曲线形态。

(2)高程基准点的选择及观测点的布设

高程基准点为两索塔塔身上的水准点。观测点布设在钢箱梁梁体顶面,左、右两边及中线每隔50m各一个。点位形式为球形。

(3)观测方法

由塔身上的水准点开始,采用电子水准仪每次快速测量,经过每一个变形观测点,最终附合到另一端的水准点上。测量时必须速度快,读数准,避免在测量过程中梁体曲线发生变化。

(4)测量精度

按三等水准要求进行观测。

3.3 韩江东特大桥

3.3.1 建设条件

1)地理条件

项目区地形较简单,地形平坦,地面高程一般为2~10m。主要为韩江三角洲冲积平原,局部为剥削残丘,线路多次跨越韩江。韩江三角洲冲积平原主要为农田、鱼塘、果园。

2)水文地质条件

(1)水文

项目所在区域水系发达,属韩江、榕江、练江水系,河流主要有连阳河、外砂河、梅溪、榕江河、濠江、练江及密集的支流。

韩江是潮汕地区最大的河流。韩江源出赣、闽、粤三省交界山地,从发源地至东溪出海口,全长470km,落差920m,流域总面积达30112km²。韩江径流主要由降雨产生,年径流总量245亿m³,年降水量与年径流量成正比,每年汛期一般为4~9月,最高峰出现在6月。韩江多年平均含沙量0.258kg/m³,泥沙主要来自梅江。韩江为潮州、汕头的饮用水水源,2010年水质为Ⅱ~Ⅲ级。本项目主要位于韩江下游地区三角洲平原,地势平坦,河床坡度低,水势较为缓和。在潮州市广济桥附近呈扇形分为3条支流。东北面的一支名为北溪,中间一支称为东溪(莲阳河),西面一支称为西溪(外砂河),最后注入南海。

(2) 地质

项目区地处潮汕地区。中三叠世前地质时期属华南古陆隆起区,处于剥蚀阶段。中三叠世的印支运动结束了古陆隆起,进入板块运动时期,为大陆边缘活动带阶段。晚三叠世,由于海侵作用,在大陆前缘凹地沉积海陆交互相碎屑岩,早侏罗世至晚三叠世沉积成浅海相碎屑岩,中侏罗世随着太平洋板块向欧亚板块俯冲的进一步加剧,形成线路区大面积分布的花岗岩,地壳上升遭受风化剥蚀。晚侏罗世,在断陷盆地以火山强烈喷发为主,形成上侏罗统的火山碎屑岩。早白垩世,板块俯冲减慢,陆地遭受剥蚀,在内陆盆地沉积红色火山碎屑岩。第三纪地壳上升经受剥蚀。第四纪表现为间隙式上升,经风化剥蚀与沉积作用,形成了现代地貌景观。

(3) 气象

路线走廊带属南亚热带季节风气候,为华南沿海台风区(Ⅳ7),处于赤道低气压带和副热带高气压带之间,在东信风区之中;地处亚欧大陆的东南端,受海陆的影响很大;冬半年常吹偏北风,夏半年常吹偏南风或东南风,是明显的季风区;夏季又处于西北太平洋低纬度地区台风盛行区域中。

常年雨水充沛,无霜期长,春季潮湿,阴雨日多;初夏气温回升,冷暖多变,常有暴雨,盛夏虽高温而少酷暑,常受台风袭击;秋季凉爽干燥,天气晴朗,气温下降明显;冬无严寒,但有短期寒冷。年日照2000~2500h,日照最短为3月份。年降雨量1300~1800mm,多集中在4~9月。年平均气温21~22℃,最低气温在0℃以上;最高气温36~40℃,多出现于7月中旬至8月初受太平洋副热带高压控制期间。

2) 工程建设条件

(1) 沿线筑路材料

项目区位于华南沿海台风区,所处地貌为三角洲冲积平原区,初测阶段对路线附近村镇及县市各种筑路材料的分布进行了广泛的调查或资料收集,并对调查的石料场、砂料场收集了相关材料试验。沿线筑路材料比较丰富,四季可采。项目区域附近有石场,分别为揭阳市揭东区云路镇惠盛石场、大龙石场、龙宝石场,潮州市潮安区归湖镇宝盛石场、潮安区铁铺镇铁铺石场、湘桥区凤山石场、梅州市丰顺县大狼腹石场以及饶平县联饶镇南岭石场。其中凤山石场矿种为石英砂岩,大狼腹石场矿种为长英质角岩,其余均为花岗岩。

各料场均可生产块片石及多种规格碎石,可供路面中面层、下面层、基层用碎石和结构物石料,且生产质量稳定。其中龙宝石场、凤山石场和大狼腹石场具有反击破生产线,可生产供路面上面层使用的碎石。项目区路网发达,料场通过S335、S233、S231、G324及乡村公路到达线位。

(2)主要材料分布

沿线附近可提供的筑路材料包括:工程用土、石料、中粗砂、水泥和水。沿线各筑路材料整体比较丰富,只是混凝土所用中、粗砂分布较远,需从外地购入。本标段大部分路段远离X680和G325,通行条件较差,需新建、改建、扩建施工便道至各工点。

(3)工程用水

沿线水网发达,地下水充足,水源充足,水质纯净,对混凝土无侵蚀性,满足施工及生活用水要求。

(4)工程用电

项目区电力沿线电力资源充足,施工用电方便。沿线电力资源丰富,电力供应良好,可直接与当地电力部门协商解决。自行准备部分发电机,以备急需。

(5)运输条件

项目区路网发达,交通运输便利,各料场点有省道S287、S286,国道G207、G325,县道X680、X675等省际省内公路相通。

(6)通信

TJ31标段周边通信网络发达,可与网络部门联系联网,为便于项目的统一管理,沿线临时通信全线贯通。

3.3.2 桥跨布置

1)韩江东特大桥主桥

主桥平面位于半径$R=3000$m的同向圆曲线上,主桥采用110m+210m+110m三跨连续混凝土刚构桥,上下行分幅布置,箱梁顶面设2%超高,箱底水平。

2)韩江东特大桥西岸跨大堤桥

韩江东特大桥西岸跨大堤桥平面位于$L_s=250$m的缓和曲线上,主桥采用35m+60m+35m三跨连续混凝土刚构桥,上下行分幅布置,箱梁顶面设超高横坡,箱底水平。

3)韩江东特大桥副汊桥

根据水利防洪意见,韩江东副汊桥采用左右幅错孔布置的方案,左幅桥桥跨布置为

80m+148m+82.5m,右幅桥跨布置为90m+148m+80m,左右幅均为三跨连续混凝土刚构桥,箱梁顶面设2%对称横坡,箱底水平,该桥平面位于直线上。

4)韩江东特大桥常规高架桥

本桥常规高架桥左幅有6联,右幅有7联,其中左幅常规桥跨径组合为1×40.522m+3×(4×40)m+4×30m+3×30m;右幅常规桥跨径组合为1×38.022m+3×30m+2×(3×40)m+4×40m+4×30m+3×30m。本桥40m跨径采用结构连续T梁,30m跨采用预制组合箱梁。桥梁交角为90°,墩台径向布置,桥梁跨径均指道路设计线上的曲线长度。

全桥由上、下行两幅桥组成。整体式路基宽度26.0m,桥面布置为:0.5m墙式防撞护栏+净11.50m+0.5m墙式防撞护栏+0.5m分隔带+0.5m墙式防撞护栏+净11.50m+0.5m墙式防撞护栏。设计界面划分:本桥起点Z0、Y0墩与磷溪互通立交主线桥衔接,此墩的桩基、承台、墩身和盖梁及相关伸缩缝的工程量计入本桥;而支座及垫石的工程量按桥墩中心线分为磷溪互通立交主线桥和本桥,分别计入上磷溪互通立交主线桥和本桥。

本桥终点Z30、Y29墩与井美特大桥衔接,此墩的桩基、承台、墩身和盖梁及相关的伸缩缝的工程量不计入本桥;而支座及垫石的工程量按桥墩中心线分为本桥和井美特大桥,分别计入本桥和井美特大桥。

3.3.3 关键结构设计

1)主汊桥关键结构设计

上部结构箱梁纵向按全预应力混凝土构件设计,顶板横向按预应力混凝土A类构件设计。下部桩基、承台、墩身和盖梁为普通钢筋混凝土结构,除对墩身、桩基础、盖梁除进行承载能力验算外,对裂缝宽度进行验算。

(1)上部结构设计

箱梁宽:顶板12.50m,底板6.20m。梁高:根部13m,高跨比1/16.15;跨中4m,高跨比为1/52.5。梁底变化曲线:二次抛物线。箱内顶板厚度:28cm。腹板厚度:90cm、70cm、50cm。底板厚度:根部110cm,跨中32cm,变化规律同梁底变化曲线。

(2)预应力布置

主梁采用三向预应力混凝土结构。纵向预应力顶板束:T1～T27、T7′、T8′、T14′、T16′、T20′均采用15-22低松弛高强度钢绞线。腹板束:F1～F23均采用15-22低松弛高强度钢绞线。中跨合龙束:底板束采用15-25低松弛高强度钢绞线,布置BZ1～BZ14共14对。分别对称锚固在箱梁内侧底板齿板上。边跨合龙束:采用15-22低松弛高强度钢绞线。顶板束TB1～TB4为4对,锚固在边跨箱梁内侧顶板齿板。底板束BB1～BB4为4对,分别锚固在箱梁内侧底板齿板上。预应力管道采用波纹管成孔。体内备用预应力钢束:分别设置顶板备用束 TY、中跨底板备用束 BY1、边跨底板备用束 BY′,防止施工出现塞孔现象,其孔道在施工中必须预留,未经设计同意不得使用。体外预应力钢束:设置了 3 对 15-22 体外备用钢束。

横向预应力:箱梁横向预应力采用 15-3 低松弛高强度钢绞线,纵向布置间距 0.5m,单端张拉,管道成孔采用扁形塑料波纹管,固定端采用 P 锚。

竖向预应力:箱梁竖向预应力采用低回缩锚固预应力钢束 15-3 低松弛高强度钢绞线,纵向布置间距 0.5m,在跨中处减为 1m 间距;横断面每个腹板内布 2 根;锚垫板下设置螺旋筋,管道成孔采用 $\phi 60mm$,壁厚 2.5mm 的直缝钢管。竖向预应力采用二次张拉,以消除第一次张拉钢绞线产生的锚具放张回缩量。在施工中,如竖向预应力布置与腹板下弯束锚下螺旋筋有冲突,可适当调整竖向预应力筋纵向布置。

(3)基础设计

主墩基础采用钻孔灌注桩和整体式承台。单个整幅承台下设 18 根 $D2.8m/D2.5m$ 钢管复合桩,按摩擦桩设计,钢管与钢筋混凝土共同组成桩基础结构主体共同受力,整个桩身由两部分组成:有钢管段、无钢管段。有钢管段的长度根据地质条件、结构受力、沉桩能力、施工期承载等综合确定,长度为 15m。桩中心距 6.25m,承台顶高程 -2.6m,承台为矩形承台,埋于河床面以下,平面尺寸 35.75m×17m,承台厚度 5m。主墩基础复合桩钢管内径 2800mm,钢管壁厚分两种:下部约 2m 范围壁厚为 32mm,其余壁厚为 25mm。钢管对接时内壁对齐,采用全熔透焊接方式。在顶部一定区段钢管内壁设置 10 道剪力环,在该区段钢管上方设置替打段。实际替打段长度由施工单位自行确定。

主墩基础桩身埋入承台 20cm,桩顶以上钢护筒进行切割处理,割出沿圆周均匀分布的宽度为 12cm、长度约为 2m 的钢板条 24 道,并在其外侧焊接两根一束的直径为 32mm 的 HRB400 钢筋,以加强钢护筒与承台的连接。

过渡墩基础采用钻孔灌注桩和分离式承台。单幅分幅承台下设 4 根直径 2m 的钻孔灌注桩,桩中心距 5.0m,小桩号过渡墩承台顶高程 8m,小桩号过渡墩承台顶高程 -3.6m,承台为矩形承台,平面尺寸 8.20m×8.20m,承台厚度 3m。

(4)桥墩设计

主墩采用双薄壁墩,单肢截面尺寸 2m×6.2m,双肢间中心距 6m。左汊(小桩号)主墩横桥向按防船撞力 9110kN 设计,右汊(大桩号)主墩横桥向按防船撞力 9940kN 设计,顺桥向船撞力按横桥向的 0.5 倍设计。过渡墩考虑防洪影响及结构受力需要采用花瓶墩设计,墩底截面为 4.5m×2.5m,墩顶截面为 7.2m×2.5m。10 号过渡墩引桥接 40m T 梁,墩顶设置盖梁,盖梁按钢筋混凝土构件设计,盖梁宽 11.7m,盖梁总高度 3.4m。13 号过渡墩接西岸跨大堤桥,墩顶采用台阶式。

(5)水上承台

主汊桥主墩采用整体式矩形承台,平面尺寸35.75m×17m,承台厚度5m,承台顶离河床底约2.5m。

2)韩江东特大桥西岸跨大堤桥

上部结构箱梁纵向按全预应力混凝土构件设计,顶板横向按预应力混凝土A类构件设计。下部桩基、承台、墩身和盖梁为普通钢筋混凝土结构,除对墩身、桩基础、盖梁除进行承载能力验算外,还对裂缝宽度进行验算。

(1)上部结构

箱梁宽:顶板12.50m,底板6.20m。梁高:根部3.6m,高跨比1/16.7;跨中2.1m,高跨比为1/28.6。梁底变化曲线:二次抛物线。箱内顶板厚度:28cm。腹板厚度:45cm、60cm。底板厚度:根部92cm,跨中25cm,变化规律同梁底变化曲线。

(2)预应力布置

主梁采用横纵向预应力混凝土结构。纵向预应力:顶板束:T1~T8采用15-$\phi^5$19mm低松弛高强度钢绞线。腹板束:F1~F7采用15-$\phi^5$19mm低松弛高强度钢绞线。中跨合龙束:底板束Z1~Z7采用15-$\phi^5$17mm低松弛高强度钢绞线,分别对称锚固在箱梁内侧底板齿板上;顶板束TZ1采用15-$\phi^5$17mm低松弛高强度钢绞线,对称锚固在箱梁内侧顶板齿板上。边跨合龙束:顶板束TB1~TB3采用15-$\phi^5$17mm低松弛高强度钢绞线,锚固在边跨箱梁内侧顶板齿板。底板束B1~B3采用15-$\phi^5$17mm低松弛高强度钢绞线,分别锚固在箱梁内侧底板齿板上。

预应力管道采用波纹管成孔。体内备用预应力钢束:分别设置顶板备用束T_y、中跨底板备用束Z_y、边跨底板束B_y,防止施工出现塞孔现象,其孔道在施工中必须预留,未经设计同意不得使用。

横向预应力:箱梁横向预应力采用15-$\phi^5$3mm低松弛高强度钢绞线,纵向布置间距0.5m,单端张拉,管道成孔采用扁形塑料波纹管,固定端采用P锚。

(3)基础设计

主墩基础采用钻孔灌注桩和分离式承台。单个承台下设4根直径1.8m等截面钻孔,灌注桩,桩中心距4.5m,承台顶高程4.9m/11.5m,承台为矩形承台,埋于河床面以下,平面尺寸7.4m×7.4m,承台厚度2.8m,承台间由系梁连接,系梁尺寸为5.6m×4m×2.8m(长×宽×高)。过渡墩基础采用钻孔灌注桩,桥墩采用双柱墩,桩间采用系梁连接。过渡墩桩基直径采用2.0m。

(4)桥墩设计

主墩采用分离式花瓶墩,墩底截面尺寸1.8m×4.5m,墩顶截面尺寸1.8m×6.2m。

过渡墩采用双柱墩设计,过渡墩墩径1.7m。墩顶设置盖梁,盖梁按钢筋混凝土构件设计,盖梁宽2.3m,盖梁总高度2.35m。

3)韩江东特大桥副汊桥

上部结构箱梁纵向按全预应力混凝土构件设计,顶板横向按预应力混凝土A类构件设计。下部桩基、承台、墩身和盖梁为普通钢筋混凝土结构,对墩身、桩基础、盖梁除进行承载能力验算外,对裂缝宽度进行验算。

(1)上部结构

箱梁宽:顶板12.50m,底板6.20m。梁高:根部8.8m,高跨比1/16.8;跨中3.5m,高跨比为1/42.3。梁底变化曲线:二次抛物线。箱内顶板厚度:28cm。腹板厚度:45cm、75cm。底板厚度:根部100cm,跨中30cm,变化规律同梁底变化曲线。

(2)基础设计

主墩基础采用钻孔灌注桩和分离式承台,单个承台下设8根直径2.2m等截面钻孔灌注桩,桩中心距5.5m,承台为矩形承台,埋于地面以下,平面尺寸20.1m(横桥向)×9.1m(顺桥向),承台厚度4m。过渡墩采用双幅花瓶墩,基础采用钻孔灌注桩和承台,单个承台下设4根直径2m等钻孔灌注桩,桩中心距5.0m,承台为矩形承台,埋于地面以下,平面尺寸8.2m×8.2m,承台厚度2.8m。

(3)桥墩设计

主墩、过渡墩均采用分离式花瓶墩,主墩墩底截面尺寸2.2m(顺桥向)×5m(横桥向),墩顶截面尺寸2m(顺桥向)×6.2m(横桥向);过渡墩底截面尺寸1.8m(顺桥向)×4.5m(横桥向),墩顶截面尺寸1.8m(顺桥向)×7.2m(横桥向)。

(4)水上承台

副汊桥主墩墩采用系梁连接分离式承台,承台平面尺寸18.2m×8.7m,承台厚度4m。

4)韩江东特大桥常规高架桥

上部结构按预应力混凝土A类构件设计,并根据新规范对原通用图预应力进行加强,保证结构的安全度。下部桩基、承台、墩身和盖梁为普通钢筋混凝土结构,对墩身、桩基础、盖梁除进行承载能力验算外,对裂缝宽度进行验算。

(1)上部结构

"$L=30$m小箱梁、路基宽度26m""$L=40$m结构连续T梁、路基宽度26m"预制结构设计要点如下:

①对30m跨径预制小箱梁采用先简支后桥面连续,中梁宽2.4m,边梁宽2.85m。

②对40m跨径预制T梁采用先简支后结构连续,中梁宽1.75m,边梁宽2.055m。

③桥面铺装部分采用10cm厚沥青混凝土+防水层+10cm厚C40现浇混凝土。

④本桥部分位于缓和曲线上,上部结构为组合箱梁、T梁的桥跨,上部结构采用直梁预制,位于曲线段上的先简支后连续桥跨的梁长变化按实际长度调整;桥梁跨径线为径向布设,通过内外边梁悬臂长度的变化形成与路线相同的平面线形,各组合箱梁的预制梁长、角度等参数详见《预制梁平面布置》。

⑤为了增加主梁施工安装稳定性,避免支座受恒载作用产生剪切变形,应使支座保持水平,在设置支座的梁底处预埋调平钢板(在梁体内不同埋置深度形成楔形钢板)。

⑥桥面横坡由墩台帽横坡直接形成,组合箱梁、T梁按通用图±2%横坡预制,超高变化段上通过调整箱梁调平钢板使预制梁产生竖向转角,使预制组合箱梁、T梁顶板横坡达到梁所在位置处桥面横坡的平均值,其余横坡差值由桥面C40现浇混凝土层调整;墩顶纵向现浇连续段为实心断面。预制组合箱梁、T梁时,注意组合箱梁顶板横坡2%应与梁位处桥面横坡同方向。桥梁纵坡由墩台高程差形成。

⑦单幅桥桥面高程低的一侧设置泄水管,泄水管基本间距4m。

(2)下部结构

下部结构尺寸在桥宽、跨径、墩高的基础上,结合本项目地震烈度较高的建设条件有所调整,总体设计原则为考虑强桩弱柱设计思想,墩径较"省通用图"在提高一个等级的基础上减少10cm,以满足抗震要求。

3.3.4 施工工艺与关键技术

根据本工程地质情况,桥址区覆盖层很厚,主要为粉质黏土、淤泥质粉质黏土及砂层,桩底均位于强风化层;另外主墩桩基为18根大直径、大深度和大方量钢管复合桩,大里程过渡墩接近韩江东溪大堤,不能采用振动强的施工方法,因此,根据现场地质情况,全桥桩基均采用旋挖钻进行施工。

旋挖钻具有施工速度快,行走移位方便,桩孔对位方便准确,不需电力的特点,适用于本工程桩基施工。拟在两个主墩各布置一台XR460D旋挖钻,平行组织施工;拟在两个副汊桥布置一台XR420旋挖钻,两个过渡墩采用顺序流水施工方式,先施工大里程侧过渡墩,再施工小里程侧过渡墩。

本工程主墩桩基采用钢管复合桩,钢管不计替打段长17m,钢管厚度22mm,底部2m加强区厚度为28mm。钢管采用涂层+阴极保护的联合防护方法:使用前对钢管进行工厂化内外壁高性能环氧涂层涂敷,使用后实施牺牲阳极方式的阴极保护。钢管作为桩基施工的钢护筒,插打前需按设计要求进行环氧涂层涂敷。

1)旋挖钻施工工艺

旋挖钻施工工艺流程见图3-25。

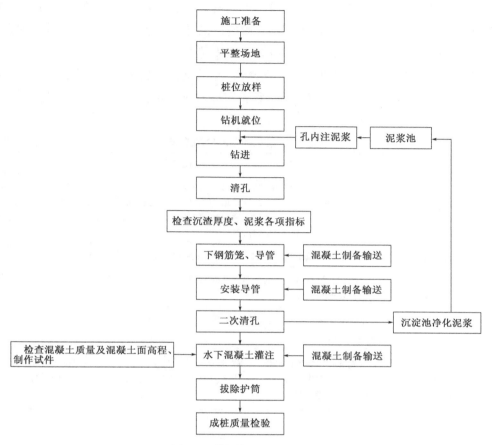

图 3-25 旋挖钻施工工艺流程图

钻机操作注意事项如下：

(1) 钻机就位后，必须对钻机的钻杆进行竖直度检测和调整，调整好后应将钻杆的调整系统锁住，以防钻杆在钻进过程中发生变化。

(2) 由于旋挖钻机将孔内土壤直接挖出，钻进速度较快，为及时调整泥浆相对密度，在钻进过程中，应有专人对地质情况进行检查。

(3) 在钻进过程中，要根据地质情况调整钻机速度。在黏土层内，钻机的进尺可快些，在砂土层中，钻机的进尺要控制，以防坍孔。

(4) 在钻进过程中，必须控制好钻杆的提升速度。若钻杆提升过快，其一，钻头的下方容易出现负压区，若地下水位较高时，就容易使地下水渗入钻杆内，使护壁受到影响而造成坍孔；其二，钻头上部的泥浆通过切齿之间的空隙快速流动以补充因钻头上提而出现的空当，会严重冲刷泥浆护壁，从而出现坍孔的隐患。钻头的下降速度也不可太快，尤其是在刚下钻时，否则会造成泥浆四溅。

坍孔的原因分析及处理措施:本标段施工区域地质情况多夹砂层,在钻孔过程中或成孔后,孔壁容易坍塌。在钻进速度上控制在中速挡,过慢,则钻头钻动对土体扰动加大;过快,泥皮来不及形成,上下受扰土体相互作用,土体易失稳。

如发现孔口坍塌,应先探明坍塌位置,将砂和黏土混合物回填到坍孔位置以上 1~2m,如坍孔严重,应全部回填,等回填物沉积密实后再进行钻孔。钻孔施工常见问题及处理措施见表 3-31。

钻孔施工常见问题及处理措施　　　　　　表 3-31

序号	问题	处理措施
1	坍孔	坍孔不严重时,回填至坍孔位置以上,采取改善泥浆性能、加高水头等措施后重新钻孔;当护筒底口发生坍孔时,应采取护筒跟进、下内护筒等办法进行施工;当坍孔严重时,尽快回填,采用黏土并加入适量的碱或水泥,回填高度高于坍孔处 2~4m,待其固化后,提高泥浆相对密度快速穿过该地层
2	钻孔灌浆	跟进护筒或减小孔内外水头差、增加泥浆相对密度、改善泥浆性能
3	斜孔	当斜孔不严重时采用提钻至斜孔处,反复扫孔,使孔壁垂直;当孔壁倾斜严重时,回填至倾斜处重新钻孔
4	卡钻、埋钻	发生卡钻和埋钻时,宜采用冲、吸等方法,将钻头周围土层松动后提钻,并采取措施保持孔壁稳定
5	掉钻	首先准确判断掉钻部位,并据此制定正确的打捞方案,一般采用偏心钩、三翼滑块打捞器打捞的方法进行打捞。对于孔内遗落的铁件,采用电磁打捞器打捞。打捞过程中采取措施保持孔壁稳定

2)承台(系梁)施工

承台(系梁)施工处于陆地的,拟采用常规开挖和钢模支挡的方法进行施工;处于河堤上以及水中墩,采用钢板桩围堰法进行施工,具体施工工艺流程见图 3-26。

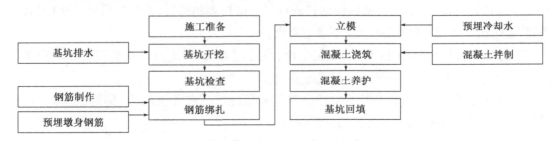

图 3-26　承台(系梁)施工工艺流程图

(1)基坑开挖

承台(系梁)基坑开挖应根据地质情况适当放坡开挖,并注意及时将挖出的弃土运走,开挖到位后立即浇筑混凝土垫层。

(2)模板安装、钢筋安装、混凝土浇筑、养护

模板采用带肋钢模板。模板拼缝紧密,表面平整,支撑牢靠,表面涂刷脱模剂。钢筋在车间下料并加工成型,车辆运输至现场后在基坑内绑扎。钢筋接头按规范要求错开。注意墩身预埋筋及其他预埋件安装并牢固定位。混凝土用搅拌车运至基坑边缘,汽车起重机起吊入模。采用插入式振动棒振捣。混凝土养护采用麻袋覆盖,洒水养护,待混凝土强度达到拆模强度后,即可拆除模板。

3)墩柱施工

本标段墩柱采用常规方法施工。墩身施工工艺流程见图 3-27。

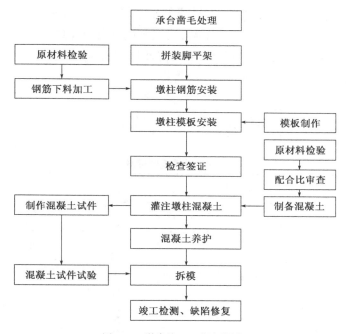

图 3-27 墩身施工工艺流程图

(1)浇筑支架

同墩两柱安排同步施工,支架采用爬梯式脚手架。支架顶口高于模板顶口 20cm 左右,利用墩身模板加工平台作为墩身混凝土浇筑站人平台和承重平台,下料斗支承于浇筑平台上,吊挂下料串筒下料。为了保证施工安全,站人平台铺木脚手板,同时设置栏杆围护。

(2)墩柱模板

采用新制复合钢模板。钢模板采取径向分块,水平和竖向接缝做成企口,采用对接法兰螺栓连接。全部模板在专业厂家制作。按墩柱不同的高度设标准节和匹配节。模板在安装前均涂刷脱模剂,板缝用玻璃胶嵌填。模板顶部设缆风绳以调整和固定模板的垂直

度。当模板准确定位后,底模用膨胀螺栓同系梁连接定位,然后,用水泥砂浆将模板与系梁顶间的缝隙封堵。

(3)墩柱钢筋

圆形墩柱钢筋采取车间下料,制作成型,现场整体吊装。其制作方法与桩基钢筋笼相同。为增强墩柱钢筋笼的整体刚度,防止在运输和吊装过程中变形,施工时,适当加箍筋并设置水平三角撑。吊装钢筋笼时,注意控制其垂直度,安装好后立即拉设缆风绳固定。墩柱模板安装后,再设置水泥垫块以保证钢筋保护层厚度准确。韩江东主汊桥和韩江东副汊桥方形墩钢筋采取车间下料,现场绑扎成型。

(4)墩身混凝土浇筑

墩身与基础接缝按施工缝处理,模板底面水平缝在浇注前用水泥砂浆封堵,以免漏浆。浇筑过程中采用料斗和减速串筒下料,混凝土用混凝土搅拌车运送到位,起重机吊装入模。坍落度控制在 8～12cm 范围内,每层浇注厚度控制在 50cm 左右,掌握好振捣程度,防止漏振、过振,确保墩身净面光洁,内实外美。

(5)养护

混凝土拆模后应及时洒水并采用薄膜包裹养护,养护时间不得少于 14d。墩身质量控制标准见表 3-32。

墩身质量控制标准 表 3-32

检查项目	规定值或允差	检查方法
混凝土强度	在合格标准内	按《公路工程质量检验 评定标准 第一册 土建工程》(JTG F80/1—2004)检查
断面尺寸(mm)	±20	用尺量 3 个断面
竖直度或斜度	0.3%H 且不大于 20mm	用经纬仪测量 2 点
墩顶面高程(mm)	±10	用水准仪测量 3 点
支座处顶面高程(mm)	±2	用水准仪每支座测量 1 点
轴线偏位(mm)	10	用经纬仪检查纵横向各 2 点
支座位置(mm)	5	用尺量
大面积平整度(mm)	5	用 2m 直尺检查
预埋件位置(mm)	5	用尺量

注:H-墩身高度。

4)盖梁施工

盖梁托架采用插销法(或抱箍法)进行施工。盖梁施工工艺流程见图 3-28。

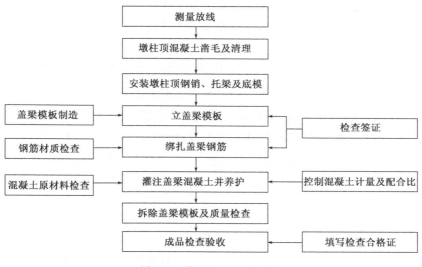

图 3-28 盖梁施工工艺流程图

(1) 盖梁施工

插销或抱箍安装：①在事先预留的孔道内安装钢销。②在墩身一定位置植小钢筋临时安放抱箍，抱箍内侧用胶皮塞紧，增加摩擦力，按要求拧紧螺栓。

承重托架采用工字钢作为纵梁，设置两排工字钢，通过横向连接形成盖梁施工承重桁架。为了脱模落架方便，在工字钢和夹箍支承座间设置钢楔块。工字钢顶面设置横桥向型钢分配梁和安全防护。

(2) 模板安装

盖梁模板均采用钢模，板面厚度6mm，底模与盖梁等宽，侧模稍大于盖梁高度尺寸，板间采用法兰螺栓连接，板面平整度进行严格的检查控制。模板板面在安装前清理干净并刷脱模剂。

(3) 钢筋制作、安装

盖梁单片钢筋骨架在车间下料并用胎模焊接加工，其他箍筋在车间下料，运至现场后绑扎成型，整体吊装入模。

(4) 混凝土浇筑

盖梁混凝土由混凝土搅拌车运输到位，起重机吊装入模，插入式振动棒振捣。浇筑方法为从中间向两端分层浇筑，分层厚度不大于50cm。浇筑完毕按照原定的高程收平磨光。

(5) 台身、台帽施工

(桩基)基础施工完后，进行台身、台帽混凝土的施工。模板采用优质木模板，其制作和安装必须符合设计和施工规范要求，模板外竖向采用10cm×10cm方木作为背肋，间距

30cm×30cm,方木外采用48cm钢管加对拉杆作为横向支撑,同时模板外采用钢管进行斜支撑。模板必须支撑牢固,防止跑模。外露面采用竹胶板,保证每块模板面积不小于$2m^2$。

为保证混凝土质量,混凝土采用拌和站集中供应,浇筑混凝土时两侧对称分层进行,每层厚度50cm,振捣密实,保证混凝土内实外美。严格控制混凝土施工接缝和错台宽度、大面平整度、表面蜂窝麻面面积及其深度,要求错台不大于3mm,大面平整度不大于5mm,表面蜂窝麻面面积不超过0.3%,深度不大于5mm;捣固采用插入式振动器。混凝土强度达到5MPa且其棱角不因拆模而受破坏,确保混凝土内实外光;混凝土终凝后应及时洒水并覆盖麻布进行养护,养护时间不得少于7d,并经常保持表面湿润。

5)梁体架设施工工艺

梁体架设施工顺序:支座垫石测量放样→门式起重机吊装梁→运梁平板车运梁至起吊点→汽车起重机起吊箱梁至梁体安装位置→安装支座→落梁→自检与监理验收→焊接横隔板及翼缘板钢筋→安装下一片梁。

6)连续刚构现浇箱梁施工

连续箱梁采用挂篮悬浇施工。墩顶现浇段(0号块)采用型钢托架施工,托架上设置分配梁形成平台。托架拼装完成后应对其进行荷载试压,以检测托架的强度、刚度及稳定性,托架拼装试压合格后,即可进行0号块的施工。0号块根部高13m,拟采用在高度方向上分两次浇筑的方式进行施工。第一次浇筑高度(底板、腹板)应尽量避开腹板预应力束集中区,处于受压区,拟定高度约7m;第二次浇筑高度为剩余部分腹板、顶板,高度6m。

悬浇梁段采用菱形挂篮悬臂施工,菱形挂篮自重及全部施工荷载总重应控制在120t以下。中跨及边跨合龙段采用合龙吊架施工,吊架底篮及模板采用挂篮的相应部件。边跨现浇段采用钢管型钢支架(钢管桩立柱+型钢主梁)现浇施工。连续箱梁钢筋由工厂集中加工制作,运至现场由塔式起重机或汽车起重机提升、现场绑扎成型;混凝土由拌和站集中供应,搅拌输送车运输,混凝土输送泵送入模,插入式振捣器捣固。混凝土采用覆盖土工布洒水养护。连续箱梁挂篮悬浇施工方案及步骤见图3-29、图3-30。

7)桥面系附属工程

(1)防撞护栏施工

桥梁护栏模板全部采用钢模,混凝土采用集中搅拌混凝土运输车运输至浇筑地点,滑槽入模。护栏混凝土采取水平分层,斜向推进方式下料浇筑,用插入式振动棒振捣。

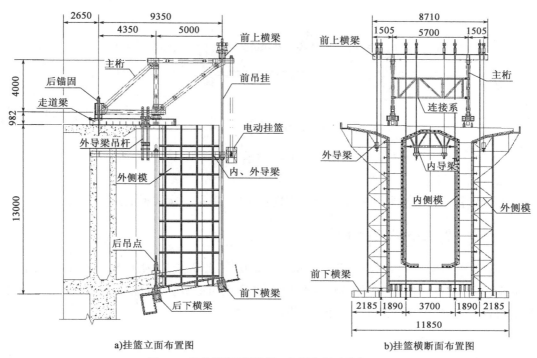

a)挂篮立面布置图

b)挂篮横断面布置图

图3-29 连续梁挂篮悬臂施工方案图(尺寸单位:mm)

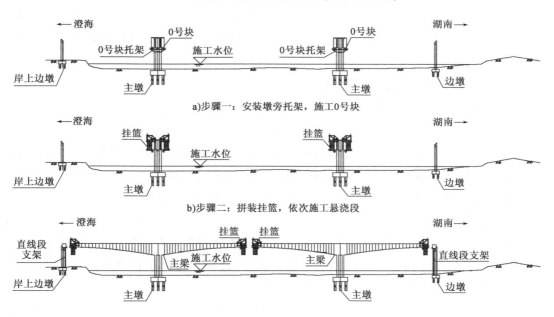

a)步骤一:安装墩旁托架,施工0号块

b)步骤二:拼装挂篮,依次施工悬浇段

c)步骤三:拼装直线段支架,施工直线段

图 3-30

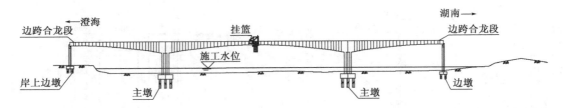

d)步骤四：先合龙边跨合龙段，再合龙中跨合龙段

图 3-30　挂篮悬浇施工步骤示意图

(2)桥面铺装层

本标段桥梁桥面铺装层拟采取纵向不留施工缝，单幅一次成型的施工方案。

3.3.5　施工质量控制措施

以《质量管理体系 要求》(GB/T 19001—2016)和 ISO 9001 为指导，以企业质量宗旨为准则，不负建设单位重托，严格质量管理，杜绝严重质量事故，确保用于本标段的所有材料均为合格材料，确保每道工序受控，建设满意工程。

1)制度监督措施

(1)建立技术管理体系和岗位责任制度

实行以项目总工程师为主的项目经理部技术责任制度，同时建立各级技术人员的岗位责任制度，逐级签订技术包保责任状，做到分工明确，责任到人，严格遵循基建施工程序，坚决执行施工规范。

(2)认真做好施工组织设计和各项施工工艺

针对所承担工程的技术难易程度和环境特点，拟定科学合理的施工技术方案，并对施工技术方案进行对比分析、优化，最后确定实施方案。

运用统筹法、网络计划技术等现代化管理方法，在经过周密调查研究取得可靠数据的基础上，编制可行的施工组织计划，并严格按网络计划组织实施，坚决杜绝计划执行过程中的随意性，确保整个施工过程时时处于受控状态，做到环环相扣，井然有序。

(3)保证技术力量

挑选经验丰富的施工队伍，并投入精良的设备进行本工程的施工。同时，选派施工经验丰富、责任心强的工程技术人员参与施工，以确保技术工作顺利进行。

(4)做好施工前的技术准备工作

认真核对设计文件和图纸资料，切实领会设计意图，查找是否有碰、错、漏等现象，及时会同设计部门和建设单位解决所发现的问题。

认真进行技术交底。图纸会审后，由项目经理部的总工程师、工程技术部长、作业队技术主管、单项工程技术人员逐级进行书面和口头技术交底,确保操作人员掌握各项施工工艺及操作要点、质量标准等。制定工艺标准,确保项目施工按工艺标准进行。

(5)强化监督、严格执行质量监理和施工监理的决定

项目经理部、作业队设专职的质量检查工程师,由坚持原则、不徇私情、秉公办事的质检工程师担任,严把工程质量关。严格执行工程质量检查签认制度,凡须检查的工序经检查签认后才能转入下道工序施工。主动支持配合监理工程师的工作,积极征求监理工程师的意见和建议,坚决执行监理工程师的决定。

(6)狠抓落实,严格执行质量检查制度

在质量管理工作中,严格执行"自检、互检、专检"三检制,同时配合监理工程师的工作,随时接受监理工程师或建设单位的检查指导。

(7)实行工程质量包保责任制度

项目经理部与作业队签订质量包保责任状,奖优罚劣,奖罚兑现。作业队对班组实行与工程质量挂钩的计件工资制度,并在工程质量上体现赏罚分明。抓好重点、难点工程的施工过程控制。

2)施工过程的质量保证措施

(1)施工试验监控

设立工地试验室,负责完成下列主要试验项目:混凝土及有关原材料检验;钢筋、钢绞线及预应力张拉体系试验。

(2)施工测量监控

设立工地测量组,完成从开工准备到竣工验收全过程的工程测量任务。

(3)模板及支架质量保证措施

模板设计保证有足够的强度、刚度、平整度和光洁度,并要装拆方便;注意控制高差、平整度、轴线位置、尺寸、垂直度等技术要求;严格编制支架方案,详细计算支架的受力情况,并加载验收合格后,方允许交付使用。

(4)钢筋加工及安装质量保证措施

钢筋焊接操作人员必须持证上岗,并进行随机抽样检查,以此作为加强对焊接作业质量的监督考核;钢筋配料卡必须经过技术主管审核后,才准下料,钢筋绑扎完毕,要经过监理工程师验收合格后,方可浇筑混凝土。

(5)混凝土质量保证措施

根据混凝土的强度要求,经试配确定混凝土的配合比,并报监理工程师审批,同意后方可使用,使用过程中严格按配合比执行。

(6) 路基施工质量保证措施

路基施工前应进行试验,以确定设备的类型、碾压方式、碾压遍数速度、开挖方式和最佳含水率等。每层填筑完成后必须检验合格,并经监理工程师同意。

3) 连续刚构施工质量保证措施

(1) 连续梁 0 号、1 号段、边跨合龙现浇段采用支架现浇。悬臂浇筑所用挂篮,要具有足够的强度、刚度和稳定性,结构形式、几何尺寸应适应梁段变化及与旧梁段搭接需要和走行要求。

(2) 桥墩两侧悬臂浇筑梁段应对称、平衡施工,实际不平衡偏差不得大于设计允许值。施工时挂篮要在梁段预应力张拉、压浆完成后对称移动。

(3) 悬臂浇筑梁段施工过程中,需要进行线形监测,发现超出允许偏差及时调整纠正。

(4) 混凝土浇筑前,合龙段两端悬臂预加压重应符合设计要求并于混凝土浇筑过程中逐步撤除。

(5) 合龙梁段混凝土浇筑完成后加强保湿养护,并将合龙梁段及两悬臂端部进行覆盖,以降低日照温差影响。

(6) 永久支座安装的规格、型号严格按设计要求实施,防止弄错。

(7) 混凝土养护时,对预应力束所留的孔道加以保护,严禁将水或其他物质灌入孔道;张拉在混凝土强度达到设计强度要求后进行,并严格按设计要求的程序和张拉控制应力进行,确保张拉质量。

4) 桥梁架设质量保证措施

预制箱梁架设后的相邻梁跨梁端桥面之间、梁端桥面与相邻桥台胸墙顶面之间的相对高差不得大于 10mm。预制箱梁桥面高程不得高于设计高程,也不得低于设计高程 20mm。预制箱梁支承垫石顶面与支座底面间的压浆厚度不小于 20mm,也不得大于 30mm。支座与梁底及垫石之间必须密贴无空隙。梁存放和运输支点位置必须符合设计要求,而且支点应位于同一平面上,箱梁同一端支点相对高差不得大于 2mm。架设时吊点位置必须符合设计要求。

落梁时,检查同条件试件试验记录,确认支承垫石顶面与底座之间注浆材料的强度大于 20MPa 时,才能拆除临时千斤顶。在拆除临时千斤顶前严禁架桥机过孔。

5) 现浇箱梁施工质量保证措施

(1) 施工前组织全体施工人员进行详细的技术交底,使参加施工人员明确施工项目的质量要求和标准。

(2)模型安装完成后,必须严格检查表面质量并由技术人员测量相关尺寸。

(3)混凝土浇筑前由项目部总工程师组织对模型、支架进行反复检查,保证其具有足够的强度、刚度和稳定性,检查模型接缝是否严密,防止漏浆,复核模型的断面尺寸、钢筋间距、波纹管的定位是否准确。

(4)建立张拉设备的强制定期配套校验制度,张拉作业时应保证千斤顶、锚具和预留孔道中线同心,张拉时严禁滑断丝。

6)预应力施工质量保证措施

(1)选用预应力智能张拉系统及智能压浆设备。

(2)桥梁混凝土强度达到设计要求后方可施加预应力。

(3)预应力钢绞线张拉完成后使用砂轮切割,严禁通电使用电焊切割。

(4)预应力设备在规定时间和使用次数范围内进行检修校定。

7)雨季施工质量保证措施

(1)雨季施工前,做好雨季防护措施,保证工程按时保质完成。

(2)由专人收集天气预报,根据天气情况合理安排施工,及时做好防护工作。

(3)桥梁工程施工时,做好基坑及周围地表的排水工作,防止雨水流入基坑。遇暴雨时,加强施工地段的监测。

(4)雨后砂石含水率增加,施工需要重新测定砂石含水率,调整混凝土施工配合比,保证混凝土质量。

(5)水泥堆放在防雨棚内,底面铺垫木枕或方木,以免受潮。所有的材料及机具放置在较高处,必要时支挡篷布防雨,并在地面上设挡水和排水设施。

(6)对施工中的排水沟进行整修、疏通,保证排水畅通。遇暴雨时,加强施工地段的监测。

(7)钢筋堆放场地一定要保持整洁,钢筋应摆放在砖垄上,避免被雨水浸泡、被污泥污染,在下雨之前一定要将钢筋覆盖保护。钢筋要集中统一堆放,禁止乱扔乱堆,堆放场地一定要设置在地势比较高的位置,而且排水设施齐备。

(8)准备大量雨具,在大雨来临之前对钢筋进行全封闭覆盖,避免被雨淋湿生锈。

(9)钢筋加工区一定搭设钢筋棚,闪光对焊一定在钢筋棚中进行,刚焊出的钢筋要禁止浸水及淋雨,大雨大雾天气禁止闪光对焊;电渣压力焊钢筋,应选在无风雨雾天气时进行,以防止改变钢筋的受力性能。

(10)在钢筋绑扎时,下雨天一般不影响钢筋质量,但工人上下班、搬运钢筋时一定注意避免将污泥带到钢筋网片上,如果钢筋被污染,一般采取用水冲洗、钢丝刷刷除的方法。

(11)尽量避免在雨天浇筑混凝土,准备适当的防雨用具,如遇到大雨,应立即停止混凝土的浇筑并对已浇筑混凝土进行防雨处理。

(12) 如确因技术问题不能停止浇筑,应在防雨用具下进行混凝土浇筑,因此现场必须备足防雨布。对于被雨水冲掉面层的部位,应在雨停之后撒1∶1干水泥砂浆,用铁抹子抹平。雨后浇筑混凝土要根据砂石含水率调整搅拌用水量。

(13) 做好桁架、脚手架等各种高耸设施、物件的防雷与防台风措施,排架四周设置排水沟及挡水坝,及时疏通雨水以防止架子下沉。

3.3.6 施工监控及运营监测

(1) 桩基钻孔监控

当钻机就位准确,泥浆制备合格后即开始钻进,钻进时每回次进尺控制在60cm左右,刚开始要放慢旋挖速度,并注意放斗要稳,提斗要慢,特别是在孔口5~8m段旋挖过程中,要注意通过控制盘来监控垂直度,如有偏差及时进行纠正,而且必须保证每挖一斗的同时及时向孔内注浆,使孔内水头保持一定高度,以增加压力,保证护壁的质量。操作人员随时观察钻杆是否垂直,并通过深度计数器控制钻孔深度。

当旋挖斗钻头顺时针旋进时,底板的切削板和筒体翻板的后边对齐。开始钻进时采用低速钻进,主卷扬机钢丝绳承担不低于钻杆、钻具重量之和的20%,以保证孔位不产生偏差。钻进护筒以下3m采用高速钻进,钻进速度与压力有关,采用钻头与钻杆自重摩擦加压,150MPa压力下,进尺速度为20cm/min;200MPa压力下,进尺速度为30cm/min;260MPa压力下,进尺速度为50cm/min。

(2) 挂篮悬浇施工监控

挂篮悬浇施工混凝土连续箱梁,需加强施工测量及箱梁的线形控制。施工中配备高精度全站仪和水准仪等设备进行监控。根据《公路桥涵施工技术规范》(JTG/T F50—2011)规定,桥梁轴线偏位需控制在$L/10000$之内,桥面高程要控制在$±L/5000$之内,同跨对称点高差要控制在$L/5000$之内(L为跨径)。大跨度曲线刚构线形控制要注意扭转预拱度、主梁轴线偏位、墩身偏位等控制内容。

(3) 隐蔽工程监控

做好隐蔽工程的检查验收。项目部和作业队严格质量检查和抽查,各班组严格"自检、互检、专检"三检制,及时邀请现场监理工程师检查签证,不符合要求的不隐蔽。对关键工序、特殊过程和质量控制重点部位、混凝土作业等坚持技术试验人员跟班作业,实行24h旁站监控,做好施工记录,保证实施过程具有可追溯性。

(4) 重大风险的工程项目监控

如制架梁起重吊装,基坑开挖作业,大型模板安装拆除,脚手架工程等,要进行专项安全技术交底,作业时必须派专人进行旁站监控,确保施工安全。

3.4 常规桥梁

3.4.1 标准化设计

1)设计计算

(1)作用效应

永久作用:一期恒载包括主梁、横隔板等自重。主梁自重按实际断面计,重度26kN/m³,横隔板按集中荷载考虑。二期恒载包括防撞护栏、泄水管、灯柱、桥面铺装及调平层等。

汽车荷载:公路-Ⅰ级,按3车道加载,纵横向折减系数按《公路桥涵设计通用规范》(JTG D60—2015)取用。

温度:体系升温20℃,体系降温-20℃。主梁上下缘日照正温差按《公路钢筋混凝土及预应力混凝土桥涵设计规范》(JTG D62—2015)中计算,日照负温差按正温差的-0.5倍计算。

风荷载:按《公路桥梁抗风设计规范》(JTG/T D60-01—2004)的规定,考虑各项修正系数后求得对应设计风荷载;桥上无车时基本风速$v_{10}=40.23$m/s;与汽车荷载组合时桥面高度处风速$v_z=25$m/s。

基础变位(不均匀沉降):设计计算中基础的不均匀沉降量按基础的设置情况考虑。跨径不大于30m时,嵌岩桩基的不均匀沉降量按3mm考虑,摩擦桩按5mm考虑;跨径大于30m时,嵌岩桩基的不均匀沉降量按5mm考虑,摩擦桩按8mm考虑。

地震作用:根据广州震安地震勘测有限公司《潮汕环线高速公路(含潮汕联络线)项目工程场地抗震参数确定报告》提供的地震参数对项目进行抗震分析。

收缩徐变影响力:相对湿度取平均相对湿度0.8。

风荷载:按《公路桥梁抗风设计规范》(JTG/T D60-01—2004)的规定,考虑各项修正系数后求得对应设计风荷载;桥上无车时基本风速$v_{10}=40.23$m/s;与汽车荷载组合时桥面高度处风速$v_z=25$m/s;工程场地桥位处地表粗糙系数$\alpha=0.12$。

地震力:场地取为Ⅲ类场地,E1地震作用设计为50年超越概率63%,E2地震作用设计为50年超越概率2.5%。

(2)作用效应组合

根据《公路桥涵设计通用规范》(JTG D60—2015),除对施工阶段进行控制计算外,使用阶段,上部结构和下部结构计算作用效应组合见表3-33和表3-34。

上部总体计算作用效应组合表　　　　　表3-33

组合	荷载组合
组合1	永久作用+汽车荷载
组合2	永久作用+汽车荷载+升温组合
组合3	永久作用+汽车荷载+降温组合
组合4	永久作用+百年横风
组合5	永久作用+汽车荷载+活载横风+升温组合
组合6	永久作用+汽车荷载+活载横风+降温组合

注：1. 永久作用包括结构自重、收缩徐变、预应力、支座沉降。
　　2. 升温组合：体系正温差+主梁梯度升温；降温组合：体系负温差+主梁梯度降温。

下部总体计算作用效应组合表　　　　　表3-34

组合	荷载组合
组合1	永久作用+汽车荷载
组合2	永久作用+汽车荷载+温度组合
组合3	永久作用+汽车荷载+温度组合+活载横风+支座摩阻力(汽车制动力)
组合4	永久作用+汽车荷载+温度组合+活载横风
组合5	永久作用+百年横风
组合6	永久作用+顺(横)桥向地震(E1)
组合7	永久作用+顺(横)桥向地震(E2)

注：温度组合包括升温组合和降温组合，取不利情况进行组合。

2) 桥梁排水设计

(1) 设计内容

桥梁排水系统包括桥面泄水口、悬吊纵向干管、地面排水管道、排水沟以及地面公路收集池。

(2) 桥梁排水系统作用

本项目利用桥梁排水系统对桥面径流进行有组织排水，在平时可对公路废水进行收集净化处理；当发生事故时，可防止突发事件中桥面事故排放及事故排放冲洗水直接进入桥底养殖塘，造成污染事故。

(3) 桥面纵向管道及地面排水沟布置

在车行道间防撞栏杆一侧设置铸铁泄水口及泄水管，泄水管管径为15cm，按照纵向距离每4m设置一组，在凹形竖曲线的最低点附近每2m设置一组；沿桥梁设置PVC纵向干管连接泄水管，采用与桥梁纵坡相同的方向；当桥梁纵坡不小于0.5%时，悬吊管坡度同桥梁纵坡；当桥梁纵坡小于0.5%时，悬吊管坡度按0.5%坡度设置；纵向干管根据桥梁排水具体情况采用标准设置及连续设置,管径统一采用DN300。悬挂件采用双杆吊架,吊架根据纵向泄水口距离设置。在桥墩处设置若干排水立管将管道引至地面,地面排水设施分为两种情况,当地面为旱地等非养殖塘段时,直接设置排水沟进行收集;当桥底为养殖塘段时,设置护堤后再在上面设置排水沟;并根据桥面汇水情况,采用不同规格的现浇混凝土排水沟;最后排入地面收集池处理后,再行排放至附近河涌。

3) 预制组合箱梁设计

组合箱梁结构设计要点如下:

(1) 对于桥面宽度为25m跨径预制小箱梁,采用先简支后桥面连续,中梁宽2.4m。

(2) 桥面铺装部分采用10cm厚沥青混凝土+防水层+10cm厚C40现浇混凝土。

(3) 本桥位于圆曲线上,上部结构为组合箱梁的桥跨,上部结构采用直梁预制,位于曲线段上的先简支后桥面连续桥跨的梁长变化按实际长度调整;桥梁跨径线为径向布设,通过内外边梁悬臂长度的变化形成与路线相同的平面线形,给出跨径 L 范围内 $L/8$ 点的悬臂长度。当小箱梁跨中有横隔板且一跨之内梁长不等时,注意跨中横隔板预制应保证距离箱梁一固定端对齐,保证湿接缝施工时准确连接。

(4) 为了增加主梁施工安装稳定性,避免支座受恒载作用产生剪切变形,应使支座保持水平,在设置支座的梁底处预埋调平钢板(在梁体内不同埋置深度形成楔形钢板)。

(5) 桥面横坡由墩台帽横坡直接形成,组合箱梁按通用图±2%横坡预制,超高变化段上通过调整箱梁调平钢板使预制梁产生竖向转角,使预制组合箱梁顶板横坡达到梁所在位置处桥面横坡的平均值,其余横坡差值由桥面C50现浇混凝土层调整;墩顶纵向现浇连续段为实心断面。预制组合箱梁时,注意组合箱梁顶板横坡2%应与梁位处桥面横坡同方向。桥梁纵坡由墩台高程差形成。

(6) 单幅桥桥面高程低的一侧设置泄水管,泄水管基本间距为4m。

4) 桥墩

下部结构尺寸在桥宽、跨径、墩高的基础上,结合本项目地震烈度较高的建设条件有所调整,总体设计原则为考虑强桩弱柱设计思想,墩径较"省通用图"在提高一个等级基础上减少10cm,以满足抗震要求。为了尽量降低抗震对结构的不利影响,在盖梁上设置抗震挡块,除盖梁端部设置横向挡块外,另外设计约束每片预制梁纵桥方向和横桥方向的盖梁内侧挡块(一个挡块具备横纵向双重限位功能)。

5) 设计桩长

设计桩长按照《公路桥涵地基与基础设计规范》(JTG D63—2007)进行单桩承载力计算。由于受用地限制,部分详勘地质钻孔没有完成,施工图阶段桩长设计以"桩位上有详勘地质钻孔资料的,采用详勘地质资料控制设计,桩位上尚无详勘地质钻孔资料的,采用临近地质钻孔资料进行设计"为原则。待征地手续齐备后再行详勘,并对部分桩长重新核算。

3.4.2 施工工艺及施工技术

施工工艺及质量检验应按《公路桥涵施工技术规范》(JTG/T F50—2011)和《公路工程质量检验评定标准》(JTG F80/1—2017)及相关的施工工艺及质量检验标准实施。对各主要施工工艺应制定详细的施工细则,并征得监理工程师和设计单位同意后再进行施工作业。

桥梁工程以架梁顺序进行资源配置和组织施工。对于作业周期易控制的一般结构桥梁基础和墩身,根据各个施工单元内架梁或现浇梁的先后次序和工期要求,采用多作业面组织平行流水的方式进行桩基、承台和墩身施工,桥梁钻孔桩采用旋挖钻为主,回旋钻及冲击钻为辅成孔,墩台身采用整体钢模板,立模浇筑混凝土。

1) 摩擦桩施工

摩擦桩计划采用旋挖钻及反循环钻机成孔,嵌岩桩及存在孤石桩基采用冲击钻成孔。填方段桥台桩基施工时应先填土后钻桩。软基段桥台桩基施工前先进行软基处理,填土至预压顶面高程,在满足连续3个月小于3cm/月沉降速率后再开挖施工桩基。

(1) 施工准备

场地平整:施工场地采用推土机进行平整、压实,然后铺垫枕木作钻孔平台。

钢护筒制作:钻孔桩钢护筒采用$\delta=10mm$钢板制作,护筒直径比设计桩径大0.2m。

护筒埋设:护筒埋设时,其中心竖直线应与桩中心线重合,平面允许误差50mm,护筒与桩轴线的竖直线倾斜不大于1%。护筒顶端高程高出地下水位1.0~2.0m,并高出地面0.3m。护筒底埋置深度,对于黏性土为1.0~1.5m。

泥浆池设置:钻孔采用泥浆护壁,采用两个墩(或台)桩基共用一个泥浆循环池的方式。

泥浆配制:钻孔桩泥浆采用膨润土或黏土造浆,泥浆的相对密度及黏度根据钻孔深度不同及地质情况的改变进行修改,泥浆充分拌制均匀备用,在开钻前,充分备足制浆所用黏土。

钻机就位:钻机就位前,对钻机的各项准备工作进行检查,包括场地布置与钻机坐落处平整和加固。钻机安装就位后,底座和顶端应平稳,不得产生位移和沉陷。

(2) 钻孔作业

钻机就位前,对主要机具及配套设备进行检修后开始安装,将钻锤徐徐放入护筒内。

钻机底座保持平稳,防止产生位移和沉陷,钻机的起吊滑轮线、钻锥和桩孔中心三者应保持同一铅垂线。先采用小冲程开孔,进入正常钻进状态后,采用4~5m中大冲程,最大冲程不超过6m,钻进过程中及时排渣。

钻进过程中,随时补充损耗、漏失的泥浆,钻孔泥浆始终高出孔外水位或地下水位1.0~1.5m,保证钻孔中的泥浆浓度,防止发生坍孔、缩孔等质量事故。

当钻孔距设计高程1.0m时,注意控制钻进速度和深度,防止超钻,并核实地质资料,判定是否进入要求的持力层。当钻孔深度达到设计要求时,对孔深、孔径和孔形等进行检查,确认满足设计要求后,进行清孔。

钻进时,及时填写钻孔记录,在土层变化处捞取渣样,判明土层,并与地质剖面图相核对。在混凝土灌注完毕的桩旁,36h内或小于4倍桩径范围内不得开孔,以避免干扰邻桩混凝土的凝固。

(3)桩基终孔

按照设计图纸要求进行终孔。

(4)清孔

当钻孔深度达到设计要求后,立即进行清孔,清孔采用换浆法。清孔时,注意检查孔内泥浆面高度以及泥浆相对密度是否适合,防止坍孔、缩孔,并将附着于护筒壁的泥浆清洗干净,将孔底钻渣及泥沙等沉淀物清除。清孔后的孔底沉渣厚度及泥浆指标满足规范要求时,即停止清孔作业,放入钢筋笼进行混凝土灌注。

(5)钢筋笼安装

钢筋笼在钢筋笼成型机上分段制作,现场接长,钢筋笼现场接长时采用镦粗直螺纹连接,并按设计设置钢筋笼保护层钢筋。现场存放须下垫上盖。

钻孔桩成孔、清孔结束并经监理工程师检验合格后,用汽车起重机起吊,按钢筋笼编号顺序分节对接,下放安装并固定。入孔后的位置应符合设计要求,并牢固定位,防止钢筋笼在水下混凝土灌注过程中或提升导管及拔钢护筒时上浮。

2)钻孔灌注桩施工

(1)为加强质量管理,所有工序必须得到质检部门和监理工程师的签字认可,方可进入下道工序施工。

(2)钻孔要连续进行,不得随意中途停钻。孔内水位始终保持在地下水位线以上,以加强护壁,防止坍孔。升降钻头要平稳,以免碰撞孔壁。拆装钻杆要迅速,尽量减少停钻时间。因故中途停钻时,应将钻头提出孔外,以防坍孔埋钻,孔口应加护盖。钻进时,起落钻头速度要均匀,不得过猛或骤然变速。

(3)吊放检孔器、钢筋笼时应确保其处于垂直状态,并缓慢地下放,防止钢筋笼不垂直时破坏孔壁,造成坍孔事故。

(4)发生掉钻时,采用相应的打捞工具,慢慢打捞,过程中尽量少搅扰孔壁。如钻头被埋住,应首先清除泥沙,再进行打捞。

(5)钻孔过程中发生坍孔后,应仔细分析原因,查明位置,进行处理,不严重者可加大泥浆相对密度(控制在1.15~1.4之间),改善其孔壁结构,继续钻进,坍孔严重时,应回填重新钻孔。

(6)埋钻、卡钻处理:埋钻主要发生在一次进尺太多和在砂层中泥浆沉淀过快时。埋钻或卡钻发生后,严禁强行处理,应保证孔内有足够的泥浆,保持孔内压力,稳定孔壁,防止坍塌,为事故处理奠定基础。

(7)缩孔处理:钻孔发生弯孔缩孔时,一般可将钻头提到偏孔处进行反复扫孔,直到钻孔正直,如发生严重弯孔和探头石时,应采用小片石或卵石与黏土混合物,回填到偏孔处,待填料沉实后再钻孔纠偏。

3)挤扩支盘桩施工

(1)桩基在施工前,应检查进场的设备、施工工艺及技术要求是否须适应工程的要求,施工过程中,根据地层起伏变化,盘与支的高程允许调整,但最小盘间距、盘支间距、支间距应满足规范要求。

(2)在施工过程中,对于不同的土层须采用不同的挤扩压力值与挤扩设备。挤扩工艺可检验土层力学参数,若发现地质情况与地质勘察报告不符或有异常情况,应及时向设计、监理反馈,对桩承载力做出判断,提出承载力调控措施。

(3)桩成孔护壁泥浆建议采用优质泥浆,具体泥浆指标宜经工艺试桩确定,其相对密度一般控制在1.05~1.25;当穿过易坍孔土层时,可增大至1.20~1.35;主桩终孔时泥浆相对密度一般土层要求不小于1.2,易坍孔土层要求大于1.25;混凝土灌注前要求泥浆相对密度控制在1.1~1.15,泥浆胶体率不小于98%、含砂率应小于2%,黏度为18~22s。

(4)钻孔进入设置支盘土层时,如遇复杂地层应根据钻孔要求严格控制。成孔后,应对其孔壁稳定性做出判断。在渗透性较好、地下水丰富的土层中设置支盘时,应在成孔过程中采取有效措施,避免坍孔,减少泥浆流失。

(5)成盘作业后,二次清孔必须采用反循环泵吸方式清孔,将沉渣厚度清至10cm以下。

4)水下混凝土灌注

(1)首批混凝土灌注方量计算。

(2)钢筋笼安装完毕,应及时检查孔底沉淀厚度,满足要求后方可进行混凝土的浇筑施工,否则应进行二次清孔。因钢筋笼、混凝土填充导管安装过程需经历较长时间,致使钻孔桩孔底沉淀增厚,故混凝土灌注前须对钻孔桩进行二次清孔。

(3)灌注混凝土前需在填充导管内安设泡沫隔水栓塞,待大储料斗(经计算满足首盘灌注方量)和2.0m³漏斗储满混凝土后,开始"拔球"灌注水下混凝土,拔球后混凝土要连续灌注,不得停顿,保证整根桩在混凝土初凝前灌注完成。

(4)混凝土灌注过程中要有专人测量混凝土面高程,正确计算导管在混凝土内的埋置深度,导管埋置深度要适当,正确指挥导管的提升和拆除,保证导管埋入混凝土深度为2.0~6.0m,导管的埋深测量采用同步多测点的办法,避免产生测量错误。

(5)灌注过程中应记录混凝土灌注量及相对应的混凝土面高程,用以分析扩孔率,发现异常情况时,及时报告工程师并进行处理。

(6)混凝土灌注到桩上部5m以内时,不再提升导管,待灌注至规定高程一次提出导管。最后一节导管时应缓慢提出,以免桩内夹入泥芯或形成空洞。

(7)混凝土的灌注高程应高出桩顶设计高程0.5m以上,以保证桩与承台之间的混凝土连接质量。钻孔灌注桩混凝土采用集中拌制,混凝涵洞土运输车运输,导管法灌注。水下混凝土灌注前再次探测孔底沉渣厚度,如沉渣厚度不满足设计要求,则进行第二次清孔处理,确保沉渣厚度不超出设计要求。

水下灌注混凝土采用直径250~320mm的导管,导管使用前进行试拼组装及水密、承压和接头抗拉试验,确保导管不漏水。导管放入孔内后,导管下口离孔底30~40cm。

水下混凝土灌注时,应保证首批混凝土数量,以确保导管埋入深度不小于1m。水下混凝土灌注连续进行,中途不得中断,并尽量缩短拆除导管的间隔时间。当混凝土灌注至接近钢筋笼骨架时,加大导管埋深,放慢灌注速度,以减少混凝土对钢筋笼的冲击而使钢筋笼上浮。灌注水下混凝土时,灌注工作应迅速,防止坍孔和并减小泥浆沉淀,混凝土的坍落度180~220mm,并有良好的和易性。

灌注过程中随时用测量锤测定水下混凝土面的高程,导管埋入深度在任何时候不小于2m,一般控制在2~6m内,当孔内混凝土接近钢筋笼底部时,保持较深埋管,放慢灌注速度。

处在地面或桩顶以下的井口整体式刚性护筒,在灌注混凝土后立即拔出,地面以上的能拆除的护筒部分,待混凝土抗压强度达到5MPa后拆除。混凝土灌注高程应比设计高程高出不小于0.5m,以保证桩与墩柱之间的混凝土连接质量,多余部分在接桩前凿除,破桩头时,注意保护桩的主筋,其弯曲不大于45°。

5)钢管桩施工

(1)钢管桩在指定厂家卷制成螺旋钢管。钢管的材质、规格必须符合规范和方案要求。钢管桩构件运输最大长度12.0m,利用平板车运至施工现场,再用浮吊进行吊装并施打。

(2)施工前应认真研究施工方案,计算出每根钢管桩的坐标,并做好测量控制点的交接和核对工作,施工中使用全站仪进行钢管桩定位。

(3)钢管桩以高程控制为主,打桩前应认真分析地质报告,根据地质报告确定钢管桩的控制高程。每根栈桥钢管桩分节加工,接桩在现场进行。直接插打钢管桩入土深度不小于3m,现场对每根钢管桩入土深度及贯入度做好记录,确保钢管桩承载力和整体稳定性。

(4)钢管桩下沉采用悬打法施工,前期先用起重机配合振动锤夹紧钢管桩,靠钢管桩自重按桩位自然下沉至河床面,然后测量组复核钢管桩的桩位与垂直度,满足要求后即可开动振动锤进行振动。下沉时如钢管桩倾斜,应及时牵引校正,每振1~2min要暂停一下,并校正钢管桩一次。

(5)振动锤与桩头必须用液压钳夹紧,无间隙或松动,否则振动力不能充分向下传递,影响钢管桩下沉,接头也易振坏,在振动锤振动过程中,如发现桩顶有局部变形或损坏,要及时修复。

(6)正常振动下沉情况下,振动锤打桩机连续工作不宜超过3min,下沉至桩底接近的设计高程时停锤,选择通视条件好的方向,在管桩沿竖向用石笔以厘米为单位画线,用以控制下沉高度及贯入度。桩的下沉以贯入度为主,桩底高程控制为辅进行双控,最终下沉以贯入度不大于1cm/min为准。当贯入度已小于1cm/min,而桩底高程未达到设计岩层时,应继续锤击下沉10cm或振动10min,若无异常情况发生,即可停锤,结束打桩。当施工中,实际控制高程与地质报告相差较大时,及时查明原因,并报有关部门。同一排钢管桩最终贯入度应大致相同。

(7)在振动过程中不断地检测桩位与桩的垂直度,发现偏差要及时纠正。每根桩下沉应一气呵成,中途不可有较长时间的停顿,以免桩周围土扰动恢复造成沉桩困难。

(8)钢管桩接长的接头必须满焊,各加长加劲板也须满焊并符合设计的焊缝厚度要求。经现场技术员检查钢管桩接头焊接质量合格后方可继续施打钢管桩。

(9)当一个墩位的钢管桩施工完成后,立即安装该墩钢管桩间的牛腿、剪刀撑及桩顶横梁。

6)承台(系梁)施工

在桩基施工完成经检验合格后即可进行承台(系梁)施工。采用挖掘机开挖,人工配合清底。开挖坡度根据周围地质情况确定。挖至距承台(系梁)底设计高程约30cm厚的最后一层土时,采用人工挖除修整。

(1)承台(系梁)基坑开挖

在承台外边缘设计尺寸加上一定操作空间为基坑开挖基线,然后自然放坡,利用机械配合人工开挖基坑。在基坑顶面周围,做好防水、排水工作。并在基坑内设置汇水井,以保证承台施工在无水状态下进行。基坑开挖完成后,凿除桩头,进行桩基检测。

(2)承台(系梁)施工

桩基检测合格后,在基坑底浇筑10cm厚C15混凝土垫层,作为承台底模。基底整平后再绑扎钢筋,安装承台侧模,浇筑混凝土。模板采用新制组合钢模板。承台预埋件应在钢筋绑扎的同时安装,预埋件和墩身预埋钢筋要求位置准确,不得遗漏。

钢筋、模板、预埋件经监理工程师检查批准后,方可浇筑混凝土。混凝土入模后及时振捣,振捣时间应适当,防止欠振、过振、漏振。承台浇筑一次性完成,并及时养护以防发生收缩裂纹。

混凝土浇筑完成并待混凝土达到一定的强度后拆模养护。回填基坑,回填时应分层人工夯实。对于山体上承台,回填至原地面高程恢复原状;对于滩地的承台,则回填至滩地面高度即可。

7)上部结构施工

(1)在组合箱梁批量预制前,应组织好组合箱梁的预制、堆放、运输、安装等工作。对梁片按架设顺序、孔号等进行编号,并逐梁注明桥名、孔号、梁号、左右幅桥等。堆放、安装也应按照序号依次进行,以免引起混乱,并注意上部结构偏角方向。

(2)施工中应严格按照组合箱梁结构尺寸加工模板,确保梁高、梁宽、板厚、梁长、钢筋保护层厚度等结构尺寸满足设计要求,保证架设后桥梁尺寸吻合。

(3)混凝土浇筑必须严格捣实,禁止出现蜂窝麻面,要求保留每片预制梁的记录。

(4)应严格控制预应力张拉时混凝土的强度及龄期。

(5)为了保证桥面铺装混凝土和预制梁体之间结合紧密,施工时结合面上的预制梁混凝土必须进行拉毛或凿毛处理,做成凹凸不小于6mm的粗糙面。现浇混凝土浇筑前应清除浮浆,将结合面冲洗干净并充分湿润,以保证新老混凝土的结合。

(6)预制组合箱梁时,应注意上部构造预埋件(包括桥面泄水管、调平钢板等)的埋设,以及预埋钢筋(包括防撞护栏、通信管线托架、伸缩缝预埋钢筋等)的埋设。

(7)组合箱梁长距离运输时要采取可靠的措施,保证组合箱梁横向稳定,不得翻转使预应力失去平衡产生破坏,应按受力位置合理吊装、放置、卸装,运输途中应防止意外破坏。裸梁堆放应适当遮盖,不宜曝晒曝寒。

(8)组合箱梁吊运采用兜托梁底起吊法,不设吊环。

(9)架设组合箱梁时均需注意梁的斜度和方向。

(10)本桥处在直线上,预制时应按照设计尺寸放样,并应严格按照梁号顺序架设。

(11)本桥如采用架桥机施工,只有主梁间横隔板的连接和顶板湿接缝混凝土浇筑后,且达到混凝土设计强度的85%并采取压力扩散措施后,方可在其上运梁。架桥机在桥上行驶时,必须使架桥机重量落在梁肋上,施工单位应按所采用的架桥机型号对主梁进行施工荷载验算,验算通过后方可施工。

(12)箱梁架设应根据工期安排,控制好每一联的安装时间,每一联各孔宜连续架设,不宜间断架设。箱梁预制张拉后存放时间不宜超过3个月。

(13)按设计图中要求的合龙温度控制好每孔梁坐标及伸缩缝的安装宽度。

(14)对于等宽段,预制箱梁架设须从路线中心线位置开始横向对称架设(先中间后两边)。

(15)组合箱梁架设完毕后,应随即开始浇筑横隔板湿接缝,浇筑桥面混凝土现浇层、护栏等。施工组织安排时应考虑各个工序的衔接。

(16)浇筑顶板混凝土前必须清除结合面上的浮皮,并用水冲洗干净后,方可浇筑。

(17)桥面铺装混凝土施工时应注意防撞护栏、伸缩缝槽口处的构造处理。

(18)为了防止预制梁上拱过大,及预制梁与桥面现浇层由于龄期差别而产生过大收缩差,存梁期不超过90d,若累计上拱值超过计算值10mm,应采取控制措施。预制梁应设置向下的二次抛物线反拱。预制梁在钢束张拉完成后,各存梁期跨中上拱度计算值及二期恒载所产生的下挠值根据计算结果,施工单位可根据工地的具体情况(如存梁期、混凝土配合比、材料特性及地区气候等)以及经验设置反拱。反拱值的设计原则是使梁体在二期恒载施加前上拱度不超过20mm,桥梁施工完成后桥梁不出现下挠。施工设置反拱时,预应力管道也同时反拱。为防止同跨及相邻跨预制梁间高差过大,同一跨桥不同位置的预制梁的存梁时间应基本一致。

8)预应力钢绞线施工

装配式预制组合箱梁采用预应力钢绞线,相关施工注意细则如下:

(1)预应力钢绞线及预应力锚具在进场后,必须对其强度、弹性模量、外形尺寸、初始应力等有关材料指标进行严格检测,锚头进行裂缝检查,夹片进行硬度检查。钢绞线应放置在室内以防止锈蚀,施工期间的外露钢绞线必须采取措施,保证钢绞线不锈蚀。

(2)钢绞线下料不得使用电或氧弧切割,只允许使用圆盘锯切割,并应使钢绞线的切割面为一平面,以便张拉时检查断丝。

(3)所有预应力钢材不许焊接,在使用前必须对其强度、伸长量、弹性模量、外形尺寸等进行严格检验、测试。

(4)预应力管道必须按给定的坐标准确定位,直线段每1.0m设一道定位筋,曲线段每0.5m设一道定位筋,水平向偏差不大于10mm,竖向偏差不大于5mm。预应力管道连接必须保证质量,应杜绝因漏浆而造成预应力管道堵塞。施工中应采取有效措施,保证预应力锚固端的波纹管端口密实,避免浇梁时发生漏浆,造成钢束张拉时引伸量不准确。波纹管安装时一定要防止水平和竖直急弯,严禁人踩和挤压。

(5)当钢筋和预应力管道在空间上发生干扰时,可适当移动普通钢筋的位置,以保证钢束管道位置的准确。锚下螺旋筋与分布筋相干扰时,可适当移动分布钢筋或调整分布钢筋的间距。穿钢束前应采用压缩空气清除管道杂质。混凝土强度达到设计强度的90%,且混凝土的龄期不小于7d后,方可张拉预应力钢束。预应力钢束张拉应严格按照图内规定的张拉顺序和张拉控制应力进行。

各类型束的张拉控制吨位和张拉步骤建议如下(初始张拉力可按实际需要选取):张拉力 0→10% σ_{con}(开始计入伸长量)→σ_{con}(持荷5min)→锚固。

(6)预应力钢束张拉方式及张拉顺序严格按照设计文件执行。预应力钢束应采用张拉应力与伸长量双控,以引伸量为主,伸长量误差在±6%以内。预应力钢绞线施工应考虑锚圈摩阻损失和千斤顶的内摩阻损失,施工前应对此进行测定,张拉时予以调整。预应力钢束在同一截面的断丝率不得大于1%,而且限定一束钢绞线断丝不得多于1丝。

(7)实测引伸量应扣除非弹性变形,具体办法如下:张拉到10%设计张拉吨位开始测量引伸量,张拉到设计张拉吨位后测得引伸量 Δ_1,则实际引伸量 $\Delta = \Delta_1/0.90 - \delta$,$\delta$ 为夹片回缩值,由实测确定。张拉步骤为:张拉到10%张拉控制吨位→持荷5min→开始量测引伸量→张拉到控制吨位→持荷5min→量测引伸量→回油→量测引伸量。若为两端张拉则一端先回油顶锚,然后另一端持荷1min再回油顶锚,以降低锚具回缩的损失。保证张拉到控制吨位量测的引伸量与回油后量测的引伸量之差不大于7mm,否则确定为整体滑丝。同时检查钢绞线尾端标记,张拉完毕是否仍为一个平面,如有变化,表明出现了滑丝。必须对滑丝进行处理。

(8)预应力钢束张拉完毕,严禁撞击锚头和钢束,钢绞线多余的长度要求使用砂轮切割机切割,锚板以外钢束(筋)长度为3~5cm。预应力钢束张拉完毕后24h内必须压浆,压浆嘴和排气孔可根据施工实际需要设置,压浆前应用压缩空气清除管道内杂质,然后压浆。压浆采用真空辅助灌浆法,浆体材料应掺入真空灌浆专用添加剂,要求管道压浆密实,水泥浆水灰比不大于0.4,不允许掺氯盐外加剂,可掺减水剂和膨胀外加剂,具体用量通过试验确定。但外掺剂中不允许含有易引起钢绞线氢脆反应的有害成分,同时要求水泥浆的强度等级不低于C40。

9)预制T梁施工

本桥上部预制T梁部分采用通用设计图,上部T梁常规施工要点详见通用图说明。现就本桥施工中需注意的部分说明如下:

(1) 在 T 梁批量预制前,应组织好 T 梁的预制、堆放、运输、安装等工作。对梁片按架设顺序、孔号等进行编号,并逐梁注明桥名、孔号、梁号、左右幅桥等。堆放、安装也应按照序号依次进行,以免引起混乱,并注意上部结构偏角方向。

(2) 施工中应严格按照 T 梁结构尺寸加工模板,确保梁高、梁宽、板厚、梁长、钢筋保护层厚度等结构尺寸满足设计要求,保证架设后桥梁尺寸吻合。

(3) 混凝土浇筑必须严格捣实,禁止出现蜂窝麻面,要求保留每片预制梁的记录。

(4) 应严格控制预应力张拉时混凝土的强度及龄期。

(5) 为了保证桥面铺装混凝土和预制梁体之间结合紧密,施工时结合面上的预制梁混凝土必须进行拉毛或凿毛处理,做成凹凸不小于 6mm 的粗糙面。现浇混凝土浇筑前应清除浮浆,将结合面冲洗干净并充分湿润,以保证新老混凝土的结合。

(6) 预制 T 梁时,应注意上部构造预埋件(包括桥面泄水管、调平钢板等)的埋设,以及预埋钢筋(包括防撞护栏、通信管线托架、伸缩缝预埋钢筋等)的埋设。

(7) T 梁长距离运输时要采取可靠的措施,保证组合 T 梁横向稳定,不得翻转使预应力失去平衡产生破坏,应按受力位置合理吊装、放置、卸装,运输途中应防止意外破坏。裸梁堆放应适当遮盖,不宜曝晒曝寒。

(8) 组合 T 梁吊运采用兜托梁底起吊法,不设吊环。

(9) 架设组合 T 梁时均需注意梁的斜度和方向。

(10) 本桥处在直线上,预制时应按照设计尺寸放样,并应严格按照梁号顺序架设。

(11) 本桥如采用架桥机施工,只有主梁间横隔板的连接和顶板湿接缝混凝土浇筑后,且达到混凝土设计强度的 85% 并采取压力扩散措施后,方可在其上运梁。架桥机在桥上行驶时必须使架桥机重量落在梁肋上,施工单位应按所采用的架桥机型号对主梁进行施工荷载验算,验算通过后方可施工。

(12) 主梁架设应根据工期安排,控制好每一联的安装时间,每一联各孔宜连续架设,不宜间断架设。T 梁预制张拉后存放时间不宜超过 3 个月。

(13) 按设计图中要求的合龙温度控制好每孔梁坐标及伸缩缝的安装宽度。

(14) 对于等宽段,预制梁架设须从路线中心线位置开始横向对称架设(先中间后两边);对于变宽段,预制梁沿双柱墩中心线横向对称架设后,变宽侧再由内至外顺序架设。

(15) T 梁架设完毕后,应随即开始浇筑横隔板湿接缝,浇筑桥面混凝土现浇层、护栏等。施工组织安排时应考虑各个工序的衔接。

(16) 浇筑顶板混凝土前必须清除结合面上的浮皮,并用水冲洗干净。

10) 混凝土现浇及养护

现浇段预应力束种类和数量均较多,应先将各规格的波纹管定位钢筋网片加工好,待安装波纹管前将定位钢筋网片焊接于对应位置的梁体钢筋上,然后安装波纹管,并在波纹管内插入硬塑料衬管,以防浇筑混凝土时漏浆、堵塞孔道而难以处理。

(1)混凝土应尽量采用一次性浇筑。混凝土的配合比应由试验室提前试配,并经监理工程师批复。混凝土的拌和应严格按施工配合比控制。

(2)混凝土浇筑前应用高压风将模板吹干净,对掉入钢筋架的任何杂物都要清理干净。

(3)混凝土浇筑采用水平分层,斜向分段,横桥向全断面(以均匀消除沉降)推进式从低端向高端纵桥向连续浇筑。对于箱形梁同一截面,浇筑混凝土时应先浇筑腹板处,再从工作口浇筑底板处,最后再浇筑顶板混凝土。混凝土浇筑过程中应充分振捣密实,不可漏振或过振。

(4)混凝土浇筑完毕,待二次收浆后用土工布覆盖洒水养护。养护时间不得小于7d。

(5)表面平整度控制采用高程导轨。

①内模避免漏浆,内模与底模之间每隔1.0m按底板厚度设置垫块。

②每隔1.0m用$\phi 12mm$钢筋U形箍固定在底模上,防止振捣过程中内模下沉。

3.4.3 施工质量控制技术

桥梁施工前,确保各种测量放样资料准确无误。基础工程具备有效的隐蔽工程检查证,并记录完整、有效。桩基础施工:钻孔灌注桩施工顺序:测量放样→埋设护筒→钻机就位,连接好泥浆循环系统→钻进→清孔→终孔→下钢筋笼、导管安放→第二次清孔→进行水下混凝土灌注工作→养护→凿除桩顶软弱层混凝土。在施工过程中根据实际地质情况绘制桩孔开挖地质柱状图,并与设计地质情况相比较,若发现实际地质与设计地质不符,及时上报监理和设计单位进行变更处理,变更处理后方可施工。

桩基础混凝土施工时,应连续浇筑,不得中途停顿,浇筑面应高出桩顶设计高程0.5~1.0m。钢筋笼的钢筋加工时,保证下料准确,加工形状满足设计,钢筋绑扎牢固可靠。钢筋笼的安装确保钢筋笼轴线与桩孔轴线一致,钢筋笼与桩孔的护壁处安装混凝土预制轮形垫块,确保钢筋的保护层厚度。桥梁墩台、盖梁等在浇筑混凝土时,模板的安装要牢固可靠,拼接严密,不存在错台;钢筋与模板间采用预制混凝土垫块支撑,保证受力钢筋的混凝土保护层厚度满足设计要求;浇筑混凝土过程中混凝土自由倾落高度应控制在200cm以内,混凝土连续浇筑,同时加强振捣,保证混凝土振捣密实,在施工过程中,安排测量人员对高架桥桥墩的轴线、墩顶高程、梁顶高程、桥面高程进行有效的控制。桥梁工程所用混凝土全部采用拌和站集中拌和,以确保混凝土拌合物的均匀性。

1) 桥梁钻孔桩

（1）孔底沉渣过厚

采用适合底层的钻孔设备，二次清孔可在泥浆中掺加外加剂等工艺；缩短从清孔完毕到下钢筋笼、浇筑混凝土之间的时间。

（2）坍孔

亚砂层中钻进速度不宜太快；泥浆根据密度、黏度、胶体率取较大值；保证施工连续进行。

（3）钻孔桩孔径不足

选用的钻头直径不小于设计值；检测孔径时用检孔器，若发生缩孔时，采用上下反复扫孔办法，以扩大孔径。

2) 混凝土外表蜂窝、麻面，模版接缝处不平顺

（1）出现原因

混凝土配合比不准确，或砂、石、水泥材料计量错误，或加水量不准，造成砂浆少石子多；混凝土搅拌时间短，没有拌和均匀，混凝土和易性差，振捣不密实；混凝土浇筑操作不规范，下料不当，使石子集中，振不出水泥浆，造成混凝土离析；混凝土一次下料过多，没有分段分层浇筑，振捣不实或因漏振而形成蜂窝；板孔隙未堵好，或模板支设不牢固，振捣混凝土时模板移位，造成严重漏浆或墙体烂根，形成蜂窝；碎石、河砂级配差，不便于水泥砂浆充分包裹，形成蜂窝；模板表面粗糙或清理不干净，粘有干硬水泥砂浆等杂物，拆模时混凝土表面被粘损，出现麻面；钢模板脱模剂涂刷不均匀或局部漏刷，拆模时混凝土表面黏结模板，引起麻面；模板接缝拼装不严密，浇筑混凝土时缝隙漏浆，混凝土表面沿模板缝位置出现麻面；模板加固不牢靠，地基不牢，支撑不够，以致高空中混凝土在自重作用下模板变形、混凝土跑模；模板接缝不平整或不密贴，造成混凝土接缝错台、大小不一或漏浆。

（2）防治措施

①严格控制混凝土配合比设计，按有关技术规范进行计算和试验，并在施工过程中经常检查。

②合理选用水泥标号，使水泥标号与混凝土强度等级之比控制在 1.3~2.0 之间。客观情况无法满足时，可采取在混凝土拌合物中掺加混合材料（如磨细粉煤灰等）或减水剂等措施，以改善混凝土拌合物和易性，增加混凝土密实度和光洁度。

③建立原材料计量岗位制，计量方法力求简便易行、可靠，特别是水的计量，应制作标准计量水桶；外加剂用小台秤计量。

④严格控制水灰比。注意现场搅拌混凝土时，应根据每车河砂的含水率来调整加水量，以保持混凝土的良好和易性，减少水泡、气孔的形成。

⑤严格控制混凝土坍落度。在拌制地点及浇筑地点按规定检查混凝土坍落度,混凝土浇筑时的坍落度按规范执行,尽量缩短混凝土拌合物的停放时间,减少坍落度损失。

⑥严格控制钢模清洁。每次装模前,用小砂轮机对钢模除锈,除锈完毕用抹布擦净并及时用轻机油涂上,保持钢模内面无任何杂物、污点。

⑧钢模板脱模剂要涂刷均匀,不得漏刷。实践证明脱模剂选择轻机油比较好,拆模后在阳光作用下易挥发,不会留下任何痕迹,可使混凝土外观颜色光洁明亮,并可防止钢模生锈。

⑨确保模板加固牢靠。重点把关模板接缝拼装严密。模板接缝控制在 2mm 左右,并采用玻璃胶涂密实、平整,以防出现漏浆、蜂窝麻面或线条不明现象。

施工过程时刻注意保持模板内面干净。当施工人员踩脏模板或混凝土浆溅到模板或别的原因弄脏模板,在浇筑完一层混凝土时,必须及时用棉纱布把上节模板上的污点擦干净,以避免混凝土外观上有深颜色的斑点出现。

⑩浇筑混凝土时,应经常观察模板、支架、堵缝等情况。如发现有模板走动,应立即停止浇筑,并应在混凝土初凝前修整完好。

⑪每次使用之前,要检查模板变形情况,禁止使用弯曲、凹凸不平或缺棱少角等变形模板。

⑫浇筑混凝土前,应检查钢筋位置和保护层厚度是否准确,是否按要求固定好垫块;操作时,不得踩踏钢筋,如钢筋有踩弯或脱扣现象,应及时调直,补扣绑好,以免露筋。

⑬混凝土自由倾落高度超过 2m 时,要用串筒或溜槽等下料,避免混凝土离析。

⑭控制振捣间距,插入式振捣器不应大于其作用半径的 0.5 倍。控制混凝土的浇筑层厚度在振捣器作用部分长度的 1.25 倍左右,振捣新的一层,均应插进先浇筑混凝土 5～10cm,力求上下层紧密结合。

⑮控制振捣时间,做到不要欠振,不要过振。设专职振捣队,便于经验积累。合适的振捣时间可由下列现象判断:混凝土不再显著下沉,不再出现气泡,混凝土表面出浆呈水平状态,并将模板边角填满充实。

⑯注意振捣方法。垂直振捣时,振动棒垂直于混凝土表面;斜向振捣时,振动棒与混凝土表面呈 40°～45°;棒体插入混凝土的深度不应超过棒长的 2/3～3/4;振捣棒要及时上下抽动,分层均匀振捣密实,振捣好后,要慢慢拔出振动棒,使混凝土填满振动棒所造成的空洞。

⑰控制振捣程序,先周围后中间,并注意混凝土摊铺四周高中间低,以便把气泡往中间赶出,避免聚集在模板处。

⑱振捣时,振动棒不要碰撞钢筋、模板、预埋件等,在钢筋密集下,可采用带刀片的振

动棒进行振捣。

⑲注意保护层砂浆垫块处的混凝土振捣,务必使水泥砂浆充分包裹;或采取振捣一小段先取下一小段垫块的方法。这样,可以有效避免垫块处表面产生明斑或暗斑。

⑳拆除钢筋混凝土结构侧面非承重模板时,混凝土应具有足够的强度(1.2MPa以上),表面及棱角才不会受到损坏。

3) 混凝土养护不规范,出现裂缝

(1) 出现原因

覆盖物容易被掀起,不能使混凝土保持潮湿状态,日光照射后混凝土会产生裂缝;混凝土养护时间不够,导致混凝土表面产生收缩裂缝;等混凝土脱模之后才开始洒水养护的错误养护方法;混凝土养护不及时或者养护时间不足是产生混凝土裂缝主要病害。采用遇水褪色的毛毡或者草帘进行养护,导致混凝土表面受到污染,影响外观质量。

(2) 防治措施

①采用高分子养护膜滴灌养护,可避免因混凝土散热和日光照射混凝土构造物身形成"温室效应"引发裂缝,达到对混凝土构造物高标准养护的目的。

②混凝土浇筑完成后,达到初凝后即用湿麻袋或者毛毡覆盖,防止覆盖物被掀起。终凝后立即洒水养护。

③养护洒水频率要求保持混凝土经常处于湿润状态,并连续养护7d。混凝土养护期内,派专人进行养护,使空心板里外均保持潮湿状态,以满足混凝土的强度形成过程中水化作用的需要和降低水化热,减少顶板裂缝的产生。严禁等混凝土脱模之后才开始洒水养护的错误养护方法或养护时间不足导致混凝土强度降低。

④严禁采用遇水腐烂、褪色的毛毡或者草帘,避免因此影响混凝土表观质量。

⑤派专人进行混凝土养护,并且对工人进行养护方法和养生时间的技术交底和教育,防止因养护不当造成混凝土的损坏。

4) 预制梁芯模上浮

(1) 出现原因

芯模定位钢筋数量不足或不牢。芯模底层混凝土振捣不平,空隙较大。浇筑混凝土时速度过快,混凝土流动性较大。

(2) 防治措施

保证芯模有足够定位钢筋数量和定位精度。保证芯模定位,采用台座内预埋芯模拉杆,按照每2m一道,拧紧锚固螺钉,可防止模板上浮。安装芯模前底板混凝土振捣后用平板振捣器收平。

5) 钢筋加工及安装质量保证措施

钢筋焊接操作人员必须持证上岗,并进行随机抽样检查,并以此加强对焊接作业质量的监督考核;钢筋配料卡必须经过技术主管审核后,才准下料,钢筋绑扎完毕,要经过监理工程师验收合格后,方可浇筑混凝土。

(1)钢筋严重锈蚀。进场钢筋在钢筋棚存放,支垫高度不小于30cm,并保持干燥、通风。钢筋锈蚀严重的严禁使用。

(2)钢筋弯曲不直顺。采用调直机冷拉或人工方法调直。对严重变形钢筋,弯折处圆弧半径较小的硬弯,调直后检查有无裂纹。对矫正后仍不直的钢筋,不用作受力筋。

(3)咬边焊缝与钢筋交接处有缺口。选用合适电流,防止电流过大;焊弧不可拉得过大;控制焊条角度和运弧方法。

6) 预制构件及防护

(1)预制构件外观粗糙。采用全钢模板,模具倒角一次成型,不允许焊接;采用压力机压制和震动台生产小型预制块,增强表面平整度、光洁度;轻拆轻放,避免缺棱掉角。

(2)防护工程表面不平整。认真选料,放线准确,挂线牢靠,勾缝饱满,顺直圆滑。

7) 连续刚构施工质量保证措施

(1)连续梁边跨合龙现浇段采用支架现浇。悬臂浇筑所用挂篮,要具有足够的强度、刚度和稳定性,结构形式、几何尺寸应适应梁段变化及与旧梁段搭接需要和走行要求。

(2)桥墩两侧悬臂浇筑梁段应对称、平衡施工,实际不平衡偏差不得大于设计允许数值。施工时挂篮要在梁段预应力张拉、压浆完成后对称移动。

(3)悬臂浇筑梁段施工过程中,需要进行线形监测,发现超出允许偏差及时调整纠正。

(4)混凝土浇筑前,合龙段两端悬臂预加压重应符合设计要求并于混凝土浇筑过程中逐步撤除。

(5)合龙梁段混凝土浇筑完成后加强保湿养护,并将合龙梁段及两悬臂端部进行覆盖降低日照温差影响。

(6)永久支座安装的规格、型号严格按设计要求实施,防止弄错。

(7)混凝土养护时,对预应力束所留的孔道加以保护,严禁将水或其他物质灌入孔道;在混凝土强度达到设计要求后进行张拉,并严格按设计要求的程序和张拉控制应力采用双控,确保张拉质量。

8) 桥梁架设质量保证措施

(1)预制箱梁架设后的相邻梁跨梁端桥面之间、梁端桥面与相邻桥台胸墙顶面之间的相对高差不得大于10mm。预制箱梁桥面高程不得高于设计高程,也不得低于设计高程20mm。

（2）预制箱梁支承垫石顶面与支座底面间的压浆厚度不小于20mm,也不得大于30mm。

（3）支座与梁底及垫石之间必须密贴无空隙。

（4）梁存放和运输支点位置必须符合设计要求,而且支点应位于同一平面上,箱梁同一端支点相对高差不得大于2mm。架设时吊点位置必须符合设计要求。

（5）落梁时,检查同条件试件试验记录,确认支承垫石顶面与底座之间注浆材料的强度大于20MPa时才能拆除临时千斤顶。在拆除临时千斤顶前严禁架桥机过孔。

9）雨季施工质量保证措施

雨季施工前,做好雨季防护措施,保证工程按时保质完成。由专人收集天气预报,根据天气情况合理安排施工,及时做好防护工作。桥梁工程施工时,做好基坑及周围地表的排水工作,防止雨水流入基坑。遇暴雨时,加强施工地段的监测。雨后砂石含水率增加,施工需要重新测定砂石含水率,调整混凝土施工配合比,保证混凝土质量。

水泥堆放在防雨棚内,底面铺垫木枕或方木,以免受潮。所有的材料及机具置放在较高处,必要时支挡篷布防雨,并在地面上设挡水和排水设施。对施工中的排水沟进行整修、疏通,保证排水畅通。遇暴雨时,加强施工地段的监测。

3.5 沿海深厚覆盖层桩基

3.5.1 沿海深厚覆盖层桩基施工

1）钻孔灌注桩

（1）施工工艺流程

钻孔灌注桩施工工艺流程见图3-31。

（2）具体施工工艺

①准备工作

平整场地或修整钻孔平台、开孔时使用的泥浆用优质黏土制作。泥浆池、沉淀池根据钻孔泥浆需求设置,保证净化后泥浆量满足循环需要。

根据设计图纸,用测距仪精确放出各桩中心位置(桩位采用坐标控制),并用钢钉绑点,每桩放出中心点后,在桩的外侧4~8m处设两个护桩点,以方便施工的需要。现场放出桩位后,要会同有关人员进行复测,作出复核记录,并经监理工程师复核无误后,方可埋设护筒。

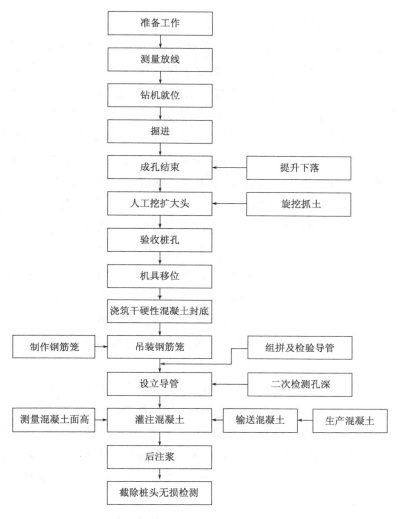

图 3-31 钻孔灌注桩施工工艺流程图

②定位、埋设护筒

护筒采用 8~12mm 厚的钢板加工制作,护筒内径比钻头直径大 200mm。护筒要根据设计桩位中心线埋设,埋设深度 2.0~4.0m(视地质情况加深),埋设后进行复核校正,其偏差不大于 20mm。护筒焊接坚实,不漏水并严格保证圆柱状,护筒顶端应留有出浆口。

按桩位将护筒放到人工已挖出的桩位孔内的正确位置(护筒中心与桩中心重合)将护筒周围泥土夯实,固定护筒。护筒埋设后平面位置偏差不得大于 2cm,倾斜度不得大于 1‰。护筒高于地面 0.3m。护筒埋设后,其周围必须加填黏土密实,防止漏水坍塌。

③钻孔作业

钻机就位前，对钻机座整平和加固，并安好枕木。钻机安装就位后，底座和顶端应平稳，在钻进和运行中不应产生位移或沉陷，否则应找出原因并及时处理。开钻前，要做好主要机具的检查与安装、配套设备就位及水电供应的接通等。开孔前先启动泥浆泵和钻盘，待泥浆进入钻孔一定数量后，方可开始钻进。桩的钻孔，只有在中心距离5m以内的任何桩的混凝土浇筑完毕24h以后才能开始。开始钻进应适当控制进尺，在护筒刃脚处应低挡慢速钻进，使刃脚处有充分的泥浆护壁，当钻进至刃脚下1m后可按地质的类型以适当的速度正常钻进。在砂层或软基中钻进时易坍孔，应轻压、低挡慢速、大泵量稠泥浆钻进。钻进过程中应及时排除钻渣，并添加泥浆。钻进工程经常测定泥浆指标，保持泥浆符合设计要求。在钻进过程中，如发现斜孔、弯孔、缩颈、坍孔冒浆等情况，应立即停止钻进，采取处理措施后方可继续施工。经常检查孔内泥浆面的高度，保证孔内水位高出地下水位1.5~2.0m，并低于护筒顶0.3m；钻孔过程中，检查孔径、桩位及垂直度是否正确。桩径偏差不超过20mm，桩体垂直度不超过0.5%；钻进过程中，应连续钻进，不能中途无故停钻，如确实因机械故障需要停机，孔内泥浆仍要作循环，以防止坍孔。

钻渣堆放点应统筹安排，堆放点远离河道，不压盖植被，尽可能选择荒地；及时对弃土堆进行整理成形，并在其表面进行植被的覆盖，种植草皮、灌木或树林。

④成孔检查

钻孔达到设计深度后，必须核实地质情况。通过钻渣，与地质柱状图对照，以验证地质情况是否满足设计要求。如与勘测设计资料不符，及时通知监理工程师及建设单位代表进行确认处理。如满足设计要求，立即对孔深、孔径、孔型进行检查。采用自制的钢筋检孔器检查孔径。检孔器形似一个小型钢筋笼，长度为桩径的5倍，直径与桩径相同，采用ϕ25mm钢筋制作。检查成孔的直径、倾斜度，合格后下放钢筋笼，钢筋笼下放前须准备钢筋笼板凳、管钳和焊机。

确认满足设计和试验标准要求后，报请监理工程师验收，验收合格后，立即进行清孔。钻孔桩成桩标准见表3-35。

钻孔桩成桩标准 表3-35

项目	规定值或允许偏差
孔的中心位置	群桩:100mm；单排桩:50mm
孔径	不小于设计桩径
倾斜度	钻孔小于1%；挖孔小于0.5%
孔深	摩擦桩:不小于设计规定； 支承桩:超深设计深度不小于0.05m

续上表

项目	规定值或允许偏差
沉淀厚度	摩擦桩:符合设计规定,设计未规定时,沉渣厚度不大于100mm; 支承桩:不大于设计规定,设计未规定时不大于50mm
清孔后泥浆指标	相对密度:1.03~1.10;黏度:17~20Pa·s;含砂率小于2%;胶体率大于98%

⑤清孔

采用换浆法清孔。使用反循环回转钻进时,终孔后,停止进尺,稍提钻锥离孔底10~20cm空转,并保持泥浆正常循环,以中速将相对密度1.03~1.10的较纯泥浆压入,把钻孔内悬浮钻渣较多的泥浆换出。使清孔后泥浆的含砂率降到2%以下,黏度为17~20s,相对密度为1.03~1.10,且孔底沉淀土厚度不大于设计规定的量值时,终止清孔,根据钻孔直径和深度,换浆时间为4~8h。

⑥下钢筋笼

钢筋笼在钢筋加工场集中分节加工,节长为8~12m,在桩孔口接长,接长时按图纸及规范要求采用镦粗直螺纹套筒机械连接,并保证上下节垂直,钢筋笼就位及接长均用25t起重机配合,钢筋笼外缘在吊装前,要焊接钢筋耳朵,从而保证钢筋骨架保护层的厚度。钢筋笼安装牢固,安装时要放线对中。在下钢筋笼前要对钢筋笼的质量进行检查,在钢筋笼下沉过程中要检查各段钢筋笼的对接质量,要掌握好钢筋笼的垂直和对中及周圈保护层,钢筋笼保护层采用强度为M40的圆饼式滚轮砂浆垫块,每隔2m设置一组垫块,每组4个均匀设于桩基钢筋笼周围。

在吊放钢筋笼入桩孔时使用起重机配合。钢筋笼要缓慢吊入孔内,避免盲目碰接孔壁,钢筋笼按设计高程放置后应马上固定好,随即安装导管灌注水下混凝土。水下混凝土使用起重机吊运混凝土斗灌注。灌注混凝土前,要做好一切准备工作,以保证整个灌注过程连续不间断。

⑦灌注水下混凝土

灌注前进行二次清孔。导管由ϕ300mm的无缝钢管组成,用装有垫圈的法兰盘连接管节,使用前先进行水密承压和接头抗拉试验,合格后方可使用。灌注混凝土连续进行,并勤测孔深、勤拆导管,导管的埋深控制在2~6m,并做好灌注记录。灌注桩高度超过桩顶设计高程0.5~1.0m,并在接桩前人工配合风镐凿除。

3.5.2 施工质量控制措施

1)坍孔及漏浆

(1)对护筒进行接长二次复振。

(2)停止泥浆循环缓慢进尺,形成坚固孔壁后方可正常钻进。

(3) 回填黄泥或片石至护筒脚 1m 以上,然后冲进至护筒脚 1m 以下,再回填冲进,如此反复几次后再正常冲进。

(4) 在护筒脚周围漏水,孔内水位降低,或在潮汐河流中涨潮时,孔内水位差减小,不能保持原有静水压力等均有可能引起坍孔。发生坍孔后应查明原因,并采取相应的措施:

①如坍孔方量较大又需保证原孔位时,可以黏土掺砂砾回填,待回填土沉实时机成熟后,重新钻孔成桩。

②如在浇筑混凝土过程中发生坍孔,少量坍方宜用泥浆机将坍入孔内泥土吸出,坍孔位置较深时,宜将导管拔出,将混凝土抓开,同时将钢筋抓出,回填砂砾黏土。

2) 缩孔

缩孔常因地层中含遇水能膨胀的软塑黏土或泥质页岩造成;钻头磨损过甚也会导致孔径缩小。前者应采用失水率小的优质泥浆护壁,后者应及时更换钻锤。缩孔已发生时可采用钻锤上下反复扫孔以扩大孔径。

3) 掉锤、卡锤

在冲击钻孔过程,由于操作不当造成打空锤、冲锤与钢丝绳结点连接不牢固及钢丝绳断丝都有可能引起掉锤或卡锤。在掉锤发生后应采用抓锥试抓冲锤,有必要时应派潜水员下桩底排除障碍,帮助取出冲锤,尽量不让冲锤掉在孔内。对于无法取出的冲锤须采取强行冲压将冲锤舂碎。

4) 钻孔无进尺、排渣不畅

(1) 加强排渣。

(2) 降低泥浆密度,加大配重。

(3) 糊钻时,可提出钻头清除泥块后,再施钻。

5) 导管进水

(1) 确保首批混凝土数量足够,导管底端到孔底的距离为 0.3~0.5m,首批混凝土灌注数量应保证导管埋入深度 1m 以上。

(2) 导管下放前须做水密性试验,实验结果符合规范要求方可下放。

(3) 拆除导管时控制提拔速度不宜过快。

6) 钢筋笼上浮

(1) 当孔内混凝土进入钢筋骨架 4~5m 后,适当提升导管以减小导管埋置长度。钢筋笼上端设置压重。

(2) 混凝土的坍落度、和易性、初凝时间应符合质量控制和灌注时间的要求。

(3) 合理控制导管和钢筋笼的共同埋深。当混凝土面接近钢筋笼底部时,应控制导管的提升高度,使其不超过0.85m/min,或减少混凝土的出料量,以降低超压力;当混凝土面已进入钢筋笼时,应尽量减小导管埋深,边提升导管边灌注混凝土。当混凝土面进入钢筋笼1~2m时,导管埋深应控制在2~3m之间。

(4)合理控制混凝土上返速度。在混凝土面没过钢筋笼下端面之后,要将导管的埋深始终控制在最小埋深(不低于1.0m)以上,不能将导管底端提到笼内时,应通过减少混凝土的出料量来降低混凝土的上返速度。

7)桩身夹泥

混凝土灌注前清孔彻底,缩短混凝土灌注时间以防止首批混凝土初凝。出现夹泥现象后可采用压浆补强处理。

8)断桩

(1)混凝土配合比严格按照有关水下混凝土的规范要求配制,并经常测试坍落度,防止导管堵塞。

(2)避免提升导管时挂住钢筋笼;提拔导管时要经过测算,防止导管脱离混凝土面。

(3)浇筑混凝土前应使用经过检漏的导管;浇筑混凝土要连续浇筑,供应混凝土不得中断时间过长。

(4)首批混凝土灌注方量应符合规范要求。

9)钢筋加工质量保证措施

(1)钢筋电焊工人应持证上岗,杜绝无证上岗操作。焊工在正式操作施焊前应先作试件试焊,试焊合格后才能正式参加工程施焊。

(2)施工过程中的焊接焊条品种规格必须5字开头。

(3)加工钢筋螺丝纹时,采用水溶性切削润滑液;当气温低于0℃时,不得在不加切削液的情况下套丝。

(4)钢筋直螺纹加工经检验合格后,应戴上保护帽或拧上套筒,以防碰伤和生锈。钢筋在运输及存放过程中不得取下保护帽。

(5)钢筋笼出厂前必须做好验收工作,对钢筋笼进行检查。

(6)吊点钢筋补强处焊接质量必须保证,专人检查。

(7)钢筋加工必须按设计图纸和规范施工,加工好的钢筋应分类挂牌堆放,钢筋应采用方木支垫(下垫高度为30cm),防止钢筋沾染污油、泥土和浸水锈蚀。钢筋绑扎必须严格按施工图的要求画线施工,做到横平竖直,焊接接头按规范要求错开。钢筋应进行隐蔽工程验收,经监理工程师验收合格后,才能浇筑混凝土。

10)混凝土质量保证措施

(1)混凝土浇筑前对参加施工的人员要进行详细的技术交底,使每个参加施工的人员明确施工的范围、岗位职责、工程数量。

（2）混凝土灌注桩灌注前对导管进行水密、承压和接头抗拉试验，以保证混凝土灌注过程中导管不漏水，提升导管时不至于拉断。

（3）控制首批混凝土的灌注量，首批混凝土的数量应足以保证拔球后导管的埋置深度大于1.0m。

（4）混凝土生产搅拌站采用120搅拌机，根据搅拌机生产混凝土能力及混凝土运输距离及现场施工需求，单根桩基灌注混凝土运输罐车配备不得少于8辆。

（5）灌注过程中，注意观察孔内泥浆流出情况，导管埋置深度要适当，导管提升要缓慢，要根据导管的埋置深度决定拆除导管长度。

（6）按照实验室提供的配合比搅拌混凝土，严控混凝土坍落度。

11）成孔质量控制措施

（1）为避免钢护筒埋设后受土压力变形，钢护采用10mm厚钢板卷制而成。

（2）场地清理整平完毕后，采用全站仪，对钻孔桩桩位进行精确定位，每根钻孔桩均需要2人以上对桩位进行复测，以保证钻孔桩位置的准确、可靠。

（3）钻进过程中应保证孔口安全，孔内严禁掉入铁件（如扳手、螺栓等）物品，以保证钻孔施工正常顺利进行。

（4）认真、仔细检查下入孔内的钻具，保证其可靠性，避免掉钻事故的发生。

（5）定时检测钻机底座的水平度（底座四角高差不得大于3mm）及钻塔的垂直度，发现问题及时调整，以保证钻孔的垂直度。

（6）钻孔过程中，护筒内泥浆面要保持一定的水头压力。

（7）遇到孔身倾斜，应分析原因，及时处理后方可继续钻孔。

（8）钻进过程中，要随时对钻渣取样，核实地质情况，确定钻进工艺，同时做好钻孔记录及水下混凝土浇筑记录。

3.6 桥梁抗风

3.6.1 风致行车安全事故调研

风致行车安全事故研究近年来得到了国内外桥梁运营管理部门以及专家学者的高度重视，主要是由于大风所致行车安全事故，在造成车辆毁坏和交通中断的同时，还因人员伤亡导致相关家庭遭受巨大精神打击、直接和间接经济损失，以及产生恶劣的社会影响。

一般由于以下几点因素，要求大桥设计需要考虑行驶车辆的侧风稳定性问题：

(1)桥位附近大风频发。

(2)桥面高度高且风速大。

(3)桥梁局部结构(如拱肋、桥塔等)会产生人造阵风,影响行车安全和舒适性。

(4)过往车辆类型多,尤其是一些轻型客车和大型集装箱车等,很容易受侧风影响。

(5)风对行车安全的影响问题在国内外桥梁设计、建设以及运营中已越来越受到重视,桥面行驶的机动车辆因风的作用而毁坏所产生的后果不仅在事故本身,而且由之将引起严重的交通阻塞问题,其性质等同于在并不恶劣的风环境下封桥,极大地影响了桥梁运营效率,同时也带来了不好的社会影响。

大风天气下桥面横风的影响改变了汽车的受力状态,使车辆所受的横向力成倍增大,造成行车过程中的横向失稳而发生交通事故。还有一些行车事故是在风雨交加的天气里,车辆在桥上行驶时由于风速太大而导致的翻车事故。2004年8月11日,东莞虎门大桥上出现了大风连续掀翻7辆货车的交通事故,青州闽江大桥上也曾有3辆汽车先后被吹翻的事故。在国外,关于风致桥上行车安全事故的报道也时有发生,如图3-32所示。

a)虎门大桥风致行车安全事故

b)青州闽江大桥风致翻车事故　　　　c)大跨桥梁风致客车倾覆

图3-32　各类风致行车安全事故

按照已建成桥梁的经验,当桥面实际瞬时风速达到19m/s时,微型客车、轻型客车和空载集装箱车就将面临通行安全问题,必须在原有道路限速规定的情况下,提高限速等级和进行必要的交通管制以提高风天行车安全。所以如何采取有效措施提高大桥风天的通行安全,提高桥梁运营效率无疑是该桥建设和运营管理必须要解决的问题。

针对大桥桥塔区桥面,以改善桥塔区行车道桥面行车高度范围风速影响系数的最大值不超过同等高度非桥塔区主梁桥面行车高度范围的风速影响系数为控制目标(以下简称"控制目标"),针对桥塔区桥面空间三维结构,采用数值风洞技术进行桥塔区桥面绕流仿真分析,结合控制目标,提出风障布置方案,根据风障方案的效果,推荐出较优的风障布置方案。

3.6.2 桥位边界层风特性

1) 桥址处基本风速 U_{10}

根据榕江特大桥的《潮汕环线高速公路榕江特大桥桥址风参数分析研究》,场地类别可取为 A 类,风速剖面幂函数指数 α 取为 0.12。桥址处的基本风速(B 类场地上空高度 10m 处、100 年重现期、年最大 10min 平均风速)取为:$U_{10} = 40.23 \text{m/s}$。

这样,桥址处 10m 高度的风速曲线取值,近似为:

$$U_{s10} = \left(\frac{350}{10}\right)^{0.16} \left(\frac{10}{300}\right)^{0.12} U_{10} = 1.174 \, U_{10} = 47.2 \text{m/s}$$

2) 桥梁设计基准风速 U_d

$$U_d = U_{s10} \left(\frac{50.46}{10}\right)^{0.12} = 47.2 \times 1.214 = 57.3 \text{m/s}$$

对于施工阶段,重现期按 30 年考虑,偏安全地以最低通航水位为参考,榕江特大桥主桥跨中桥面高程为 50.46m,则该桥桥面设计基准风速为:

$$U_d = U_{s10} \left(\frac{50.46}{10}\right)^{0.12} = 47.2 \times 1.214 = 57.3 \text{m/s}$$

对于施工阶段,重现期按 30 年考虑,则其设计基准风速为:

$$U_d^s = 0.92 U_d = 0.92 \times 57.3 = 52.7 \text{m/s}$$

3) 颤振检验风速 $[U_{cr}]$

榕江特大桥主跨长约 400m,参照《公路桥梁抗风设计规范》(JTG/T 3360-1—2018)按 A 类场地、考虑风速的脉动影响及水平相关特性的无量纲修正系数 $\mu_f = 1.24$,并取考虑风洞试验误差及设计、施工中不确定因素的综合安全系数 $K = 1.2$。则 100 年重现期颤振检验风速为:

$$[U_{cr}] = K\mu_f U_d = 1.2 \times 1.24 \times 57.3 = 85.3 \text{m/s}$$

施工阶段的颤振检验风速为:

$$U_{cr}^s = 1.2 \times 1.24 \times 52.7 = 78.4 \text{m/s}$$

4)静风稳定性检验风速$[U_{td}]$

根据《公路桥梁抗风设计规范》(JTG/T 3360-1—2018)6.1.5条规定,斜拉桥考虑结构几何非线性和气动非线性后成桥状态静风稳定性检验风速可取为:

$$[U_{td}] = KG_V U_d = 1.2 \times 1.19 \times 57.3 = 81.8 \text{m/s}$$

式中:K——安全系数,取$K=1.2$;

G_V——静阵风系数。

对于施工阶段,考虑结构几何非线性和气动非线性后静风稳定性检验风速为:

$$[U_{td}] = KG_V U_d = 1.2 \times 1.19 \times 52.7 = 75.3 \text{m/s}$$

5)脉动风特性参数确定

根据《公路桥梁抗风设计规范》(JTG/T 3360-1—2018)的有关规定,主桥桥位脉动风特性参数确定如下:

(1)桥面高度紊流强度

$$I_u : I_v : I_w = 1 : 0.88 : 0.5$$

式中:I_u——顺风向紊流强度,取$I_u = 0.12$;

I_v——展向紊流强度,取$I_v = 0.88 I_u = 0.11$;

I_w——竖直向紊流强度,取$I_w = 0.5 I_u = 0.06$。

(2)脉动风功率谱密度

$$\frac{nS_u(n)}{u_*^2} = \frac{200f}{(1+50f)^{5/3}}$$

$$\frac{nS_w(n)}{u_*^2} = \frac{6f}{(1+4f)^2}$$

式中:$S_u(n)$——脉动风水平分量功率谱密度;

$S_w(n)$——脉动风竖直分量功率谱密度;

n,f——脉动风频率和折算频率,且$f = \dfrac{nz}{U(z)}$;

u_*——剪切速度。

(3)脉动风空间相关性

$$Coh_{ij}(f) = \exp\left(-\lambda \frac{f r_j}{U}\right)$$

式中:i,j——脉动风分量($i = u, v, w$)和空间相关方向($j = x, y, z$);

r_j——空间两点之间的距离;

λ——无量纲衰减因子,取值范围为7~21,一般取$\lambda = 7$;

f——折算频率。

3.6.3 三维风环境数值模拟

桥梁结构动力特性分析是研究桥梁振动问题的基础,为了进行风荷载作用下的结构动力响应分析和开展节段模型测振风洞试验,必须首先计算桥梁结构的动力特性。为此,采用 ANSYS 有限元分析软件对榕江特大桥主桥斜拉桥结构的动力特性进行分析计算,主桥成桥状态、施工阶段最大单悬臂状态和单悬臂状态 A 为主要计算模型,各施工状态如图 3-33 ~ 图 3-35 所示。

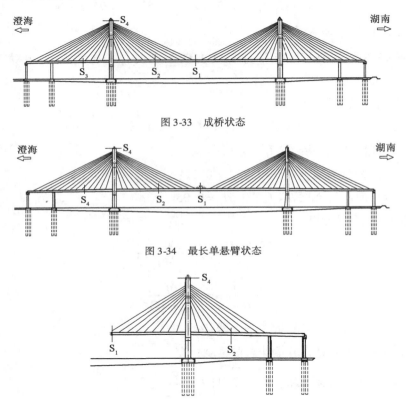

图 3-33 成桥状态

图 3-34 最长单悬臂状态

图 3-35 单悬臂状态 A

主桥斜拉桥结构的动力特性分析采用离散结构的有限元方法,主梁、桥塔和桥墩(过渡墩和辅助墩)离散为空间梁单元,斜拉索采用空间杆单元模拟并用 Ernst 公式进行弹性模量修正。有限元计算模型的总体坐标系以顺桥向为 X 轴,横桥向为 Y 轴,竖向为 Z 轴。结构成桥状态主梁与索塔之间竖向、侧向和扭转自由度约束,其余自由。主梁与辅助墩之间竖向和扭转自由度约束,其余方向自由。主梁和过渡墩之间竖向、扭转和侧向自由度约束,其余方向自由。索塔、过渡墩和辅助墩都在承台顶部固定。主梁悬臂施工状态主梁和索塔之间固结,其余相同。

主桥成桥状态、施工阶段最长单悬臂状态和单悬臂状态 A 的有限元计算模型如图 3-36～图 3-38 所示。

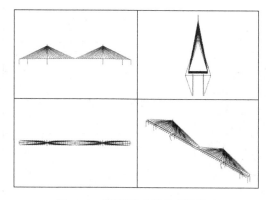

图 3-36　成桥状态有限元分析模型

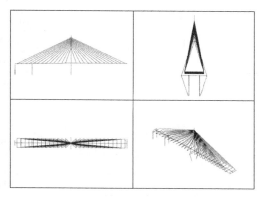

图 3-37　最长单悬臂状态有限元分析模型

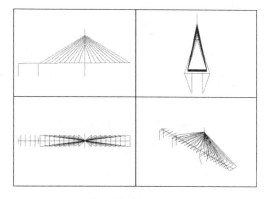

图 3-38　单悬臂状态 A 有限元分析模型

1) 成桥运营状态

表 3-36 列出了计算所得成桥状态的前 20 阶固有模态的频率和振型主要特点。

成桥状态固有动力特性　　　　表 3-36

振型号	频率(Hz)	阵型特点
1	0.180	主梁纵飘
2	0.359	主梁一阶对称竖弯
3	0.509	主梁一阶反对称侧弯
4	0.588	主梁一阶对称侧弯
5	0.774	桥塔反对称侧弯
6	0.785	桥塔对称侧弯

续上表

振型号	频率(Hz)	阵型特点
7	0.808	主梁二阶对称侧弯
8	0.948	主梁二阶反对称侧弯
9	0.964	主梁一阶对称扭转
10	1.004	主梁三阶对称竖弯
11	1.163	主梁边跨竖弯
12	1.163	主梁边跨侧弯
13	1.190	主梁三阶反对称竖弯
14	1.244	桥塔侧弯
15	1.328	主梁边跨竖弯
16	1.446	桥塔侧弯
17	1.495	桥塔侧弯
18	1.503	主梁一阶反对称扭转
19	1.516	主梁四阶对称竖弯
20	1.707	桥塔顺桥向弯曲

2）施工阶段最长单悬臂状态

表3-37列出了计算所得施工阶段最长单悬臂状态的前10阶固有模态的频率和振型主要特点。

最长单悬臂状态固有动力特性　　　　　　　　　表3-37

阵型号	频率(Hz)	阵型特点
1	0389	主梁一阶竖弯
2	0.530	主梁一阶侧弯
3	0.739	主梁竖弯
4	0.802	主梁侧弯
5	0.969	主梁竖弯
6	1.117	主梁扭转
7	1.207	边跨主梁竖弯
8	1.366	桥塔侧弯
9	1.498	桥塔侧弯
10	1.592	主梁竖弯

3）施工阶段单悬臂状态A

表3-38列出了计算所得施工阶段单悬臂状态A的前10阶固有模态的频率和振型主要特点。

单悬臂状态 A 固有动力特性　　　　　　　　　　　　　　　　　　表 3-38

阵型号	频率（Hz）	阵型特点
1	0389	主梁一阶反对称竖弯
2	0.754	主梁一阶反对称侧弯
3	0.843	主梁竖弯
4	0.974	主梁测弯
5	1.176	主梁竖弯
6	1.344	主梁竖弯
7	1.400	桥塔弯曲
8	1.456	主梁扭转
9	1.540	桥塔弯曲
10	1.642	桥塔弯曲

成桥状态、施工阶段最长单悬臂状态和单悬臂状态 A 的竖弯、侧弯和扭转基频见表 3-39。

各结构状态竖弯、侧弯和扭转基频　　　　　　　　　　　　　　　　表 3-39

基频	成桥状态	最长单悬臂状态	单悬臂状态 A
一阶竖弯基频（Hz）	0.359	0.389	0.389
一阶扭转基频（Hz）	0.964	1.117	1.456
一阶侧弯基频（Hz）	0.588	0.530	0.754

3.6.4　均匀流场试验

均匀流场中的试验共有 9 个工况，见表 3-40，对榕江特大桥主桥成桥运营状态及两种施工状态——最长单悬臂状态和单悬臂状态 A，在均匀流场中的颤振稳定性、静风稳定性和涡激共振特性进行了详细的研究。

全桥气动弹性模型风洞试验工况一览　　　　　　　　　　　　　　表 3-40

序号	结构状态	风攻角（°）	试验内容	风速比	试验风速范围（m/s）	风场
1	成桥状态	+3	颤振稳定性 静风稳定性涡激共振	1:11	0.0~9.0	均匀流场
2		0			0.0~9.0	
3		-3			0.0~9.0	
4		0	颤振稳定性 静风稳定性风振稳定性		0.0~9.0	紊流场

续上表

序号	结构状态	风攻角(°)	试验内容	风速比	试验风速范围(m/s)	风场
5	最长单悬臂状态	+3	颤振稳定性静风稳定性涡激共振	1:11	0.0~9.0	均匀流场
6		0			0.0~9.0	
7		-3			0.0~9.0	
8		0	颤振稳定性静风稳定性风振稳定性		0.0~9.0	紊流场
9	单悬臂状态A	+3	颤振稳定性静风稳定性涡激共振	1:11	0.0~9.0	均匀流场
10		0			0.0~9.0	
11		-3			0.0~9.0	
12		0	颤振稳定性静风稳定性风振稳定性		0.0~9.0	紊流场

1) 颤振和静风稳定性检验

(1) 成桥状态颤振和静风稳定性

图 3-39 与图 3-40 为榕江特大桥主桥成桥状态在均匀流场 -3°、0°和 +3°, 共 3 种风攻角来流作用下主梁 S1~S3 截面竖向、扭转和横桥向振动位移根方差响应随风速的变化曲线; 桥塔塔顶 S4 截面纵桥向、横桥向位移根方差响应随风速的变化曲线; 其中风速和位移响应已按相似关系换算为实桥值(下同), 如图 3-41 所示。

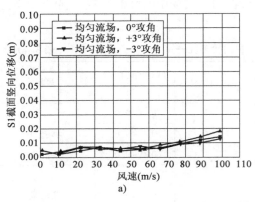
a)

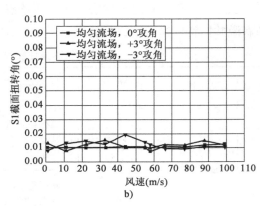
b)

图 3-39

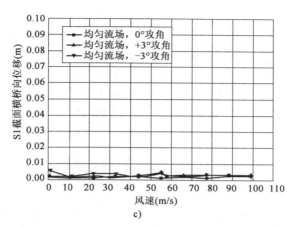
c)

图 3-39 各风攻角下成桥状态主梁 S1 位移根方差响应——风速曲线（均匀流场，$\beta = 0°$）

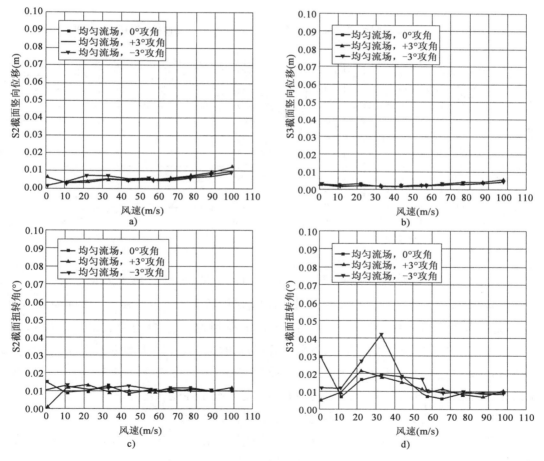

图 3-40

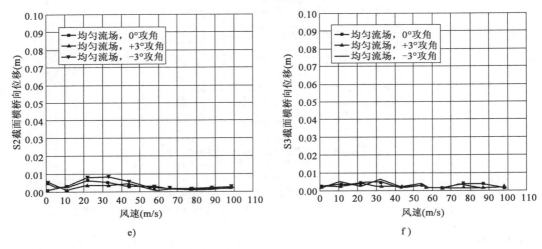

图3-40　各风攻角下成桥状态主梁 S2、S3 位移根方差响应——风速曲线（均匀流场，$\beta=0°$）

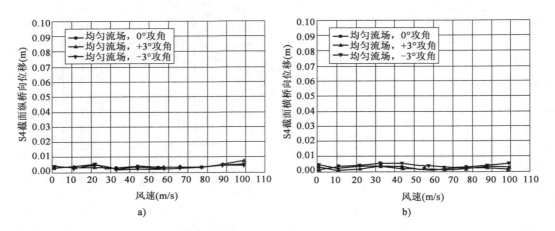

图3-41　各风攻角下成桥状态塔顶位移根方差响应——风速曲线（均匀流场，$\beta=0°$）

试验结果表明：由于特征紊流的作用，均匀流场中桥梁的风振位移根方差响应并不为零，而是随着风速的增加而增大。显然直至 99.0m/s 风速，成桥状态没有出现竖向、横桥向弯曲振动和扭转振动的发散现象，该桥在各风攻角均匀流作用下的颤振临界风速均大于 99.0m/s，并且大于成桥状态颤振检验风速 85.3m/s。而且，成桥状态在结构不同风攻角条件下均未出现静风失稳现象，表明桥梁结构静风稳定性能满足要求。

（2）最长单悬臂状态和单悬臂状态 A 颤振和静风稳定性。

同理求得最长单悬臂状态颤振和静风稳定性和单悬臂状态 A 颤振和静风稳定性的试验结果。三种施工状态下颤振风速试验结果的汇总见表 3-41。

颤振临界风速试验结果汇总　　　　　　　　　表3-41

结构状态	流场	风攻角	全桥气弹模型试验结果(m/s)	节段模型试验结果(m/s)	颤振检验风速(m/s)
成桥状态	均匀流畅	+3°	>99.0	>190	[85.3]
		0°	>99.0	>190	
		-3°	>99.0	>190	
	紊流场	0°	>99.0	—	
最长单悬臂状态	均匀流场	+3°	>99.0	>200	[78.4]
		0°	>99.0	>200	
		-3°	>99.0	>200	
	紊流场	0°	>88.0	—	
单悬臂状态A	均匀流场	+3°	>88.0	>200	[78.4]
		0°	>88.0	>200	
		-3°	>88.0	>200	
	紊流场	0°	>88.0	—	

注：紊流场中颤振临界点以主梁跨中或悬臂端截面扭转角响应根方差等于0.5°，且此时主梁振动表现为明显的单频或窄带扭转振动这两个条件为判断标准。

2）涡激共振特性检验

(1)涡激共振振幅允许值

参照《公路桥梁抗风设计规范》(JTG/T 3360-1—2018)，榕江特大桥主桥成桥运营状态下竖弯涡振及扭转涡振允许振幅分别为：

$$[h_a] = 0.04/f_b = 0.04/0.359 = 0.111\text{m}$$

$$[\theta_a] = 4.56/Bf_t = 4.56/(41.1 \times 0.964) = 0.115°$$

最长单悬臂状态下竖弯涡振及扭转涡振允许振幅分别为：

$$[h_a] = 0.04/f_b = 0.04/0.389 = 0.103\text{m}$$

$$[\theta_a] = 4.56/Bf_t = 4.56/(41.1 \times 1.117) = 0.099°$$

单悬臂状态A下竖弯涡振及扭转涡振允许振幅分别为：

$$[h_a] = 0.04/f_b = 0.04/0.389 = 0.103\text{m}$$

$$[\theta_a] = 4.56/Bf_t = 4.56/(41.1 \times 1.456) = 0.076°$$

(2)涡激共振发生风速范围、振幅

均匀流场中全桥气动弹性模型涡激共振试验工况共有9个，检验了成桥运营状态和两种主要施工状态：最长单悬臂状态和单悬臂状态A的涡激共振情况，结果如下：

成桥运营状态：在0~57.3m/s(成桥状态设计基准风速)风速范围内，-3°、0°和+3°共3种风攻角时均未发现涡激共振现象。

最长单悬臂状态：在0~52.7m/s(施工阶段设计基准风速)风速范围内，-3°、0°和

+3°共3种风攻角时均未发现涡激共振现象。

单悬臂状态A:在0~52.7m/s(施工阶段设计基准风速)风速范围内,-3°、0°和+3°共3种风攻角时均未发现涡激共振现象。

3.6.5 紊流场试验

紊流场中的试验共有3个工况,分别对榕江特大桥主桥的成桥运营状态、最长单悬臂状态和单悬臂状态A在紊流场中的颤振(驰振)和静风稳定性、涡激共振特性和风振响应进行了详细的研究。

1) 颤振和静风稳定性检验

(1) 成桥运营状态颤振和静风稳定性

图3-42与图3-43分别给出了榕江特大桥主桥成桥运营状态在紊流场-0°风攻角来流作用下主梁S1~S3截面竖向、扭转和横桥向振动位移根方差响应随风速的变化曲线;图3-44则给出了桥塔塔顶S4截面纵桥向和横桥向位移响应根方差响应随风速的变化曲线;其中风速和位移响应已按相似关系换算为实桥值(下同)。

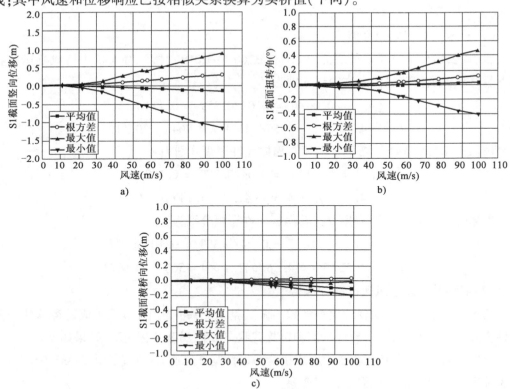

图3-42 成桥运营状态主梁S1位移响应风速曲线(紊流场,$\beta=0°$)

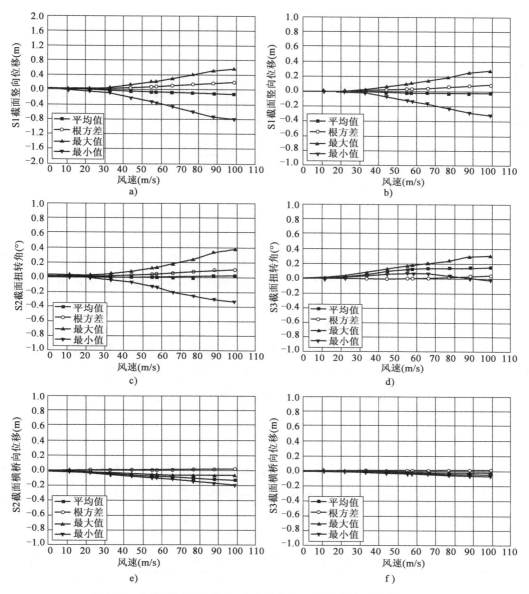

图 3-43 成桥运营状态主梁 S2、S3 位移响应——风速曲线（紊流场，$\beta=0°$）

试验结果表明：由于来流紊流和特征紊流的作用，紊流场中桥梁的风振位移根方差响应随着风速的增加而增大，并且明显大于其在均匀流场中的风振位移响应根方差值。直至 99.0m/s 风速，桥梁振动响应未出现明显的突然发散现象，榕江特大桥成桥运营状态在 0°风攻角来流作用下的颤振临界风速均高于 99.0m/s，大于成桥运营状态颤振检验风速 85.3m/s，具有足够的颤振稳定性。

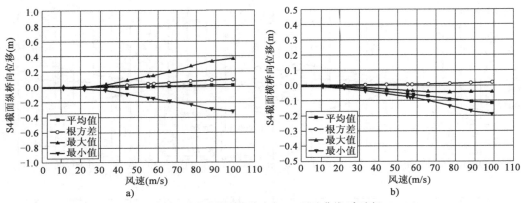

图3-44 成桥运营状态塔顶位移响应——风速曲线（紊流场，$\beta=0°$）

（2）最长单悬臂状态颤振和静风稳定性

同理,试验结果表明：直至88.0m/s风速,桥梁振动响应未出现明显的突然发散现象,榕江特大桥最长单悬臂状态在$-0°$风攻角来流作用下的颤振临界风速均高于88.0m/s,大于施工状态颤振检验风速78.4m/s,具有足够的颤振稳定性。

（3）单悬臂状态A颤振和静风稳定性

同理,试验结果表明：直至88.0m/s风速,桥梁振动响应未出现明显的突然发散现象,榕江特大桥单悬臂状态A在$-0°$风攻角来流作用下的颤振临界风速均高于88.0m/s,大于施工状态颤振检验风速78.4m/s,具有足够的颤振稳定性。

2）风载位移响应测试

（1）成桥运营状态风载位移响应

表3-42给出了0°风攻角来流作用下主梁S1、S2和S3截面竖向位移、扭转角和横桥向位移响应以及桥塔塔顶S4截面纵桥向、横桥向位移的平均值、根方差值、最大值和最小值随风速的变化曲线。其中最大（小）值等于平均值加（减）振动响应峰值（按3.5倍根方差计算）。

成桥运营状态紊流场风振响应（$\alpha=0°$，$U=57.3$m/s）　　表3-42

截面		竖向位移（m）				横桥向位移（m）				扭转角（°）			
		平均值	根方差值	最大值	最小值	平均值	根方差值	最大值	最小值	平均值	根方差值	最大值	最小值
主梁	S1	-0.074	0.130	0.382	-0.531	-0.046	0.007	-0.022	-0.071	0.006	0.045	0.163	-0.151
	S2	-0.062	0.084	0.231	-0.356	-0.081	0.005	-0.064	-0.097	-0.007	0.038	0.127	-0.141
	S3	-0.013	0.033	0.102	-0.129	-0.034	0.003	-0.025	-0.043	0.137	0.015	0.190	0.083
桥塔	S4	0.000	0.042	0.149	-0.148	-0.059	0.006	-0.038	-0.081	—	—	—	—

榕江特大桥主桥成桥运营状态桥面高度处的设计基准风速为 57.3m/s,在 0°风攻角来流风速作用下,成桥运营状态各测量截面处的风振响应。

试验结果表明:成桥运营状态在设计基准风速下的主梁风振响应以竖向位移为主,扭转和横桥向位移响应较小。主梁中跨跨中 S1 截面的竖向风致位移响应最大值为 0.382m,最小值为 -0.531m;横桥向风致位移响应最大值为 -0.022m,最小值为 -0.071m;风致扭转响应最大值为 0.163°,最小值为 -0.151°。桥塔塔顶 S4 截面的纵桥向风致位移响应最大值为 0.149m,最小值为 -0.148m;横桥向风致位移响应最大值为 -0.038m,最小值为 -0.081m。

(2)最长单悬臂状态风振响应

如表 3-43 所示,计算 0°风攻角来流作用下主梁 S1、S2 和 S3 截面竖向位移、扭转角和横桥向位移响应以及桥塔塔顶 S4 截面纵桥向、横桥向位移的平均值、根方差值、最大值和最小值随风速的变化曲线。其中最大(小)值等于平均值加(减)振动响应峰值(按 3.5 倍根方差计算)。

最长单悬臂状态紊流场风振响应($\alpha = 0°$, $U = 57.3$m/s)　　表 3-43

截面		竖向位移(m)				横桥向位移(m)				扭转角(°)			
		平均值	根方差值	最大值	最小值	平均值	根方差值	最大值	最小值	平均值	根方差值	最大值	最小值
主梁	S1	0.009	0.158	0.563	-0.544	-0.082	0.017	-0.024	-0.140	0.075	0.041	0.217	-0.067
	S2	-0.027	0.067	0.206	-0.261	-0.086	0.008	-0.060	-0.112	-0.031	0.037	0.100	-0.162
	S3	-0.009	0.067	0.227	-0.245	-0.032	0.007	-0.009	-0.056	0.054	0.054	0.125	0.018
桥塔	S4	-0.029	0.037	0.100	-0.159	-0.055	0.006	-0.035	-0.074	—	—	—	—

试验结果表明:最长单悬臂状态在设计基准风速下的主梁风振响应以竖向和横桥向位移为主,扭转响应较小。主梁中跨跨中 S1 截面的竖向风致位移响应最大值为 0.563m,最小值为 -0.544m;横桥向风致位移响应最大值为 -0.024m,最小值为 -0.140m;风致扭转响应最大值为 0.217°,最小值为 -0.067°。桥塔塔顶 S4 截面的纵桥向风致位移响应最大值为 0.100m,最小值为 -0.159m;横桥向风致位移响应最大值为 -0.035m,最小值为 -0.074m。

(3)单悬臂状态 A 风振响应

表 3-44 给出了 0°风攻角来流作用下主梁 S1 和 S2 截面以及桥塔塔顶 S4 截面纵桥向、横桥向位移的平均值、根方差值、最大值和最小值。其中最大(小)值等于平均值加(减)振动响应峰值(按 3.5 倍根方差计算)。

单悬臂状态 A 紊流场风振响应($\alpha=0°$,$U=57.3$m/s) 表 3-44

截面		竖向位移(m)				横桥向位移(m)				扭转角(°)			
		平均值	根方差值	最大值	最小值	平均值	根方差值	最大值	最小值	平均值	根方差值	最大值	最小值
主梁	S1	-0.002	0.107	0.373	-0.376	-0.032	0.009	-0.001	-0.062	0.032	0.025	0.121	-0.057
	S2	-0.010	0.086	0.292	-0.312	-0.006	0.005	-0.010	-0.022	-0.003	0.011	0.036	-0.041
桥塔	S5	-0.004	0.042	0.143	-0.150	-0.025	0.006	-0.002	-0.047	—	—	—	—

试验结果表明:单悬臂状态 A 在设计基准风速下的主梁风振响应以竖向位移和横桥向位移为主,扭转响应较小;主梁中跨悬臂端 S1 截面的竖向风致位移响应最大值为 0.373m,最小值为 -0.376m;横桥向风致位移响应最大值为 -0.001m,最小值为 -0.062m;风致扭转响应最大值为 0.121°,最小值为 -0.057°。桥塔塔顶 S4 截面纵桥向风致位移响应最大值为 0.143m,最小值为 -0.150m;横桥向风致位移响应最大值为 -0.002m,最小值为 -0.047m。

3.6.6 风障布置方案优化与评价

1)风障方案一风环境研究

风障方案一是对桥塔两侧增加风障,风障方案为:桥塔中心向两侧各延伸 39m 变高度风障(6 道障条区域 13m、4 道障条区域 16m、2 道障条区域 10m)。主梁断面如图 3-45 所示,风障方案一纵桥向布置如图 3-46 所示。计算模型如图 3-47 所示。

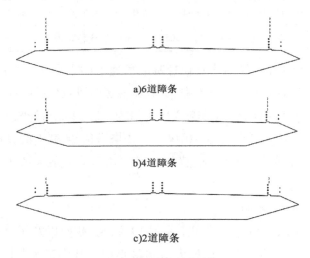

a)6道障条

b)4道障条

c)2道障条

图 3-45 风障方案一主梁断面

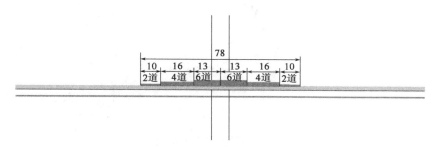

图 3-46 风障方案一纵桥向布置(尺寸单位:m)

图 3-47 风障方案计算模型

根据桥塔两侧风障施加的范围,对顺桥向研究位置进行了调整,在顺桥向分别选取的研究位置有桥塔中心到外侧 0m、2m、4m、6m、8m、10m、12m、14m、16m、20m、28m、30m、35m、38m、40m、100m,如图 3-48 所示。桥塔区表面压力云图和绕流场显示如图 3-49、图 3-50 所示,桥塔区风速剖面如图 3-51 所示。检测各截面风速曲线如图 3-52~图 3-59 所示。

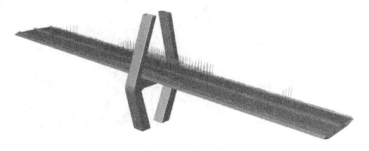

图 3-48 风障方案一监测位置示意图

图 3-49　风障方案一桥梁表面压力云图

图 3-50　风障方案一桥塔区绕流场显示

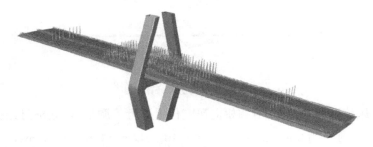

图 3-51　风障方案一桥塔区桥面风速剖面显示

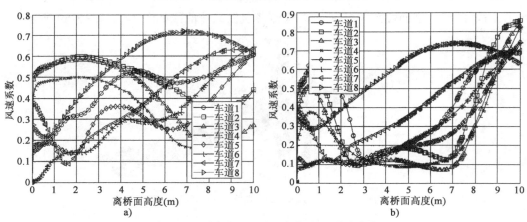

图 3-52　风障方案一 0m、2m 各位置风速分布曲线

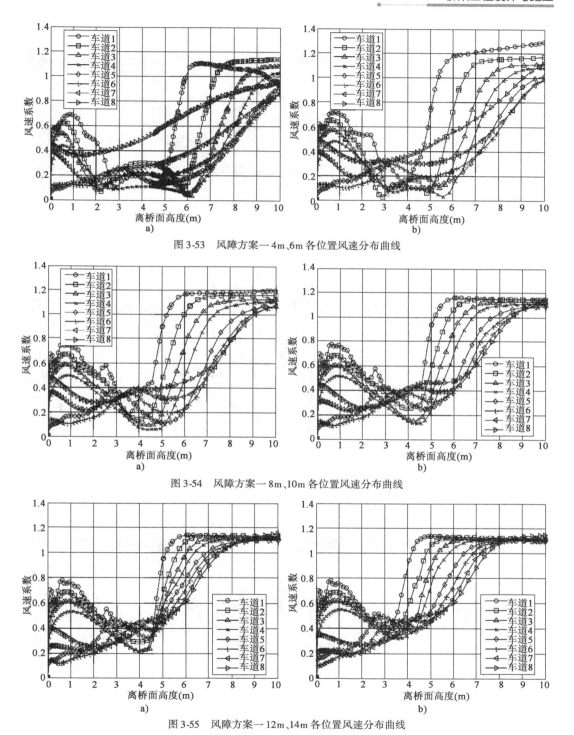

图 3-53 风障方案一 4m、6m 各位置风速分布曲线

图 3-54 风障方案一 8m、10m 各位置风速分布曲线

图 3-55 风障方案一 12m、14m 各位置风速分布曲线

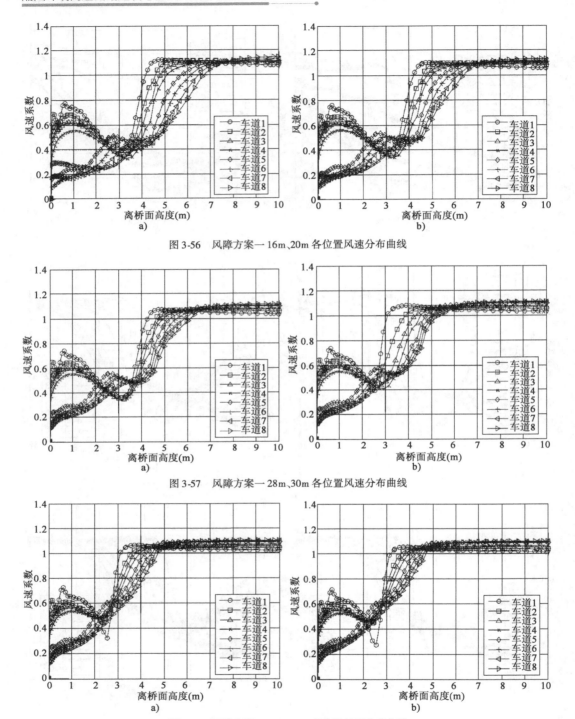

图 3-56 风障方案一 16m、20m 各位置风速分布曲线

图 3-57 风障方案一 28m、30m 各位置风速分布曲线

图 3-58 风障方案一 35m、38m 各位置风速分布曲线

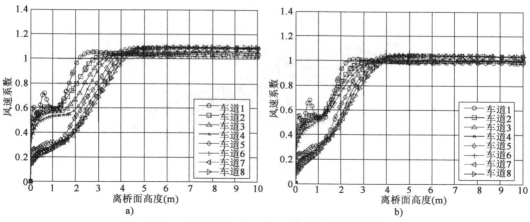

图 3-59 风障方案一 40m、100m 各位置风速分布曲线

2) 风障方案二风环境研究

风障方案二是对桥塔两侧增加风障,风障方案为:桥塔中心向两侧各延伸 58m 变高度风障(6 道障条区域 22m、4 道障条区域 20m、2 道障条区域 16m)。主梁断面与方案一相同,风障方案二纵桥向布置如图 3-60 所示。计算模型如图 3-61 所示。根据桥塔两侧风障施加的范围,对顺桥向研究位置进行了调整,在顺桥向分别选取的研究位置有桥塔中心到外侧 0m、2m、4m、6m、8m、10m、12m、14m、16m、21m、23m、32m、41m、43m、50m、57m、59m、120m,如图 3-62 所示。桥塔区表面压力云图和绕流场显示如图 3-63、图 3-64 所示。桥塔区风速剖面如图 3-65 所示。

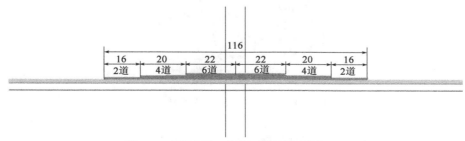

图 3-60 风障方案二纵桥向布置(尺寸单位:m)

图 3-61 风障方案二计算模型

图 3-62　风障方案二监测位置示意图

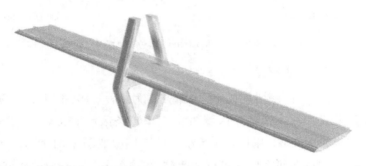

图 3-63　风障方案二桥梁表面压力云图

图 3-64　风障方案二桥塔区绕流场显示

图 3-65　风障方案二桥塔区桥面风速剖面显示

3) 风障方案三风环境研究

风障方案三是在桥塔两侧增加风障,风障方案为:桥塔中心向两侧各延伸82m变高度风障(6道障条区域28m、4道障条区域32m、2道障条区域22m)。主梁断面与方案一相同,风障方案三纵桥向布置如图3-66所示。计算模型如图3-67所示。

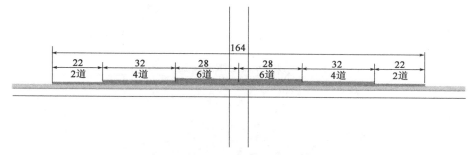

图3-66 风障方案三纵桥向布置(尺寸单位:m)

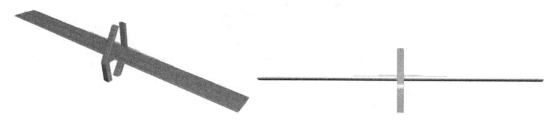

图3-67 风障方案三计算模型

根据桥塔两侧风障施加的范围,对顺桥向研究位置进行了调整,在顺桥向分别选取的研究位置有桥塔中心到外侧0m、2m、4m、6m、8m、10m、12m、14m、16m、20m、27m、29m、44m、59m、61m、71m、81m、83m、140m,如图3-68所示。桥塔区表面压力云图和绕流场显示如图3-69、图3-70所示,桥塔区风速剖面如图3-71所示。

图3-68 风障方案三监测位置示意

图 3-69　风障方案三桥梁表面压力云图

图 3-70　风障方案三桥塔区绕流场显示

图 3-71　风障方案三桥塔区桥面风速剖面显示

同理统计风障方案二和方案三各位置风速分布曲线,为后文方案评价和比选提供依据。

4) 等效桥面风速及影响系数

为了比较来流风速和桥面不同高度位置风速的对应关系,定义了等效桥面风速和影响系数。由于主梁和栏杆等附属结构的影响,均匀的侧向来流风速在桥面形成一定厚度的边界层,为了比较,根据侧向气动力等效原则定义等效桥面风速:

$$U_{\text{eff}} = \sqrt{(1/zr)\int_0^{zr} u^2(z)\,\mathrm{d}z}$$

这里 z_r 表示汽车所处的高度范围,一般的基本乘用车和交叉型乘用车选取高度范围为 3.0m;中型客车、大型客车和大型厢式货车高度范围选为 5.0m。桥梁结构对桥面风环境的影响用桥面等效风速与实际风速的比值表示,定义其为影响系数 λ_s。

$$\lambda_s = \frac{U_{\text{eff}}}{U_\infty}$$

计算获得距桥塔中心不同距离各车道范围风速影响系数曲线如图 3-72 ~ 图 3-75 所示。从中可以看出,风速影响系数受到桥塔的作用,在桥塔附近出现峰值,且变化非常剧烈;施加风障之后,桥塔附近风速影响系数减小,峰值得到消除,曲线变化趋缓。

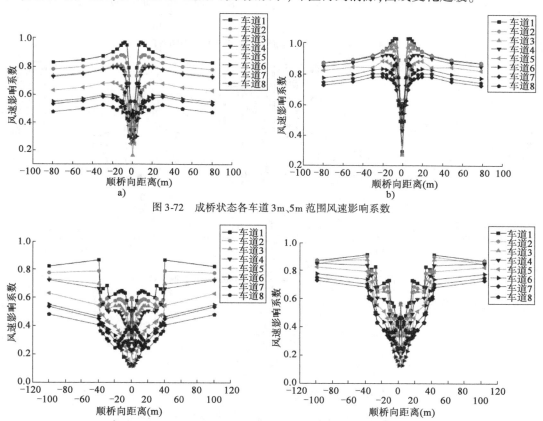

图 3-72　成桥状态各车道 3m、5m 范围风速影响系数

图 3-73　风障方案一各车道 3m、5m 范围风速影响系数

5)方案评价与比选

(1)风障减风效果评价标准

观察以上桥面风速影响系数分布图可以发现,无风障时桥塔外侧风速明显突增,然后逐渐减小到来流风速,对行车安全十分不利。安装风障后,对此有明显的改善效果。从以下几个指标对风障的改善效果进行评价(取 5m 范围内风速影响系数):

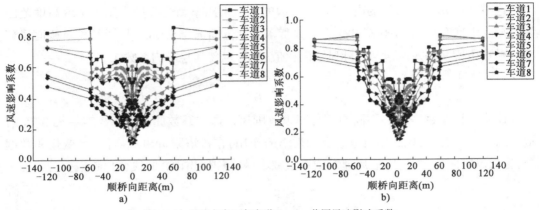

图3-74 风障方案二各车道3m、5m范围风速影响系数

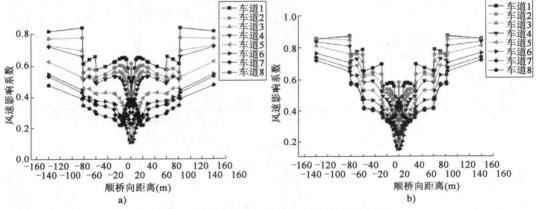

图3-75 风障方案三各车道3m、5m范围风速影响系数

①风速系数影响率 R。

$$R = \frac{\lambda_{smax}}{\lambda_{sstand}}$$

式中：λ_{smax}——最大风速影响系数；

λ_{sstand}——远离桥塔的风速影响系数。

R 越接近于1，表示车行驶过桥的过程中风速变化越小，行车越安全。

②安全因数 K。

$$K = \frac{L}{v \times T}$$

式中：L——从桥塔中心线到达到最大风速影响系数 λ_{smax} 的距离；

v——榕江特大桥限速值，取100km/h；

T——驾驶员反应时间。

在以往的试验中发现,驾驶员实际是在侧向风反应后0.2s开始修正方向的,但是由于转向存在间隙、弹性以及侧向力变化的特性,0.8s之后汽车才真正接收到驾驶员的反应效应,因此反应时间取0.8s。安全因数K综合考虑了风速与反应时间两种要素,K能很好地反映出风障对桥塔区风环境的改善效果,K越大,改善效果越好。

③三种方案评价指标,具体见表3-45。

风障评价指标一览表 表3-45

桥梁状态	λ_{smax}	R	$L(m)$	K
原始状态	0.990	1.135	8	0.36
方案一	0.892	1.059	40	1.80
方案二	0.877	1.017	59	2.66
方案三	0.869	1.012	83	3.74

如表3-45所示,安装风障后,风速系数影响率R降低,安全因数K明显提高,并且随着风障的长度的增加,改善效果增强,其中风障三方案改善效果最好,对行车安全最为有利。结合国内已实施桥塔区风障桥梁的实例,一般认为当R系数接近1.0时,$K \geqslant 2.5$,即可显著降低桥塔区风天行车安全风险。因此,本项目通过经济性和实际效果两方面综合考虑,推荐风障方案二。

(2)风障方案比选

本章提出了三种风障布置方案。

方案一:桥塔中心向两侧各延伸39m变高度风障(6道障条区域13m、4道障条区域16m、2道障条区域10m)。

方案二:桥塔中心向两侧各延伸58m变高度风障(6道障条区域22m、4道障条区域20m、2道障条区域16m)。

方案三:桥塔中心向两侧各延伸82m变高度风障(6道障条区域28m、4道障条区域32m、2道障条区域22m)。

针对三种风障方案下桥塔区行车风环境进行研究,得到了各检测位置处的风速剖面。

在数值模拟的基础上,计算得到了风速影响系数。成桥状态风速影响系数受到桥塔的作用,在桥塔附近出现峰值,且变化然非常剧烈;施加风障之后,桥塔附近风速影响系数减小,峰值得到消除,曲线变化趋缓。通过风障减风效果分析,从经济性和实际效果两方面综合考虑,推荐风障方案二。

4 隧道工程设计与施工

4.1 华美山隧道

4.1.1 地质条件、施工工艺和技术特点

1) 地质条件

华美山隧道处于丘陵区,山岭相连,峰峦叠嶂,地形起伏较大。隧道范围内中线高程为 7~139m,最大高差约为 132m,山体自然坡度 20°~45°,局部大于 50°,山体表层植被较发育,沿线右侧山坡多为坡地。进、出口均处于山前斜坡地带,山坡处于基本稳定状态。隧址区交通条件较好,有乡村土路可达洞口附近。RK35+500~RK35+800(ZK35+530~ZK35+900)分布一垃圾填埋场,高程在 57~62.7m。另外隧道地表山体分布有大小高压塔 9 座,隧道与 500kV 韩汕甲(乙)线、2200 汕桑甲(乙)线、500 汕榕甲(乙)线均有近垂直相交、斜交或近平行。

隧道段地表水不发育,冲沟地段在雨季雨水汇集可产生暂时性的水流,隧道进口左侧约 180m 为一蓄水山塘,水面高程约 17.1m,略高于隧道设计高程。RK34+080 发育一地表水流,流量约 1728m³/d,流速 0.25m/s。隧道地下水主要为风化裂隙水,风化裂隙多发育于岩体的浅部,延伸不长,无方向性,连通性较差,因此含水率较少,给水量较小。主要接受大气降水补给,在冲沟等低洼部位以地下径流形式排泄。

根据工程地质调绘成果,隧道在 RK35+714 与兴宁—揭阳褶皱断裂带 F1 断裂呈 50°角相交。F1 断裂走向 NW305°~310°,倾向 SW,倾角 65°~85°,延伸长度大于 15km。断裂切割燕山期花岗岩,主要表现挤压片理化带、大型节理带和断层角砾石蚀变带,破碎带

宽度3~6m,沿带多处有基性-中基性岩脉充填,钻孔HMS-SSZK05中末节揭示明显断裂构造行迹,说明断层呈高度发育,施工时需加强超前地质预报工作。

2)施工工艺和技术特点

隧道采用新奥法施工,严格遵循"少扰动、快加固、勤量测、早封闭"的原则。采用大型施工机械配套施工,开挖出渣机械配套作业线、初期支护混凝土机械配套作业线与二次衬砌混凝土施工作业线相配合一条龙作业。软弱围岩坚持"短进尺、弱(不)爆破、快封闭、强支护、紧衬砌"的原则,开挖后仰拱及时跟上封闭成环。施工中进行超前地质预报,采用先进的量测探测技术对围岩提前做出判断,拟定相应的施工方案。

华美山隧道采取进、出口对向同步开挖掘进的施工方式,暗洞施工采用双侧壁导坑开挖法。Ⅳ级深埋围岩采用上下台阶留核心土法、单侧壁法或三台阶法开挖,洞身Ⅴ级浅埋、Ⅴ级偏压围岩采用双侧壁导坑工法开挖紧急停车带,Ⅳ级围岩采用双侧壁导坑工法开挖。现场实际施工过程中,根据隧道监控量测资料、围岩的裂隙发育、软弱夹层和地下水等情况,由施工单位和监理工程师在施工过程中做适当调整,以确保工程质量和施工人员安全。

4.1.2 洞口、明洞与浅埋段工程

1)地质条件

左、右线隧道进口均位于斜坡地段,洞口及洞口段围岩详细分级为Ⅴ级。自然坡度25°~35°,自然坡向约30°,与路线走向呈21°相交。地层为燕山期花岗岩,上部为强风化,厚15.0~20.0m,下为中风化花岗岩。强风化花岗岩结构大部分破坏,岩质极软,遇水易崩解;中风化花岗岩节理裂隙发育,岩体破碎。边坡及仰坡开挖时,在无坡面防护或无超前支护措施、不恰当的爆破施工、坡比较陡、地表水冲刷等情况下,边坡岩土体易产生坍塌、碎落。基岩含风化裂隙水,但含水微弱、水量贫乏,地下水对洞口稳定性影响较小。

2)施工方法及工艺

洞口测量:依据设计准确放出开挖边线、截水沟的位置,及洞口中心桩位置、洞门里程和仰拱高程,并报请监理工程师审批,批复后方可施工。

洞口土石方开挖:采取自上而下,分层开挖,分层高度为2m,表层土采用挖掘机开挖,表层土以下采用钻爆法开挖,装载机配合自卸车运渣。

洞口锚喷防护:人工配合修整边坡达到设计要求,然后对边、仰坡锚喷网防护。

一般洞口段施工顺序:挡墙砌筑→回填水泥土→边仰坡开挖(套拱施工)出口端左洞偏压明洞先行开挖施作明洞挡墙,后进行水泥土回填。水泥土分层压实,填筑层厚不大于30cm,再进行边仰坡开挖支护,施作导向墙及大管棚。

(1) 洞顶截水沟施工

洞口土石方开挖前,按照设计图纸并结合洞口地形情况在开挖线 5m 处施作截水天沟,将地表水接入既有排水系统。天沟设计为 M7.5 浆砌片石,施工时严格按施工规范、检验评定标准和设计要求执行,要求强度满足要求,外观美观,沟内排水畅通,做到不渗不漏,防止地表水渗入开挖面,影响洞口边、仰坡的稳定性排水工程在施工中,必须注意与周围排水系统连通,保证路基安全稳定,水流畅通,避免污染农田。

施工工艺流程为:沟槽开挖→木模板制安装→沟身混凝土灌注→沟墙混凝土灌注→混凝土振捣→拆模养护。

(2) 洞口边仰坡开挖防护

①边仰坡开挖。

洞口边仰坡工程采用明挖法施工。洞口边、仰坡土石方开挖采取自上而下顺序分层开挖,土方采用人工配合挖掘机刷坡,自卸汽车配合运输弃土;石方开挖采用静态爆破,预留保护层由人工凿除,以减少对岩石的扰动,装载机进行装渣作业,自卸汽车运输弃渣。边、仰坡随挖随护,开挖完成的同时进行喷锚作业,封闭岩面。

②边仰坡防护。

进口洞口回填边坡及仰拱防护采用喷锚支护形式,锚杆采用 $\phi 22mm$ 砂浆锚杆,每根长 4.0m,按 $1.0m \times 1.0m$ 梅花形布置,钢筋网采用 $\phi 8mm$ 钢筋,网格间距为 $20cm \times 20cm$,喷 C25 混凝土,厚 15cm。明暗交界线直立面采用喷 C25 混凝土临时防护,出口洞口回填边坡及仰拱防护采用喷锚支护形式,锚杆采用 $\phi 22mm$ 砂浆锚杆,每根长 4.0m,按 $1.0m \times 1.0m$ 梅花形布置,钢筋网采用 $\phi 8mm$ 钢筋,网格间距为 $20cm \times 20cm$,喷 C25 混凝土,厚 15cm。明暗交界线直立面采用喷 C25 混凝土临时防护,确保安全进洞。

(3) 洞口长管棚施工

本段隧道进出口明暗交界处,为确保安全,洞口段 V 级围岩采用超前大管棚配合工字钢钢架使用。

超前大管棚采用 $\phi 108mm$、厚度 6mm 的热轧无缝钢管加工而成,外插角 1°~3°,可根据实际情况适当调整,环向间距为 40cm,管内压灌水灰比 1:1 水泥浆及水玻璃(35°Bé)。注浆压力:初压 1.0MPa、终压 2.0~2.5MPa。注浆结束后采用 M30 水泥砂浆填充钢管,以增强管棚的刚度和强度。

制作导向墙:施工时先作混凝土导向墙,导向墙采用 C30 混凝土浇筑,截面尺寸为 $0.7m \times 2.0m$,为保证管棚施工精度,导向墙内设置 4 榀 I20b 钢架,钢架外缘设 $\phi 133mm$、壁厚 4mm 的导向套管。

施作护拱:

①混凝土护拱作为长管棚的导向墙,导向墙采用C30混凝土,截面为0.7m×2.0m。墙体内设4榀I20b工字钢架,同时拱架上焊接孔口管,孔口管采用ϕ25mm固定钢筋与I20b工字钢采用双面焊接,焊缝长度不小于15cm。孔口管位置、坡度准确,管两端采用纺布包裹,防止混凝土堵塞管口。导向墙环向长度可根据具体工点实际情况确定,导向墙基础应设置在基岩中,当软弱地基不能满足承载力要求时,套拱基础下增设注浆小导管加固基础,以保证其基础稳定性。

②孔口管作为管棚的导向管,导向管安设的平面位置、倾角、外插角的准确度直接影响管棚的质量。用经纬仪以坐标法在工字钢架上定出其平面位置;用水准尺配合坡度板设定孔口管的倾角;用前后差距法设定孔口管的外插角。孔口管应牢固焊接在工字钢上,防止浇筑混凝土时产生位移。管棚施工工艺流程如图4-1所示。

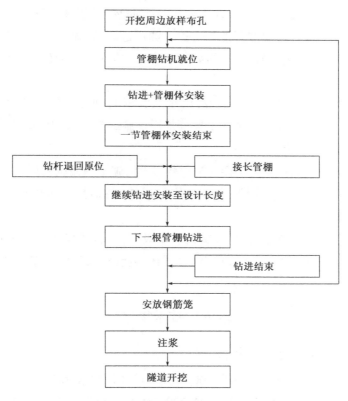

图4-1 管棚施工工艺流程图

(4)明洞施工

明洞开挖采用明挖法,自上而下分层开挖,施工时采取挖掘机开挖,开挖到达设计高程以上30cm时,采取人工开挖,防止扰动原状土、降低基层强度。

明洞衬砌:明洞仰拱施工由明暗交接处向洞口方向进行;明洞衬砌采用衬砌台车,钢筋集中制作,现场安装。混凝土由拌和站集中拌和,输送车运输,泵送入模,机械振捣。洞门边缘挑起部分加工异形钢拱架,与明洞一次浇筑。隧道进口衬砌按战备要求进行加强。

明洞回填:明洞衬砌混凝土强度达到设计强度的70%后方可拆模,外模拆除后及时施工防水设施。明洞衬砌两侧分层回填砂性土,顶面回填黏性土,压实度满足规范要求。

明洞与暗洞的衔接:明洞开挖及边坡防护完成后进行暗洞掘进,暗洞掘进一段长度后,施作明洞衬砌。

3)洞口浅埋、偏压处理措施

隧道进出口洞口段为Ⅴ级围岩浅埋段,围岩以全风化花岗岩为主,局部可能存在孤石,岩体破碎,遇水易软化,自稳性差。开挖采用双侧壁法施工,挖掘机、人工风镐配合开挖,采用浅眼松动爆破,控制装药量及炮眼深度、角度、数量。开挖进洞时采用大管棚作为超前支护管棚打设完成后,通过钢管向围岩压注水泥浆,待浆液达到一定的凝固强度后,在大管棚的保护下再进行隧道的开挖与支护。隧道进洞前,做好洞口周边地表水截排设施,并详细调查周围的水文地质情况,做好地表引水、排水工程的施工,减少水害的影响,边仰坡开挖一级防护一级。

洞口施工中严格控制仰坡的稳定性,严格控制刷坡,加强对洞口仰坡地表的监控量测,如发现仰坡有不稳定现象,视情况采取预加固措施或对洞顶仰坡面滑移土体进行卸载减压等措施,保证施工安全。

偏压明洞进度施工流程:测量放样→洞顶截水天沟施工→偏压明洞挡墙、护脚墙施工→水泥回填土施工→边仰坡开挖、支护→洞口地表和洞内开挖监控量测布设→导向墙、超前大管棚施工→双侧壁法开挖进洞

隧道进洞采用超前大管棚支护方式,洞口Ⅴ级围岩段采用双侧壁导坑法施工,洞口围岩采用人工配合机械开挖为主,局部孤石进行弱爆破或机械破除。施工时,按设计要求进行洞身开挖支护。

4.1.3 不良地质和特殊地段施工技术措施

1)隧道穿越浅埋段自然保护区

华美山隧道浅埋段累计长度约为200m,其中最浅埋深仅为3.5m。原设计隧道左线ZK35+010~ZK35+100、右线RK35+004.799~RK35+093.413段,采用地表注浆,同时在ZK35+030(RK35+024.502)~ZK35+090(RK35+083.573)段进行地表水泥稳定土回填。采用ϕ50mm双层超前注浆小导管支护,长4m,每环98根;环向间距40cm,小外插角10°~15°,大外插角30°,搭接长度为1m。I22b工钢纵向间距50cm;ϕ25mm中空注浆锚杆长4m,间距1m×0.5m,每环24根,按梅花形布设;ϕ8mm双层钢筋网,第一层在洞室

开挖完成后紧贴岩面布设,第二层在钢拱架架立初喷后布设;ϕ25mm 低预应力中空注浆锚杆长 5m,每环 7 根,沿左线右侧及右线左侧布设。后因当地村民违规挖泥土,导致浅埋段深度变浅,加大了施工难度,原设计地表注浆方案无法实施,故采取洞内加强周边围岩的方式进行过浅埋段方式;确定需严格按照"早预报、管超前、严注浆、短进尺、少扰动、紧支护、勤量测、快衬砌"的原则施工。洞身在 ϕ50mm 超前注浆小导管及 ϕ50mm 钢管径向注浆的支护下,采用双侧壁导坑法开挖施工。开挖采用人工风镐为主,辅以挖机配合,局部进行控制弱爆破松动。每循环进尺为 1 榀。

(1)加强 ZK35 + 010 ~ ZK35 + 080 及 RK35 + 073 ~ RK35 + 100 段洞内超前预加固。

①调整超前预加固范围,由原设计拱顶 120°调整为拱顶 150°。

②超前钢管的长度,由原设计 4m 调整为 4.5m,每环由 98 根增加至 146 根;2.5m 一循环调整为 2.0m 一循环。

(2)加强 ZK35 + 010 ~ ZK35 + 080 及 K35 + 073 ~ K35 + 100 段结构衬砌强度。初期支护完成后再采用中 ϕ50mm × 5mm 钢管径向注浆改善围岩,提高结构整体稳定性。径向注浆管按梅花形布设,间距 1.5m × 1.5m。

2)隧道穿越浅埋段垃圾填埋场区域

华美山隧道右线 RK35 + 730 ~ RK35 + 800 和右线 RK35 + 870 ~ RK35 + 930 垃圾填埋场浅埋偏压段,隧道开挖过程中,洞顶地表一旦下沉,极易发生塌方冒顶,会导致地面建筑物沉降变形,产生社会负面影响。

(1)施工方法

采用双侧壁导坑法开挖,地表帷幕钢花管多次劈裂注浆加固岩土体。

①洞身注浆钢花管在加固区段隧道开挖轮廓线范围以内,按照 2m(纵) × 1.5m(横)的间距以梅花形布置洞身注浆钢花管,钻孔深度至隧道路面设计高程,钢花管开孔范围在隧道轮廓线以上 6m 至轮廓线以下 0.5m 处(洞顶原状土范围内),用于多次分段劈裂注浆。

②帷幕注浆钢花管在加固区段的隧道轮廓线左右两侧,各设置 2 排帷幕注浆钢花管,布设方式为横向间距 0.5m、纵向间距 2m(靠外侧)和纵向间距 1m(靠近隧道侧),孔深以入隧道仰拱底以下 4m 控制,开孔位置参考隧道轮廓线内临近 1 排的洞身钢花管开口位置。

③钢花管洞内连接结构对插入隧道轮廓线范围内的洞身注浆钢花管,在隧道开挖过程中,通过特制的 U 形连接筋(每根钢花管配 4 根 HRB400ϕ25mm 的 U 形连接筋,规格为长 70cm)将钢花管与隧道初期支护工字钢、钢筋网、超前小导管等结构焊接在一起。

(2）施工工序

放样→钻机就位→钻孔→清孔→一次常压注浆→二次多段多次劈裂注浆→补浆→钢花管注浆循环。

穿越浅埋段垃圾填埋场现场施工图如图 4-2 所示。

图 4-2　穿越浅埋段垃圾填埋场现场施工图

3）防排水

垃圾填埋段属于全风化～土状强风化花岗岩，风化程度不均匀，裂隙发育，出水呈连续滴渗状，出水点多而且分散，水量较大，雨季来临后出水量会增加，垃圾填埋场的下渗污水可能影响行车环境并腐蚀混凝土和钢筋，影响结构耐久性，此段的防排水采用"全包防水"设计，土工布和防水板全断面设置。

4.1.4　分项工序检验及验收标准和监控量测方案的实施

1）分项工序检验及验收标准

（1）开挖

开挖断面尺寸满足设计要求，严格控制欠挖，拱脚、墙脚以上 1m 范围内断面严禁欠挖；尽量减少超挖，超挖部分必须回填密实。

①双侧壁导坑法施工：钢架之间纵向连接钢筋应及时施作并连接牢固，工序变化处之间钢架应设锁脚锚管或锚杆，以确保钢架基础稳定，下台阶安全，防止塌方。台阶高度应根据施工机具、人员等安排进行调整；左右侧壁开挖长度一般不宜大于 10m，条件变化时可酌情缩短或延长长度。如初期支护拱顶变形量较大，必要时可增加临时竖撑，以确保施工安全。应确保仰拱至开挖面距离不大于 10m，以保证及时封闭成环。

②中隔壁法(CD法)施工:初期支护完成后方可进行下一分部开挖;应在开挖侧喷射混凝土强度达到设计要求后进行另一侧开挖;左右侧导坑开挖工作面的纵向间距不宜小于15m;当开挖形成全断面时,应及时完成全断面初期支护闭合;中隔壁及临时支撑应在浇筑二次衬砌时逐段拆除。

③环形开挖留核心土法施工:环形开挖进尺宜为0.5~1m,核心土面积不小于整个断面面积的50%;核心土与下台阶开挖应在上台阶支护完成后、喷射混凝土强度达到设计的70%后进行。

④台阶法施工:台阶长度不宜超过隧道开挖宽度的1.5倍,下台阶应在上台阶喷射混凝土强度达到设计强度的70%后开挖。仰拱部位开挖,挖至设计高程时,底面应圆顺,渣物应清除;做好排水设施,清除积水;隧道底两隅与侧墙连接处应圆顺。在隧道开挖前,对隧道地表中线附近范围进行勘察,对地表冲沟、深井、滑塌、陷穴、地表附着物等不良地质情况进行统计,并按里程桩号逐一登记、拍照,尤其是隧道下穿高速公路等大型构筑物地段,施工中应加强监控量测工作,严格按设计方案施工,确保隧道安全、顺利通过。每循环进行测量放样,严格控制超欠挖。定期对测量控制点进行检查、复核,避免由于隧底下沉、上鼓、不均匀变形及人工或机械碰撞等原因对控制点造成损害。边墙、仰拱或底板等的地基承载力必须满足设计要求。软弱地基处理方法和施工质量应符合设计要求。

(2)支护与衬砌

隧道衬砌不得侵入建筑限界,支护与衬砌材料的标准、规格及要求等应满足设计要求。

①喷射混凝土施工。本隧道初期支护喷射混凝土采用湿喷工艺。喷射混凝土在洞外拌和站集中拌和,由混凝土搅拌运输车运至洞内,采用湿喷机喷射作业。在隧道开挖完成后打设锚杆、架立钢架、挂钢筋网,对初喷岩面进行清理后复喷至设计厚度。运输采用混凝土运输罐车,随运随拌。喷射混凝土时,多台运输车应交替运料,以满足湿喷混凝土的供应。在运输过程中,防止混凝土离析、水泥浆流失、坍落度变化以及产生初凝等现象。

a.喷射混凝土掺加外加剂后,其性能必须满足设计要求。在使用速凝剂前,应做与水泥的相容性试验及水泥浆凝结效果试验,初凝不大于5min,终凝不大于10min;采用其他类型的外加剂或几种外加剂复合使用时,也应做相应的性能试验和使用效果试验。

b.喷射混凝土的配合比设计应根据原材料性能、混凝土的技术条件和设计要求通过试验选定。

c.喷射混凝土的早期(1d)强度必须符合设计要求。

d.喷射混凝土的强度必须符合设计要求。用于检查喷射混凝土强度的试件,应采用大板切割法制取;当不具备切割条件时也可采用边长150mm的立方体无底试模,在其内喷射混凝土制作试件,试件成形的喷射方向应与边墙相同,喷射混凝土标准养护试件的试验龄期为28d。当对强度有怀疑时,可在混凝土喷射地点采用钻芯取样法随机抽取制作试件做抗压试验。

e.喷射混凝土的厚度和表面平整度应符合要求。

f.喷射混凝土终凝2h后,应按施工技术方案及时采取有效措施进行养护,养护时间不少于14d。

g.喷射混凝土冬期施工时,作业区的气温和混合料进入喷射机的温度均不应低于5℃。

h.喷射混凝土原材料每盘称量的允许偏差应符合表4-1的规定。

原材料每盘称量的允许偏差　　　　　　表4-1

序号	材料名称	允许偏差
1	水泥	±1%
2	粗、细集料	±2%
3	水、外加剂	±1%
4	合成纤维	±2%

i.喷射混凝土表面应密实、平整,无裂缝、脱落、漏喷、露筋、空鼓和渗漏水,锚杆头钢筋无外露。

②锚杆施工。隧道锚杆采用风动凿岩机成孔,锚杆钻孔利用开挖台阶搭设简易台车施钻,按照设计间距布孔;钻孔方向尽可能垂直结构面或初喷混凝土表面;锚杆孔比杆径大15mm,钻孔深度应大于锚杆设计长度10cm,深度误差为±50mm;成孔后采用高压风清孔。砂浆应随用随拌,在初凝前全部用完,使用掺速凝剂砂浆时,一次拌制砂浆数量不应多于3个孔,以免时间过长,使砂浆在泵、管中凝结。锚注完成后,应及时清洗,整理注浆用具,除掉砂浆凝聚物,为下次使用创造好条件。锚杆体插入孔内深度不应小于设计长度的95%。锚杆安装后不得随意敲击。

③钢筋网施工。

a.钢筋网的安装位置应符合设计要求,并与锚杆或其他固定装置联结牢固。钢筋网的混凝土保护层厚度不得小于3cm。

b.钢筋网应在岩面喷射一层混凝土后再铺挂,底层喷射混凝土的厚度不得小于4cm。

c.钢筋网的网格间距应符合设计要求,网格尺寸允许偏差为±10mm。

d.钢筋网搭接长度应为1~2个网孔,允许偏差为±50mm。

e.钢筋应冷拉调直后使用,钢筋表面不得有裂纹、油污、颗粒状或片状锈蚀。

④钢架施工。加工场地用混凝土硬化,精确抹平,按设计放出加工大样。钢架弯制结合隧道开挖方法采用型钢弯制机按照隧道断面曲率分节进行弯制,弯制完成后,先在加工

场地上进行试拼。单节钢架中的接头采用对焊工艺,并采用15mm厚钢板进行帮焊加固。各节钢架拼装,要求尺寸准确,弧形圆顺,要求沿隧道周边轮廓误差为±3cm;型钢钢架平放时,平面翘曲小于2cm。钢架在现场设计的工装台上加工。工作台由$\delta=20mm$的钢板制成,其上根据不同断面的钢架主筋轮廓放样成钢筋弯曲模型。格栅钢架在胎模内焊接,以控制变形。

按设计加工好各单元格栅钢架后,组织试拼,检查钢架尺寸及轮廓是否合格。

加工允许误差:沿隧道周边轮廓误差不大于3cm,平面翘曲应小于2cm,接头连接要求同类之间可以互换。焊缝应符合设计、规范要求;钢架加工后要进行试拼,其误差应在设计及规范允许误差范围内;钢架架设工艺应满足设计要求。

⑤衬砌钢筋施工。钢筋加工弯制前应调直,并将表面油渍、水泥浆和浮皮铁锈等清除干净;加工后的钢筋表面不应有削弱钢筋截面的伤痕;利用冷拉方法矫直伸长率:Ⅰ级钢筋不得超过2%,Ⅱ级钢筋不得超过1%。钢筋接头应设置在承受应力较小处,并应分散布置。配制在"同一截面"内受力钢筋接头的截面面积,占受力钢筋总截面面积的百分率,应符合设计要求。当设计未提出要求时,应符合下列规定:

a. 焊(连)接接头在受弯构件的受拉区不得大于50%,轴心受拉构件不得大于25%。

b. 在构件的受拉区,绑扎接头不得大于25%,在受压区不得大于50%。

钢筋加工允许偏差和检验方法、钢筋安装及保护层厚度允许偏差(mm)和检验方法分别见表4-2和表4-3。

钢筋加工允许偏差和检验方法 表4-2

序号	名称	允许偏差(mm)	检验方法
1	受力钢筋顺长度方向的全长	±10	尺量
2	弯起钢筋的弯折位置	20	
3	箍筋内净尺寸	±3	

钢筋安装及保护层厚度允许偏差和检验方法 表4-3

序号	名称	允许偏差(mm)	检验方法
1	双排钢筋,上排钢筋与下排钢筋间距	±5	尺量两端、中间各1处
2	同一排中受力钢筋水平间距	±20	
3	分布钢筋间距	±20	尺量连续3处
4	箍筋间距	±20	
5	钢筋保护层厚度	+10、-5	尺量两端、中间各2处

检验数量:按钢筋编号各抽检10%,并各不少于3件。

⑥模注衬砌混凝土施工。混凝土自模板窗口灌入,应由下向上,对称分层,倾落自由高度不超过2.0m。在混凝土浇筑过程中,观察模板、支架、钢筋、预埋件和预留孔洞的情

况,当发现有变形、移位时,应及时采取加固措施。施工中如发现泵送混凝土坍落度不足时,不得擅自加水,应当在技术人员的指导下及时将混凝土做退回拌和站处理。混凝土浇筑应连续进行。当因故间歇时,其间歇时间应小于前层混凝土的初凝时间或能重塑的时间。当超过允许间歇时间时,按接缝处理,衬砌混凝土接缝处必须进行凿毛处理。纵、环向施工缝按照设计要求设置钢板腻子止水带。

混凝土浇筑分层厚度(指捣实后厚度)宜为振捣器作用部分长度的1.25倍,但最大摊铺厚度不宜大于600mm。在新浇筑完成的下层混凝土上再浇筑新混凝土时,应在下层混凝土初凝或能重塑前浇筑完成上层混凝土。二次衬砌拆模时间应符合下列规定:

a. 在初期支护变形稳定后施工的,二次衬砌混凝土强度应达到8.0MPa以上。

b. 初期支护未稳定,二次衬砌提前施作时混凝土强度应达到设计强度的100%以上。

混凝土浇筑完毕后的12h内开始对混凝土进行养护,混凝土养护的最低期限应符合表4-4的要求,且养护不得中断。混凝土养护期间,混凝土内部温度与表面温度之差、表面温度与环境温度之差不宜大于20℃,养护用水温度与混凝土表面温度之差不得大于15℃。浇水次数应能保持混凝土处于湿润状态。当环境气温低于5℃时不应浇水。

混凝土养护的最低期限 表4-4

混凝土类型	水胶比	洞内平均气温 T(℃)	养护期限(d)
胶凝材料中掺有矿物掺合料	≥0.45	$5 \leqslant T < 10$	28
		$10 \leqslant T < 20$	21
		$T \geqslant 20$	14
	<0.45	$5 \leqslant T < 10$	21
		$10 \leqslant T < 20$	14
		$T \geqslant 20$	10
胶凝材料中掺有矿物掺合料	≥0.45	$5 \leqslant T < 10$	21
		$10 \leqslant T < 20$	14
		$T \geqslant 20$	10
	<0.45	$5 \leqslant T < 10$	14
		$10 \leqslant T < 20$	10
		$T \geqslant 20$	7

二次衬砌质量检验:混凝土结构外形尺寸允许偏差和检验方法应符合表4-5的规定。

混凝土结构表面应密实平整、颜色均匀,不得有露筋、蜂窝、孔洞、疏松、麻面和缺棱掉角等缺陷。

二次衬砌结构外形尺寸允许偏差和检验方法　　　　表 4-5

序号	项目	允许偏差(mm)	检验方法
1	边墙平面位置	±10	尺量
2	拱部高程	+30,0	水准测量
3	边墙、拱部表面平整度	15	2m靠尺检查或自动断面仪测量

⑦仰拱及填充施工。仰拱模板施工采用钢模板支模,要求立模尺寸必须按测量组放线及技术交底进行,误差应控制在5mm之内。模板加固牢固,防止跑模,各支撑应避免来回车辆碰撞。仰拱纵向、环向施工缝均采用钢板腻子止水带进行防水,纵向钢板腻子止水带埋设在衬砌厚度中间,埋设与露出深度各一半;环向止水带垂直弯曲,一端垂直挡头模板,一端紧贴挡头模板,待第一节衬砌完成后将紧贴模板止水带垂直弯入第二节衬砌,仰拱混凝土中采用钢筋卡固止水带。仰拱衬砌混凝土在初凝后即可进行仰拱填充混凝土的施工,仰拱填充采用C20混凝土。测量组根据交底每5m在模板上放一个水平点,严格控制仰拱填充的顶面高程。浇筑填充混凝土前应将填充底面清理干净,并用水湿润,但不得有积水。混凝土浇筑完成后,应对混凝土进行保水潮湿,浇水次数应能保持混凝土处于湿润状态。

2)监控量测方案的实施

现场监控量测是隧道按新奥法施工的重要组成部分,通过现场量测掌握围岩和支护的动态,指导施工,预报险情,确保安全,进行日常的施工管理。

施工时应按时进行现场监控量测,对量测数据的分析处理与必要的计算后,绘出位移-时间曲线,判断围岩的稳定性,及时预报险情,以便采取相应的措施,为修正和确定隧道初期支护的参数、二次衬砌施作时间提供并适应加强支护。当位移-时间曲线出现反常的急骤变化现象时,表明围岩的支护已不稳定,应加强监视并适当加强支护,必要时立即停止开挖,进行施工处理,对围岩和支护系统的稳定状态进行监测,为喷锚支护和二次衬砌的参数调整提供依据,把量测的数据经整理和分析得到信息及时反馈到设计和施工中,进一步优化设计和施工方案,以达到安全、经济、快速施工的目的,围岩监控量测是采用新奥法进行隧道施工管理中的一个重要环节,是施工安全和质量的保障。

通过现场监控量测了解围岩、支护变形情况,以便及时调整和修正支护参数,保证围岩稳定和施工安全;提供判断围岩和支护系统基本稳定的依据,确定二次混凝土衬砌施作时间;依据监控量测资料采取相应措施,在保证施工安全的前提下加快施工进度;积累监控量测数据资料,提高施工技术水平。

3)监控量测预警制度

(1)预警分类

为加强施工过程中安全风险的监控、反馈和管理,施工过程中工程风险安全状态的预警分为监测预警、巡视预警和综合预警三类。

①监测预警:根据设计单位提出的监控量测控制指标值,将施工过程中监测点的预警状态按严重程度由小到大分为三级:黄色监测预警、橙色监测预警和红色监测预警。黄色监测预警:"双控"指标(变化量、变化速率)均超过监控量测控制值的70%时,或双控指标之一超过监控量测控制值的85%时;橙色监测预警:"双控"指标均超过监控量测控制值的85%时,或双控指标之一超过监控量测控制值时;红色监测预警:"双控"指标均超过监控量测控制值,或实测变化速率出现急剧增长时。

②巡视预警:施工过程中通过巡视,发现安全隐患或不安全状态而进行的预警。按严重程度由小到大分为三级:黄色巡视预警、橙色巡视预警和红色巡视预警。

③综合预警:施工过程中根据现场监测、巡视信息,并通过核查、综合分析和专家论证等,及时综合判定出工程风险不安全状态而进行的预警。综合预警分级按严重程度由小到大分为三级:黄色综合预警、橙色综合预警和红色综合预警。

(2)预警处理组织

包括项目经理、总工、安全副经理、工程部负责人、安全部负责人。

(3)预警处理程序

当项目监测情况出现黄色预警时,通知建设单位和监理单位;当项目监测情况出现橙色预警时,对产生预警的情况进行复核和分析后,将结果上报建设单位,按照预警级别要求进行处置;当项目监测情况出现红色预警时,由建设单位组织将产生预警的监测情况汇总分析,邀请相关专家共同讨论,找出根本原因和提出可靠的处置措施,并通过后续监测情况判断确定预警是否解除。

4.1.5 新工艺新措施的应用概述

本隧道围岩多为全-强风化花岗岩,并存在多处地质断裂带,遇水易软化,自稳能力差。面对"软浅隧道"常常因为工法不当、作业空间小、工序繁多、组织脱节和线外用地影响等原因,导致施工进度缓慢、围岩变形大、机械利用不足、小空间污染大等问题,如何安全快速地施工,避免冒顶塌方事故的发生,是华美山隧道施工的重中之重。

在隧道施工前期施工过程中,项目选派组织具有经验的施工队伍,在施工过程中遵循"注浆预加固软弱围岩"的施工原则,在具备施工条件地段采用洞外帷幕注浆方式,在无施工条件地段采用洞内径向注浆方式,结合超前支护方式,在确保安全前提下将开挖工法调整为三台阶,用空间换时间的方式,同时有效控制台阶长度及仰拱和二次衬砌布局,减少开挖工序,充分利用作业机械,保证3~5个作业面同时施工,增加作业空间,保证隧道通风,同时配合超前地质预报和隧道监控量测等技术手段,安全快速地通过"软浅隧道"。

4.2 西环山隧道

4.2.1 地质条件、施工工艺和技术特点

1)地质条件

本段共设3座隧道,包括西环山1号隧道、西环山2号隧道2座长隧道、西环山3号隧道1座短隧道。

隧址区属丘陵地貌,地形起伏较大,沟谷较发育,隧道穿越丘陵山脊山谷,沿隧道走向地表由坡残积层覆盖,隧道两端斜坡均较陡。隧道穿越地层为第四系松散覆盖层和燕山晚期岩浆岩。松散覆盖层主要由坡残积黏性土、冲洪积和坡残积黏性土构成,厚度分布不均匀,主要分布于进出洞口段。基岩属燕山晚期第一次花岗闪长岩,全风化岩分布于基岩浅层,厚度较薄,该层进出洞口及洞口段有分布;强风化岩分布于基岩浅层,厚度较大,该层在洞口及洞身段有分布。西环山1号、2号隧道中、微风化岩分布于洞身段,厚度大,分布稳定;西环山3号隧道中、微风化岩见于洞身局部段落,切入隧道厚度小。

隧道洞身范围内,地下水主要为基岩裂隙水,含水岩组的水量有限,隧址区含水层厚度较大,水力坡度较大,当隧道开挖遇到的节理、裂隙发育带和未查明的断裂破碎带时,尤其在雨季,会发生较大规模的涌水。

西环山隧道群隧址区属亚热带季风气候,阳光充足、热量丰富,夏长冬暖,无霜期长;雨量充沛,降水集中在夏季,常受台风袭击。年平均气温在21~22℃之间。年平均降水量为1569.7mm。隧址区内无大的地表水体,地表水体主要为各沟谷的泉水与地表流水汇合后形成的溪流。溪流经过隧道进口、出山口附近,水量较小,流向各丘谷地势低洼地段、池塘。地表溪流具季节性,水流量受大气降雨影响。

2)施工工艺和技术特点

隧道采用新奥法施工,严格遵循"光面爆破、喷锚紧跟、监控量测及时反馈和修正"以及"少扰动、快加固、勤量测、早封闭"的原则。在施工中积极推广和应用国内外隧道施工的新技术、新方法,采用快速高效的配套机械施工,实现开挖、出渣、喷射混凝土与二次衬砌混凝土机械相配合作业,确保隧道连续循环快速施工。

施工中贯彻"光面爆破定基础,初期支护保安全,监控量测明情况,排水通风出效率,铺底先行造环境,衬砌质量树形象"的工作思路。隧道主要采取人工配合液压台车钻孔爆破,挖掘机配合装载机出渣,无轨运输施工方案。

西环山1号、2号隧道均采用双向掘进开挖施工,西环山3号隧道采取出口端单向掘进开挖。洞口段Ⅴ级围岩地段采用单侧壁导坑法开挖;深埋段Ⅴ级围岩地段采用上下台

阶留核心土法或三台阶法，Ⅳ级围岩地段采用上下台阶分部法开挖；Ⅲ级围岩地段采用上下台阶法或全断面法开挖。紧急停车带位于Ⅲ级围岩地段，采用上下台阶法开挖。施工中加强监控量测和超前地质预报，并根据量测分析结果对支护参数及施工方案做出调整，实现信息化施工。

4.2.2　洞口、明洞与浅埋段工程

1）地质条件

西环山1号隧道进口端自然斜坡较陡，坡体主要由坡残积黏土及全~强风化岩构成，洞口及洞口段围岩详细分级为Ⅴ级。洞口边坡、仰坡主要由粉质黏土和全~强风化花岗闪长岩构成边坡主体，属土质和类土质边坡。坡面孤石发育，大小不一。出口端山坡及附近除大量孤石外，未见有基岩出露，地表覆盖层由黄色~黄褐色的残坡积砂质黏性土、全~强风化岩构成。洞口及洞口段围岩详细分级为Ⅴ级。坡面孤石发育，大小不一。洞口边坡、仰坡主要由全~强风化岩构成边坡主体，属土质类土质边坡。

西环山2号隧道进口端自然斜坡较陡，坡体主要由残坡积黏土及全~强风化岩构成，洞口及洞口段围岩详细分级为Ⅴ级。洞口边坡、仰坡主要由粉质黏土和全~强风化花岗闪长岩构成边坡主体，属土质类土质边坡。出口端自然斜坡较陡，坡体主要由坡残积黏土及全~强风化岩构成，坡脚局部分布素填土。洞口及洞口段详细分级为Ⅴ级。洞口边坡、仰坡主要由砂质黏性土和全~强风化岩构成边坡主体，属土质类土质边坡。出洞口冲沟发育，沟口水土流失强烈，冲刷宽度20~30m，由两条坡底贯通坡顶的沟冲刷形成，沟侧小型崩塌发育，在洞口形成陡坎。

西环山3号隧道进口端自然斜坡较陡，坡体主要由坡残积黏土及全~强风化岩构成，洞口及洞口段围岩详细分级为Ⅴ级。洞口边坡、仰坡主要由粉质黏土和全~强风化花岗闪长岩构成边坡主体，属土质和类土质边坡。坡面孤石发育，大小不一。出口端自然斜坡较陡，坡体主要由坡残积黏土及全~强风化岩构成，坡脚局部分布素填土。洞口及洞口段围岩详细分级为Ⅴ级。洞口边坡、仰坡主要由全~强风化岩构成边坡主体，属土质类土质边坡。

2）施工方法及工艺

测量放样：隧道施工前按照规范要求做好隧道洞外控制测量，根据控制测量成果对洞口段进行准确测量放样。设置精密三角网，对其基准点进行校核；对隧道洞外的水准点、中线点根据隧道平纵面等进行复核。

洞口段40m范围内均采用长管棚超前支护，保证安全进洞。洞门边、仰坡均采用三维网喷播植草。明洞开挖临时边坡采用挂网锚喷防护。

(1)洞顶截水沟施工

边仰坡开挖前应首先在坡顶修建截水沟,截水沟采用C20素混凝土,截水沟距边仰坡开挖线距离不小于5.0m,截水沟可根据实际地形做相应调整,保证水能够顺利截走(流向路基截水沟或地表低洼处)。其次清除洞口上方有可能滑塌的表土、灌木及山坡危石等,不留后患。

采用静态爆破的方式进行清理。具体施工工艺为:先采用钻孔灌注膨胀剂对孤石进行破裂,再用机械破碎锤对较大石块进行分解,最终机械运输清除孤石。

(2)洞口边仰坡开挖防护

①边仰坡开挖。

洞口工程采用明挖法施工。洞口边仰坡土石方采用自上而下顺序分层开挖,土方采用人工配合挖掘机刷坡,自卸汽车配合运输弃土;石方开挖采用静态爆破,预留保护层由人工凿除,以减少对岩石的扰动,装载机进行装渣作业,自卸汽车运输弃渣。边仰坡随挖随护,开挖完成后及时进行喷锚作业,封闭岩面。

②边仰坡防护。

边仰坡开挖修整后,即时分层进行边仰坡临时防护,防护采用$\phi42mm\times4mm$注浆小导管(长度3.5m,按$1.0m\times1.0m$间距梅花形布置)、$\phi8mm$钢筋网(网格间距$25cm\times25cm$)、C25喷射混凝土(厚度10cm)联合支护,边仰坡及洞脸临时边坡等采用$\phi42mm\times4mm$注浆小导管(长度3.5m,按$1.2m\times1.2m$间距梅花形布置)、$\phi8mm$钢筋网(网格间距$25cm\times25cm$)、C25喷射混凝土(厚度10cm)联合支护,以稳固洞口边仰坡,防止因雨水渗透而造成边仰坡坍塌或滑坡。施工中加强边仰坡稳定性监测,及时反馈信息,必要时进行加固处理。

(3)洞口长管棚施工

洞口土石方开挖完毕,成洞面及核心土(用以辅助成洞面稳定)后,安排施作长管棚,为使钻孔定位准确,管棚施工前先施作导向墙,导向墙采用C25早强混凝土浇筑,内设四榀I20a工字钢,并按设计钻孔位置预埋$\phi133mm$、壁厚4.0mm导向钢管,导向钢管与工字钢焊接成整体。长管棚使用地质钻机成孔,成孔前将孔位编号,施工顺序为先钻单号孔再钻双号孔,防止串孔、漏风。每条管棚成孔后利用钻机将钢花管旋转插入孔中,做好孔口封闭,及时进行注浆施工,注浆材水泥浆加水玻璃双液浆。

(4)明洞施工

明洞开挖采用自上而下分层开挖法(与洞口同时开挖),开挖时对两侧边坡加以防护,开挖采用挖掘机与自卸车配合装运施工,以静态爆破辅助。明洞衬砌先施工仰拱和边墙,再施工拱部。明洞衬砌结束后沿隧道轴向,自下而上分层对称回填,回填需作50cm

厚黏土隔水层。黏土表层植铺草皮。隔水层应与边仰坡搭接良好，封闭紧密，防止地表水下渗影响回填体的稳定。

明洞衬砌计划分5部分施作，第一次施作内侧边墙基础，内侧从仰拱处分断，上至设计高程+5cm，此后施作顺序是：内侧"1/2仰拱+0.3m"及该部分充填混凝土，外侧边墙基础，外侧"1/2仰拱-0.3m"及该部分充填混凝土，最后采用模板台车一次灌筑拱墙混凝土。

边墙浆砌片石基础回填密实，回填土必须两侧对称分层进行，夯填土每层应小于30cm，夯实度不小于90%。电动打夯机夯实至压实度符合设计要求。注意两侧墙脚的渗水盲沟设置。明洞仰拱与边墙及仰拱与仰拱间的横向施工缝均设置钢板腻子止水带。

3）洞口浅埋、偏压处理措施

隧道进洞前，做好洞口周边地表水截排设施，并详细调查周围的水文地质情况，做好地表引水、排水工程的施工，减少水害的影响，边仰坡开挖一级防护一级。

洞口施工中严格控制仰坡的稳定性，严格控制刷坡，加强对洞口仰坡地表的监控量测，如发现仰坡有不稳定现象，视情况采取预加固措施或对洞顶仰坡面滑移土体进行卸载减压等措施，保证施工安全。

严格按照设计图纸，采用CD法开挖进洞，控制各分部施工工序、步距、开挖进尺和仰拱施工的及时性，同时结合现场实际情况，增加超前小导管进行加固处理。

为了顺利进洞，在洞口采用大管棚作为超前支护措施。管棚打设完成后，通过钢管向围岩压注水泥浆，待浆液达到一定的凝固强度后，在大管棚的保护下再进行隧道的开挖与支护。

施工过程中贯彻"短进尺、弱爆破、强支护、勤量测、早封闭"的施工原则，缩短掘进过程中各工序间步距，及时支护，保证支护结构具有足够的刚度和稳定性。

4.2.3 不良地质和特殊地段施工技术措施

1）隧道进洞

隧道进出洞口相对平缓，隧道拱顶主要为坡积亚黏土、残积砂质黏性土、砂土状强风化花岗岩，遇水易软化，呈流砂状。隧道洞口边仰坡易产生滑坡，隧道进洞开挖易塌方。

洞口段施工避开雨季施工，先施作洞外截水沟，完善排水系统，边仰坡采用喷锚网进行防护。隧道拱部施作超前大管棚并注浆加固，开挖过程地质较差段落增加超前小导管注浆加固。洞口段采用CD法开挖，每侧洞室严格按上下台阶法进行施工，初期支护采用刚度较大型钢钢架加强支护。隧道进洞10m之后开始施作明洞衬砌，及时回填后确保隧道进洞成功。

2) 隧道穿越破碎带、沟谷浅埋地段

西环山1号隧道左线、右线均有段落穿越强风化花岗闪长岩层,上覆全风化花岗闪长岩层,左线最小埋深20m,右线最小埋深23m。该段落围岩左侧为破碎带,右侧为裂隙发育带,中间为沟谷低洼地带,围岩极为破碎,呈碎裂松散结构,地表呈沟谷状,易蓄水。

综合采用地质素描法、地质雷达法以及超前水平钻探法等超前地质预报方法,最大程度探明该段围岩完整性、富水性及水头压力。利用超前水平钻探孔兼做泄水孔,引排裂隙水。隧道拱部采用双层超前小导管注浆加固,水量较大段落,采用局部超前预注浆封闭地下水,注浆浆液采用初凝时间短的水泥-水玻璃双液浆。加密环向盲管设置间距,对渗入初期支护内的地下水加强引排。严格按图纸施工,开挖循环进尺控制在1榀拱架间距,开挖完成后立即支护,二次衬砌紧跟,严格控制二次衬砌步距满足规范要求。

3) 隧道穿越裂隙发育带、风化凹槽地段

西环山1、2号隧道多次穿越裂隙发育带、风化凹槽段,裂隙发育带围岩破碎,地下水丰富,围岩等级为Ⅴ级,施工风险大。

综合采用地质素描法、地质雷达法以及超前水平钻探法等超前地质预报方法,最大程度探明该段围岩完整性、富水性及水头压力。利用超前水平钻探孔兼做泄水孔,引排裂隙水。隧道拱部采用双层超前小导管、超前小导管以及超前锚杆注浆加固,水量较大段落,采用局部超前预注浆封闭地下水,注浆浆液采用初凝时间短的水泥-水玻璃双液浆。加密环向盲管设置间距,对渗入初期支护内的地下水加强引排。严格按图纸施工,开挖循环进尺控制在1榀拱架间距,开挖完成后立即支护,二次衬砌紧跟,严格控制二次衬砌步距满足规范要求。

4) 隧道孤石处治

隧道进出口段为全风化~强风化花岗闪长岩,不均匀分布花岗闪长岩的球状风化残体-孤石。西环山1、2号隧道为孤石发育极强区域,3号隧道为孤石发育中等区域,隧道进出口地层均存在大块孤石,施工过程安全风险大。

对于洞口地表孤石及离洞口较远、松动坍落区覆盖洞口范围的孤石,采用搬运、静态破碎后搬运以及防护网防护;对于洞口地表较大孤石,采用静态破碎后搬运、静态破碎后就地埋置以及静态破碎后防护网防护。对于隧道开挖过程中发现的孤石,通过查明孤石产状、大小和形状以及掌子面围岩特征,采用静态爆破或常规爆破对孤石进行破碎清除。加强隧道孤石地段初期支护,采取减小钢架间距措施,结合注浆锚杆、注浆小导管进行加固处理。

4.2.4 分项工序检验及验收标准和监控量测方案的实施

1) 分项工序的检验及验收标准

(1) 开挖

开挖断面尺寸满足设计要求,严格控制欠挖,拱脚、墙脚以上 1m 范围内断面严禁欠挖;尽量减少超挖,超挖部分必须回填密实。

中隔壁法(CD法)施工、环形开挖留核心土法施工和台阶法施工的描述同 4.1.4 节。

(2) 支护与衬砌

隧道衬砌不得侵入建筑限界,支护与衬砌材料的标准、规格及要求等应满足设计要求。

喷射混凝土施工:采用湿喷工艺,喷射作业分层进行时,后一层喷射应在前一层混凝土终凝后进行;混合料随拌随喷;喷射混凝土回弹物不得重新用作喷射混凝土材料;喷射混凝土应适时进行养护。

锚杆施工:锚杆材料型号、规格、品种应符合设计要求,配件应配套;锚杆孔位、孔径、孔深及布置形式应满足设计要求;砂浆锚杆砂浆应在初凝前使用,砂浆灌浆后及时插入锚杆杆体,垫板、螺母应在砂浆初凝后安装,垫板与喷射混凝土应紧密接触;中空注浆锚杆保持中空通畅,并留有专门排气孔。螺母应在砂浆初凝后拧紧。

钢筋网施工:钢筋网材料应满足设计要求,钢筋网钢筋在使用前应调直、清除锈蚀和油渍;在初喷一层混凝土后再进行钢筋网铺设;钢筋搭接长度不得小于 $30d$(d 为钢筋直径),且不小于一个网格长边尺寸;钢筋网应与锚杆或其他固定装置连接牢固;钢筋网应随受喷岩面起伏铺设,与受喷面的最大间隙不宜大于 30mm。

钢架施工:钢架材料、钢架类型满足设计要求;钢架加工尺寸应符合设计要求,其形状应与开挖断面相适应;不同规格首榀钢架加工完成后,应放在平整地面上试拼,周边拼装允许偏差为 ±30mm,平面翘曲应小于 20mm;钢架拱脚必须放在牢固的基础上;钢架应分节段安装,连接钢板平面应与钢架轴线垂直,两块连接钢板采用螺栓连接,螺栓不应少于 4 颗;相邻钢架之间必须用纵向钢筋连接;钢架就位后,钢架与围岩之间的间隙应用喷射混凝土充填密实,喷射混凝土应由两侧拱脚向上对称喷射,并将钢架覆盖,临空一侧混凝土保护层厚度应不小于 20cm。

衬砌钢筋施工:安装钢筋时,钢筋长度、间距、位置、保护层厚度应满足设计要求;钢筋安装时,横向钢筋与纵向钢筋的每个节点均必须进行绑扎或焊接;钢筋焊接搭接长度及焊缝满足设计要求;相邻主筋搭接位置应错开,错开距离不小于 1000cm,同一受力筋的两个搭接距离不应小 1500cm;箍筋连接点应在纵横向筋的交叉连接处,必须进行绑扎或焊接。

模注衬砌混凝土施工:混凝土配合比应满足设计和施工工艺要求;混凝土浇筑前,必须将基底石渣、污物和基坑内积水排除干净,严禁向有积水的基坑内倾倒混凝土拌合物;拱墙衬砌混凝土,应由下向上从两侧向拱顶对称浇筑;浇筑混凝土时,应采用振动器振实;拱部衬砌混凝土浇筑时,应在拱顶预留注浆孔,注浆孔间距不大于3m,且台车模板范围内的预留孔应不少于4个;拱顶注浆填充,宜在衬砌混凝土强度达到100%后进行,注入砂浆强度等级满足设计要求;衬砌拆模后立即养护。

仰拱及填充施工:仰拱混凝土应超前拱墙混凝土施工;仰拱浇筑前应清除积水、杂物、虚渣等;仰拱施工缝和变形缝处应按设计要求进行防水处理;仰拱施工前,超挖在允许范围内时,采用与衬砌相同强度等级的混凝土进行浇筑,超挖大于规定时,按设计要求回填,不得采用洞渣随意回填,严禁片石侵入仰拱断面。

2)监控量测方案的实施

监控量测项目已纳入施工组织管理中,施工前已编制"西环山隧道监控量测方案",成立专门监控量测小组负责测点埋设、日常监测、数据处理和仪器维修保养工作,并将测量信息及时反馈给施工、设计和监理方。

测量工作严格做到三个落实:落实人员、落实器材、落实计划;严格做到三个及时:及时测量、及时分析整理、及时反馈;严格做到两个真实:数据真实、结果真实。

(1)监控量测人员及仪器设备配置

①人员配置

监控量测小组共配置13人,其中技术组长1人,副组长2人,组员10人。

②仪器设备

仪器设备配置有高精度水准(SDL1X)1台、全站仪(天宝 S3)1台、数显收敛计(JMSL-1)2台、数码相机(Sony)2台以及地质罗盘(DQY-1)1台。

(2)隧道监控量测项目及方法

隧道监控量测项目及方法具体见表4-6。

隧道监控量测项目及方法 表4-6

项目类型	项目名称	方法工具	布置	测试精度	测试时间 1~15d	测试时间 16d~1个月	测试时间 1~3个月	测试时间 >3个月
必测项目	地质支护状态观察	现场观察,地质罗盘	开挖及初期支护后进行					
必测项目	周边位移	各种类型收敛计	每5~50m一个断面每断面2~3对测点	0.1mm	1~2次/d	1次/2d	1~2次/周	1~3次/月
必测项目	拱顶下沉	水准测量的方法,水准仪、钢尺等	每5~50m一个断面	0.1mm	1~2次/d	1次/2d	1~2次/周	1~3次/月

续上表

项目类型	项目名称	方法工具	布置	测试精度	测试时间			
					1~15d	16d~1个月	1~3个月	>3个月
必测项目	地表下沉	水准测量的方法，水准仪、钢尺等	洞口段、浅埋段	0.1mm	开挖面距量测断面<2B时,1~2次/d；开挖面距量测断面<5B时,1次/(2~3)d；开挖面距量测断面>5B时,1次/(3~7)d			

注：B-开挖断面宽度。

（3）监控量测频率

监控量测频率的具体要求见表4-7。

监控量测频率　　表4-7

项目名称	量测间隔时间			
	1~15d	16d~1个月	1~3个月	≥3个月
地质和支护状态观察	每次爆破后进行			
周边位移量测	1~2次/d	1次/2d	1~2次/周	1~3次/月
拱顶下沉量测	1~2次/d	1次/2d	1~2次/周	1~3次/月
地表下沉测量	开挖面距量测面前后,小于2倍开挖宽度,1~2次/d；开挖面距量测面前后,小于5倍开挖宽度,1次/2d；开挖面距量测面前后,大于5倍开挖宽度,1次/周			

用台阶法开挖时，下半断面开挖越靠近上半量测断面，量测频率应当增加，以便掌握位移（下沉）的变化；如果围岩位移量较大，围岩突变或软弱结构面处应增设量测断面和测点时，出现位移速度加速等情况时，量测频率应适当加大，对于地质条件特殊的隧道，如围岩类别较低的情况，适当对观测断面进行调整。

（4）监控量测工作管理

除做好监控数据的采集、整理工作外，信息及时反馈尤为重要。根据量测手段所获得的信息资料以数学的方式通过处理分析判断围岩、支护的稳定性，并及时反馈到设计、施工，优化设计，指导施工。为此，10d汇总一次量测数据，30d进行一次数据分析，并以书面形式上报监理、建设单位，以便通知有关单位。如遇紧急情况，首先口头知会监理单位，再书面报告建设单位，以便信息及时反馈于设计、施工。应做好下列工作：设计参数的修改（锚杆直径、长度、喷层厚度、钢架型号）；施工方法、工序的改变（台阶变导坑，长台阶变短台阶）；围岩级别的调整；预留变形量的调整；辅助施工方法的采用，以便更好地指导施工。

（5）监控量测预警制度

同4.1.4节的监控量测预警制度。

4.2.5 新工艺新措施的应用概述

1) 自动行轨式二次衬砌养生台车

为切实提高隧道施工质量,保证隧道的使用寿命,研制了自动行轨式二次衬砌养生台车,该台车由轨道、行走发动机、喷水管道组成,养生台车在轨道上行走,同时喷水管道洒水对二次衬砌进行养生,该台车具有体积小、行走便捷、拆卸方便、可重复利用等优点,有效解决了衬砌混凝土的养生难题。养生台车喷洒形成水幕,起到洞内降尘、隔尘、改善洞内作业施工环境的良好效果。该二次衬砌喷淋养生台车(图4-3)比传统的人工洒水养生不仅操作简便、速度快,而且质量效果好,经济效益高。

图4-3 自动行轨式二次衬砌养生台车

2) 隧道钢拱架胎模加工

隧道钢拱架在初期支护中作用突出,目前施工中拱架施工常见问题为拱架曲面半径不合格、钢架连接处不密贴等,为隧道施工带来极大的安全隐患。研究并设计了钢拱架胎膜加工工艺(图4-4),按照设计尺寸分节段加工出钢筋骨架片,冷弯成形的工字钢与骨架片对照进行切割,保证其弯曲弧度与尺寸与设计一致;然后在制作台面上按照设计弧长设置限位钢板,限位钢板上设置预留螺栓连接孔,冷弯成形的型钢放在台面上,通过限位钢板卡紧型钢与连接板,上满螺栓后进行焊接,保障型钢弧度长度以及连接板角度与设计相一致,保证了钢架安装时钢板密贴性以及螺栓孔的顺利对接,从根源控制钢架的施工质量。

本实用新型工艺施工占地面积小,易于平行作业;胎膜可根据不同节段进行加工,能够有效减少测量放样任务且易于保证拱架加工精度,满足生产需要。当拱架型号发生改变时,能迅速有效更改结构设置,实现快速施工,工人作业半径小、劳动强度低,并且有利于平行作业。

图 4-4　隧道钢拱架胎模

3）二次衬砌预留钢筋间距、层距控制措施

隧道施工过程中,由于二次衬砌钢筋绑扎过程中定位不准确,且钢筋无支撑体系,完全依靠衬砌钢筋本身支撑其自重,导致钢筋保护层厚度不足易造成主筋外露与锈蚀现象,大大缩短二次衬砌使用年限。为了保证主体结构使用寿命,充分发挥钢筋和混凝土共同工作性能,采取以下措施进行钢筋间距及层距控制措施。二次衬砌预留钢筋间距、层距控制措施如图 4-5 所示。

a)卡尺控住主筋间距

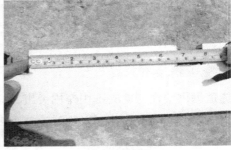
b)卡尺开槽间距

c)定位角钢控制钢筋间距

d)二次衬砌钢筋焊接U形卡槽

图 4-5　二次衬砌预留钢筋间距、层距控制措施

（1）绑扎钢筋前对隧道初期支护净空进行测量放样,根据隧道轮廓线长度,确定长度下料。

（2）层距控制措施:采用自行加工的层距钢筋卡来控制二次衬砌预留筋的层距,钢筋卡卡头间距为设计层距的净距,为后续二次衬砌钢筋层距以及混凝土保护层厚度提供保障措施。

（3）纵向间距控制措施:纵向定位筋设置好后,在定位筋上设置开有槽口的定位铝合金卡尺,卡尺槽口间距及大小根据设计钢筋间距以及主筋来调整,并根据设计环向设置定位角钢,钢筋安装到角钢槽口位置。

（4）二次衬砌钢筋焊接搭接采用预弯,并设置U形卡槽,卡槽内设可旋紧螺栓,预弯钢筋放进U形卡槽后旋紧螺栓,使搭接处密贴,焊接过程中不移位,以保证焊接时焊缝饱满,保证钢筋的焊接质量。

4.3 超前地质预报

4.3.1 超前地质预报原理

隧道工程地质及水文地质条件较复杂,将会遇到煤层、断层等大的不良地质路段。为了有效降低施工阶段由不良地质引发的风险,采用隧道地震探测仪(TSP)、地质雷达(EKKO)、探测钻孔相结合的地质预报手段,对掌子面前方的工程地质及水文地质情况进行预报,尤其应探明不良地质现象,以确保施工安全、顺利实施。

为提高测试结果的可信程度,本项目拟采用电磁波法(GPR地质雷达)和超前水平钻孔法相结合的综合预报方法。即首先在掌子面采用电磁波法(SIR-3000型地质雷达探测仪)详细探测掌子面前方10~30m范围地层细部异常情况;在利用地质雷达详细探测掌子面前方10~30m范围内的地层状况时,应采用连续测量和点测相结合的方式,测点的布设为测线的交点位置,并要求有丰富经验的地质工程师持续观察开挖的掌子面,注意地表结构、地层岩性、支护状况的变化,结合物探资料,做出高质量的预报。探地雷达(Ground Penetrating Radar,GPR)法是一种用于确定地下介质分布的电磁波法,类似反射地震勘探技术,是一种高分辨率探测方法。该方法是通过天线向地下发射高频电磁波,电磁波在地下传播,对于不同介质,由于电磁性质不同,传播特点不一样,当遇到存在电性差异介质的界面时,便发生反射,并返回为接收天线接收。电磁波在介质中的传播时间与距离成正比,因此可计算出界面位置,并可根据反射波的振幅、频率特征推测地质体的性质。溶洞、断层破碎带、含水带、结构面等都与周围岩石存在较大的电性差异,用GPR法进行超前地质探测正是基于这一前提。

4.3.2 超前预报工作范围

1) 超前地质预报工作范围及内容

(1) 编制隧道地质预报工作计划,健全和完善管理制度和工作制度。

(2) 预报隧道掌子面前方围岩软硬变化对施工的影响程度,并明确判断施工单位提供的隧道施工方案及工序是否合理,并对隧道施工提出安全保障方案建议。

(3) 预报可能出现的岩石破碎带和地质断层的地质情况。

(4) 预报可能出现突然涌水的地点、涌水量大小及对施工的影响。

(5) 预报可能出现的不稳定岩层、引起塌方或滑动的部位及空洞、陷穴。

(6) 判定掌子面前方围岩类别。

(7) 超前地质预报结果有异常情况时应及时通知建设单位以及监理驻地办和项目办,并进一步采取超前探测手段,详细查明地质情况。

(8) 提供地质素描图等相关资料,最后汇编成册提供给甲方。

2) 检测量测工作范围

在隧道施工期间,对规范规定的必测项目进行现场量测,以掌握围岩和支护的动态信息并及时反馈,指导施工作业。主要包括以下项目:

(1) 必测项目

根据本项目隧道的特点,围岩监控量测的必测项目主要包括以下内容:洞内外观察、周边位移、拱顶下沉、地表下沉。

隧道必测项目是为了确保在施工过程中的围岩稳定和施工安全而进行的经常性量测工作。量测方法简单,量测密度大,量测信息直观可靠,并贯穿在整个施工过程中,对监视围岩稳定、指导设计施工有巨大的作用。土建施工完成,量测工作亦告结束。

(2) 选测项目

选测项目是必测项目的拓展和补充,对特殊地段、危险地段或有代表性的地段进行量测,以便更深入地掌握围岩稳定状态与支护效果。对已完成的支护实施有效监控,做出评价,对未开挖地段提供参考信息,指导未来设计和施工。选测项目安装埋设比较复杂,量测项目较多、时间长、费用较大,但工程竣工后还可以进行长期观测。

选测项目则是对一些有特殊意义和代表性的区段进行补充测试,以求更深入地掌握围岩的稳定状态与锚喷支护的效果,更好地指导未开挖区段的设计与施工。

一般隧道段选测项目包括围岩体内位移、两层支护间压力、围岩压力、支护、衬砌内应力、钢架内力及外力等项目;选测项目的内容根据设计及工程的要求实施。

3）质量检测工作范围及内容

为保证施工质量及安全生产,提高施工效率,采用施工检测技术服务等手段服务于施工。具体内容包括：

(1) 隧道初期支护喷层厚度、钢拱架数量及间距、初期支护混凝土背后空洞及回填状况等初期支护施工质量检测。

(2) 隧道二次衬砌混凝土厚度及安全状况描述、钢筋间距和数量,二次衬砌背后的空洞等二次衬砌施工质量检测。

(3) 针对隧道施工的关键性技术问题及关键性工序施工注意事项给出科学合理、可行的建议。

4.3.3 超前地质预报方法

施工阶段要对地质进行调查。根据对开挖地段的地质调查,推测前方的地质条件,调查的主要内容包括对隧道开挖面的地质素描、岩体的结构面调查和涌水观测等工作。超前地质预报根据隧道施工时具体情况确定,采取以地质调查分析法为基础,结合TSP、地质雷达等物探手段,辅以超前钻孔等综合地质预报手段,遵循"长短结合、以短为主"原则。

目前隧道地质超前预报采用的工作方法主要有地质分析法、地震反射波法(TSP超前地质预报系统)、电磁波法(GPR地质雷达)(图4-6)。纵观国内外隧道超前地质预报采用的方法,除上面提到三种常用方法外,还有超前(平行)导坑(隧道)法、超前水平钻孔法、浅孔钻探法等。

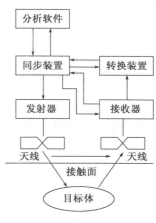

图4-6 电磁波法原理图

浅孔钻探法是利用在隧道开挖工作面上的超深钻孔或探水孔,来探测围岩的地质情况。本方法主要是在钻进的过程中,从钻进的时间、速度、压力、冲洗液的颜色、成分以及卡钻、跳钻等和岩性、构造性质及地下水等情况掌握地质条件。例如:在遇到断层泥时,钻进时间短、钻进速度快,钻孔冲洗液浑浊、有色;遇卡钻时,说明围岩破碎;遇跳钻时,则可能有空洞或溶洞等。

地震反射波法探测:采用TSP-203地震反射波法进行长距离(100～200m)预报,每隔50～100m地震反射波法超前地质探测,前后两次地震反射波法超前地质探测结果有足够的重叠范围。

现场探测时，可在掌子面布设"井"字形测网。当区域构造走向与隧道轴线大致平行时，应在隧道侧壁布置一些测线。采用点测方式进行数据采集，用RADAN专用软件对采集的数据进行处理。在资料处理的基础上，分析地质雷达图像，识别反射信号，确定电磁波在岩石介质中的传播速度、反射波的到达时间，计算反射界面的位置，通过分析反射波的振幅、频率，结合前期勘察资料推断地质体性质。

GPR法是基于介质电磁性差异的高频电磁波法，具有以下特点：

（1）频率高，衰减快，探测距离短，10～30m为宜。

（2）分辨率高，可探测围岩内的软弱结构面。

（3）对岩溶、富水带探测效果好。

（4）施工方便、成本更低廉，对隧道施工无影响。

地质雷达的预测距离可达到30m。为提高预测精度，本方案预报长度每次控制在10～25m。

对怀疑有不良地质段在掌子面即将到达前采用超前水平钻探进行直观精确探测，以确定是否存在不良的地质构造，超前水平地质钻是隧道开挖超前探测直接的预报手段。在隧洞内安放水平钻机进行水平钻进，根据钻孔资料来推断隧洞前方的地质情况。钻孔数量、角度及钻孔深度可人为设计和控制。由钻进速度的变化、钻孔取芯鉴定、钻孔冲洗液颜色、气味、岩粉及遇到的其他情况来预报。此法可以反映岩体的大概情况，比较直观，施工人员可根据实际地质情况进行下步施工，水平钻孔主要布置在开挖面及其附近，既可在超前导洞内布置钻孔，也可在主洞工作面上进行钻探，用以获得准确可靠的地质资料，确保施工组织。该法可获得工作面前方一定距离的岩芯，也可由钻孔出水情况判断前方有无地下水和前方何处有地下水，从而可以得到开挖面前方的地质情况。地质超前预报测线如图4-7所示。

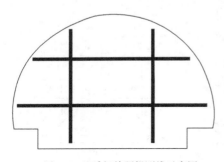

图4-7 地质超前预报测线示意图

4.3.4 超前地质预报工作流程

超前地质预报工作需要施工单位给予大力配合。GPR法预报在掌子面进行，需要时间约25min，可在出渣完成后进行，对施工略有影响。超前地质预报工作流程如图4-8所示。

4.3.5 数据处理与成果应用

1）数据处理分析

GPR（地质雷达）超前地质探测的数据处理分析：现场探测时，可在掌子面布设"井"

字形测网,为了得到较好的观测效果,掌子面最好平整、直立。当区域构造走向与隧道轴线大致平行时,应在隧道侧壁布置测线。为了获得丰富的信息,应采用点测和连续检测方式进行数据采集。用 RADAN 专用软件对采集的数据进行增益、滤波、反褶积、希尔伯特变换等处理,突出异常。根据地质雷达图像,识别反射信号,确定电磁波在岩石介质中的传播速度、反射波的到达时间,计算反射界面的位置,通过分析反射波的振幅、频率,结合前期勘察资料推断地质体的性质。

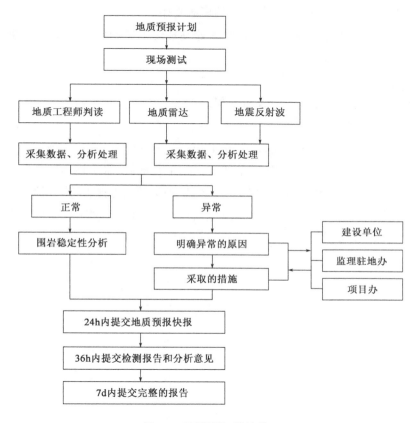

图 4-8 地质预报工作流程

2) 成果应用

(1) 对照原勘察设计文件,复核隧道设计围岩级别。现今大多数隧道的支护参数设计仍然是以工程经验类比为主,仅对处于软弱围岩地段的初期支护钢支撑、二次衬砌辅以必要的强度验算。围岩级别是工程类比设计施工的基础。原勘察设计文件的围岩级别仅是根据地表的物探工作及少量的钻探工作量的结果来划分,受勘探工作量、场地条件及工作方法的限制,设计阶段所划分的围岩级别往往与实际存在一定的差别,据此工程安全与利润难以保证。

通过在全隧道开展超前预报地质勘探工作,根据量测的 P 波、S 波速度,按照相关规范确定的围岩级别划分标准重新核定围岩级别,反馈设计。

(2)预报不稳定岩层、断层破碎带分布里程,避免盲目施工。通过超前地质探测,预报不稳定岩层、断层破碎带分布里程,以便设计、施工及时变更施工方法,准备应急措施,避免盲目施工。

(3)预报富水带的分布里程,及时采取处理措施。对溶洞、暗河的分布、规模进行预报,避免因突泥、涌水危及人员、设备安全的事故发生。

(4)GPR 超前地质探测成果。根据数据处理输出的资料结合前期勘察资料、现场地质调绘综合分析提交以下成果:

①岩性分界面里程。

②是否存在断层,断层破碎带分布里程。

③富水带的分布里程。

④溶洞、暗河等不良地质体规模、分布里程。

⑤软弱结构面的分布绘制沿隧道轴线方向的工程地质、水文地质综合剖面图。

(5)报告提交。为了确保预报工作的及时性、有效性,超前地质预报数据及地质预报快报在现场测绘完成后 24h 内上报建设单位及监理,在每次预报结束后 7d 内,提交完整的报告并对报告内容负责。

5 互通立交

项目线路长约 86km,设置互通立交(以下简称"互通")多达 15 个,分别为上北枢纽互通、磷溪互通、江东互通、浮洋互通、登岗互通、溪头互通、鮀西互通、桑田互通、河溪互通、华阳枢纽互通、金浦互通、井都互通、牛路枢纽互通、西胪互通和金灶互通。

5.1 互通形式

5.1.1 主要互通类型

1)上北枢纽互通

上北枢纽主要承担两条高速公路交通转换功能,为枢纽互通。根据在路网中的位置和交通量,结合地形、地物情况,本互通采用混合型互通形式,见图 5-1。

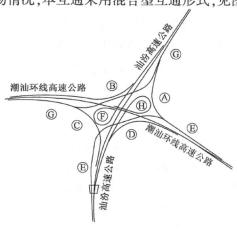

图 5-1 上北枢纽互通平面图

除环形匝道采用40km/h设计速度外,其余匝道设计速度为60km/h。根据交通量和匝道长度确定匝道断面形式,双车道匝道路基宽分别为12.5m和10.5m,单车道匝道路基宽为9m。

2) 磷溪互通

磷溪互通位于饶砂村西侧,被交道路为地方路,主要为满足周边饶砂村、提头村等地居民出行需求。互通区地势较为平坦,但东西两侧均有河道,东侧为饶砂村,互通布设受河道及村镇影响。根据本立交功能定位,匝道设计速度为40km/h,设1处收费站,收费车道8出3进。

磷溪互通采用B型单喇叭互通形式,见图5-2。

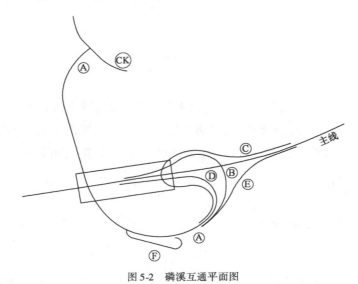

图 5-2 磷溪互通平面图

3) 江东互通

江东互通位于新湖村西侧,主要为满足周边新湖村、上庄村等地居民出行需求。互通区地势较为平坦,但周边距离地方道路及学校较近,互通布设受学校及地方道路影响。根据本立交功能定位,匝道设计速度为40km/h,设1处收费站,收费车道6出3进。

江东互通采用变异Y形互通形式,见图5-3。

4) 浮洋互通

浮洋互通位于兴潮大道及浮洋中心卫生院北侧,主要为满足与兴潮大道的交通转换以及周边居民出行需求。互通区地势较为平坦,但周边建筑物较多,主线距离兴潮大道较近,互通布设空间较小,展线比较局促。施工图设计过程中对互通平面线形进行优化,避让既有建筑物。根据本立交功能定位,匝道设计速度为40km/h,设1处收费站,收费车道9出3进。

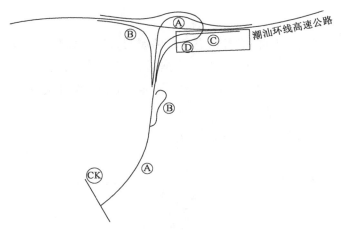

图 5-3 江东互通平面图

浮洋互通采用 T 形立交(变异 Y 形)互通形式,见图 5-4。

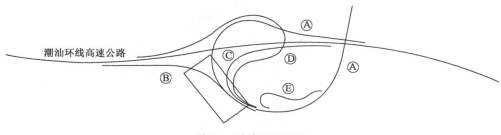

图 5-4 浮洋互通平面图

5)登岗互通

登岗互通采用 Y 形 + 单喇叭组合型互通形式,位于汕梅高速公路登岗单喇叭互通处。对应汕梅高速公路桩号为 SMK25 + 200.483。被交道路汕梅高速公路影响范围为 SMK23 + 598 ~ SMK26 + 465.244。新建互通匝道桥 7 座(总长 4968.519m),其中互通高接高桥梁 4 座,另扩建加宽汕梅高速桥 5 座(总长 1132.64m),既有工程量大,其施工组织难度大,资源配置要求高,登岗互通的高接高交通疏解及安全防护是本标段的重中之重。互通平面与汕梅高速公路交叉平面图如图 5-5 所示。

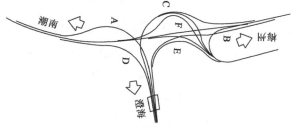

图 5-5 互通平面与汕梅高速公路交叉平面图

6) 溪头互通

溪头互通位于溪头村西北角，汕梅高速公路溪明大桥西北方向，互通中心对应被交路汕梅高速公路桩号为 SMK13+141.474。根据远景年预测交通量，主要流向匝道采用单向双车道，设计车速为 80km/h。次流向匝道按照 50km/h 设计速度单出、入口双车道匝道进行设计（不设紧急停车道）。

溪头互通采用 Y 形互通形式，见图 5-6。

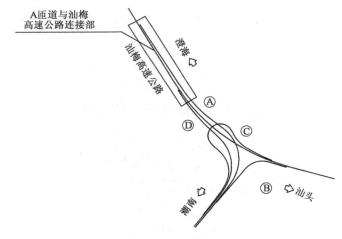

图 5-6 溪头互通平面图

7) 鮀西互通

鮀西互通位于汕头市金平区石门里西侧，主要为解决区域出入高速公路需求、实现高速公路与国道 G206（威汕线）之间的交通转换，本项目与国道 G206 交叉桩号为 K38+103.498（位于互通范围之外）。互通区地势较为平坦，互通布设主要受高压线塔及城市规划区影响，限制条件相对较小。被交道路设计速度为 100km/h，路基宽度为 36m。互通出入口通过现状 7m 道路与 G206 相连，距离约 900m。

鮀西互通采用单喇叭 B 型互通形式，见图 5-7。

8) 桑田互通

桑田互通位于汕头市潮阳区河溪镇桑田村，中心桩号为 K46+571，主线互通范围为 K45+760~K47+300。本立交是潮汕联络线与潮汕环线高速公路连接的枢纽互通立交。互通区地貌属于榕江（现期）港湾式三角洲沉积平原，局部靠近或位于丘陵。根据本立交功能定位，匝道设计速度为 70km/h，无收费站。

桑田枢纽互通采用内交叉 T 形互通形式，见图 5-8。

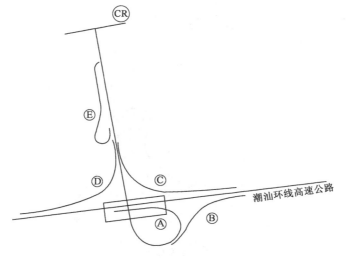

图 5-7　鮀西互通平面图

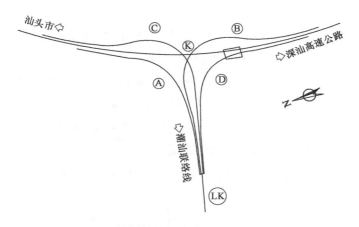

图 5-8　桑田互通平面图

9）河溪互通

河溪互通位于汕头市潮阳区河溪镇，中心桩号为 K50+550.302，主线互通范围为 K48+625～K50+128。本立交主要服务于潮阳区西胪镇、关埠镇、河溪镇及周边地区等，满足上述地区进出高速公路网的需求。互通区地貌属于榕江（现期）港湾式三角洲沉积平原，局部靠近或位于丘陵。中线地面高程为 -1.20～4.30m，相对高差为 5.50m，地形较开阔平坦，沿线水系发达，大型鱼塘成片分布，一般以 100 亩为单位，涌沟纵横交错，水深多为 1～1.5m，涌沟与榕江连通。桥位区仅村道、鱼塘埂可达，小型车辆可过，交通条件差。根据本立交功能定位，匝道设计速度为 40km/h，设 1 处收费站，收费车道 6 出 3 进。

河溪互通采用 T 形（右转弯迂回）互通形式，见图 5-9。

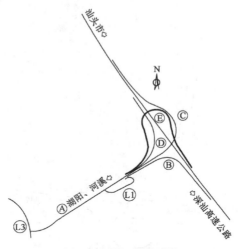

图 5-9 河溪互通平面图

10）华阳枢纽互通

华阳枢纽互通位于汕头市潮阳区河溪镇华东村、湖东村附近，中心桩号为 K54+115.139，主线互通范围为 K52+922～K54+630，汕湛高速公路互通范围 K13+700～K15+400，本立交是潮汕环线主线与汕湛高速公路连接的枢纽互通立交。互通区地貌属于榕江（现期）港湾式三角洲沉积平原，局部分布丘陵。中线地面高程为 2.01～8.41m，相对高差为 6.4m，总体地形较开阔平坦，由起点向终点高程逐渐提升，沿线水系发达，K53+035～K53+700 段为大型鱼塘成片分布地，涌沟纵横交错，水深多为 1～2m，K53+700～K54+710 段主要为水田及蔬果林地。互通区水泥村道可到达，交通条件较好。根据本立交功能定位，匝道设计速度为 40～60km/h，无收费站。

华阳枢纽互通采用 T 形 + 苜蓿叶混合型互通形式，见图 5-10。

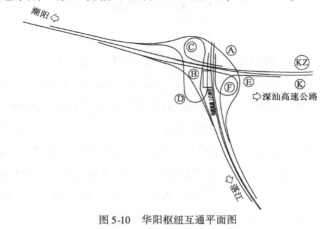

图 5-10 华阳枢纽互通平面图

11）金浦互通

金浦互通位于汕头市潮阳区金浦街道,中心桩号为 K60+631.806,主线互通范围右线为 K59+663～K61+177.5,左线为 ZK59+660～ZK61+174.644。本立交主要服务于潮阳区城区、潮南区及周边地区等,满足上述地区进出高速公路网的需求。互通区地貌属于练江(现期)港湾式三角洲沉积平原,局部靠近或位于丘陵。中线地面高程为 2.20～2.40m,相对高差为 0.20m,地形较开阔平坦,沿线水系发达,大型鱼塘成片分布,一般以 100 亩为单位,涌沟纵横交错,水深多为 1～1.5m,涌沟与练江连通。桥位区仅村道、鱼塘埂可达,小型车辆可过,交通条件差。根据本立交功能定位,匝道设计速度为 40km/h,设 1 处收费站,收费车道 9 出 4 进。

金浦互通采用 A 型单喇叭互通形式。见图 5-11。

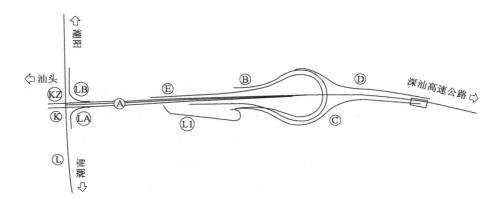

图 5-11 金浦互通平面图

12）井都互通

井都互通位于汕头市潮南区井都镇,中心桩号为 K68+265.653,主线互通范围为 K67+637.500～K69+152.200。本立交主要服务于潮南区井都镇、沙陇镇等及周边地区,满足上述地区进出高速公路网的需求。互通区地貌属练江(现期)港湾式三角洲沉积平原区。中线地面高程为 0.72～2.63m,相对高差为 1.91m,地形开阔平坦,沿线水系发达,大型鱼塘成片分布,一般以 100 亩为单位,涌沟纵横交错,水深多为 0.5～1.5m,涌沟与练江连通。桥位区仅村道、鱼塘埂可达,小型车辆可过,交通条件差。根据本立交功能定位,匝道设计速度为 40km/h,设 1 处收费站,收费车道 6 出 3 进。

井都互通采用 T 形(右转弯迂回)互通形式,见图 5-12。

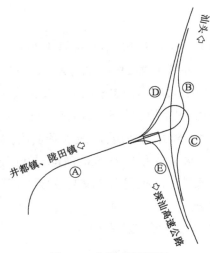

图 5-12 井都互通平面图

13）牛路枢纽互通

牛路枢纽互通位于汕头市潮南区井都镇牛路尾附近,中心桩号为 GK2590+577.877（深汕高速公路）,互通范围为 K69+940 至深汕高速公路路段,深汕高速公路互通范围为 GK2589+740~GK2591+320。本立交是潮汕环线与深汕高速公路连接的枢纽互通立交。互通区地貌属练江港湾式三角洲沉积平原区。中线地面高程为 5.78~11.53m,相对高差为 5.75m,地形开阔平坦,以树林、菜地为主,沿线有灌溉水渠,但无水流,东边距离海门湾海域约 700m。桥位区仅村道可达,小型车辆可过,交通条件差。根据本立交功能定位,潮汕环线至深圳往返方向的 A、C 匝道设计速度为 70km/h,潮汕环线至汕头往返方向的 B、D 匝道设计速度为 60km/h,无收费站。

牛路枢纽互通采用标准 T 形互通形式,见图 5-13。

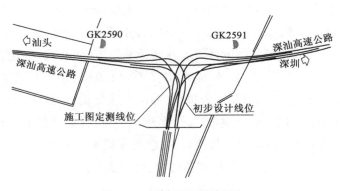

图 5-13 牛路枢纽互通平面图

14) 西胪互通

西胪互通位于潮阳区西胪镇,中心桩号为 LK6+162.360,本立交主要服务于潮阳区西胪镇、关埠镇、金灶镇及周边地区等,满足上述地区进出高速公路网的需求。被交道路为省道 234,二级公路,设计速度为 60km/h,双向四车道,路基宽为 26m。经实地调查得出:互通区地形平坦开阔,主要为空地、田地、水塘等,为沉积平原地貌,软基厚度为 10~20m。本互通收费车道按 3 进 4 出设置,收费站管理中心工程规模由交通工程提供。

西胪互通采用 A 型单喇叭互通形式,见图 5-14。

15) 金灶互通

金灶互通位于汕头市潮阳区金灶镇,中心桩号为 LK16+649.918,是潮汕联络线与潮惠高速公路连接的枢纽互通。本互通位于金灶镇多个村庄之间的空地上,地形平坦开阔,地面高程为 2~3m,主要为空地、田地、水塘等,为沉积平原地貌,软基厚度为 15~25m。金灶互通采用单苜蓿叶混合型互通形式,见图 5-15,交通量相对较小的左转方向(惠州往揭阳)采用苜蓿叶匝道,其余均采用半定向匝道;右转匝道除揭阳往惠州方向采用半定向匝道,其余均采用定向匝道。主线上跨潮惠高速公路,匝道上跨潮惠高速公路,并下穿主线。

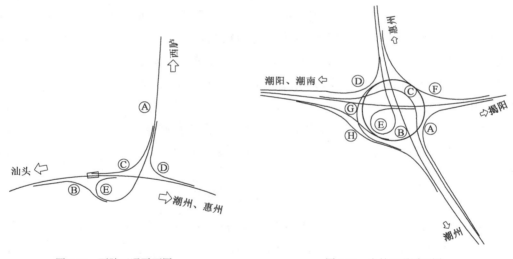

图 5-14 西胪互通平面图　　图 5-15 金灶互通平面图

5.1.2 互通形式优化

1) 磷溪互通

适当加长磷溪互通 D 匝道拉坡长度。D 匝道定测阶段拉坡长度为 277.4m,施工图阶段拉坡长度为 286.5m。需结合地形、地物、交通量等情况,合理选取匝道收费广场位置。

受韩江东溪及护堤路的影响,该互通 D 匝道纵断较紧张,考虑 D 匝道纵断及收费站与地方路的距离等情况,施工图阶段收费站位置基本与初步设计维持一致。

(1)匝道平交口附近的 200m 半径的平曲线,没必要设置 3% 的超高,因此按照 2% 全超高设置。结合防洪要求,压低 A 匝道的纵断面,便于降低工程规模,并进一步核实、更正、完善。

(2)E 匝道分流之前设置偏置,并进一步核实、更正、完善。平交口的横坡方向设置1.5%便于排水,并进一步核实、更正、完善,优化平交口设计。连接部设计图中增加收费站变宽段以及平交口相关内容。

2)江东互通

主线纵断面凸形竖曲线半径最小值按 17000m 控制,适当加大单喇叭互通中减速车道接小半径环线匝道的 A 值。互通范围内凸形竖曲线半径调整为不小于 25000m;A 值由定测阶段 $A=70$ 调整为 $A \geqslant 80$。

该互通中心桩号往东侧适当移动可以节约用地,因此互通整体往东侧移动约 40m。适当减小 B 匝道平曲线半径,并且匝道尽量地靠近主线布置可以减少用地,因此将 B 匝道半径由定测阶段的 $R=120m$ 调整为 $R=110m$。

"立交平面图"中的匝道分合流鼻桩号(A1)、收费站中心桩号(A2)进一步核实、补充、完善。匝道出口分流鼻端偏置渐变率调整为规范要求的 1/11。D 匝道为满足超车需要而设置的单入口双车道匝道,其加速车道长度按相关规范要求进行了适当加长。出口匝道分流鼻端匝道侧偏置宽度改为 0.8m。A、D 匝道分流鼻处大鼻端与小鼻端之间距离过近,予以适当增大。

优化 A 与 B 匝道、C 与 D 匝道连接部设计图。将收费站变宽部分、与被交路相交的平交口纳入连接部设计范围。连接部设计图中增加了收费站变宽段以及平交口相关内容。

3)浮洋互通

主线纵断面凸形竖曲线半径最小值按 17000m 控制,适当加大单喇叭互通中减速车道接小半径环线匝道的 A 值。互通范围内凸形竖曲线半径调整为不小于 25000m;A 值由定测阶段 $A=70$ 调整为 $A \geqslant 80$。

B 匝道平面布置尽量紧凑。施工图阶段 B 匝道紧凑布置,减少拆迁。施工图阶段收费站至平交口段按照 4 车道标准路基宽 19.5m 设计。

A 匝道中 AK0+285 凸形变坡点距 S 形曲线 GQ 点 AK0+306.004 较近,凸曲线跨越反弯点导致组合不良,同时反弯点在凸曲线之后对视距判别有影响,调整此线形组合,并做好相应引导措施。C 匝道汇入主线时凸曲线半径为 1741.34m,调整至细则要求的最小半径极限值1800m或以上。出口匝道分流鼻端匝道侧偏置宽度按现行《公路路线设计规范》(JTG D20)取0.8m。

"匝道连接部设计图"中A、B匝道合流处,考虑到B匝道在合流前纵坡较大(-3.9%),合流时A匝道不减少车道(避免A匝道内侧车道斜穿路拱线),在合流点后一定距离再由三车道过渡到两车道或直接接入收费站。如采用原方案,需复核三车道过渡到两车道的渐变段长度是否足够。

"匝道连接部设计图"中C、D匝道分流处,分流鼻右侧的偏置加宽值(2.5m)太大。A、B匝道均为主线左偏情况下从右侧流出匝道,分流鼻处横坡与主线相同(内倾3%的超高横坡),从线形配合及分流特性看,分流鼻端匝道横坡宜向外倾,在鼻端前设置路拱线完成横坡转变。

由于本节点的转向交通量较大,同时连接兴潮大道的道路等级较高,主匝道和兴潮大道平交口采用平行式变速车道。

4) 登岗互通

主线纵断面凸形竖曲线半径最小值按17000m控制,适当加大单喇叭互通中减速车道接小半径环线匝道的A值。互通范围内凸形竖曲线半径调整为不小于25000m;A值由定测阶段$A=70$调整为$A\geqslant 80$。D、C匝道合流点尽量前移,降低D匝道纵坡,并适当减小半径,节约土地。E匝道往B匝道靠拢,节约用地。

"立交平面图"中标明匝道分合流鼻桩号(A1)。凹形竖曲线范围加强排水设计。匝道分流鼻凸形曲线半径$R=1500m$,建议增大为$R=1800m$,保证安全。匝道设计速度为80km/h,车道宽度按3.75m设计。匝道单车道渐变为双车道,渐变段长度调整为细则要求的最小值70m。出口匝道分流鼻端偏置宽度按0.8m设计,合流不偏置。主线收费站设置劝返车道。主流向汕头往返澄海方向匝道设计速度为80km/h,A、D匝道上的车道宽度应调整为3.75m。B匝道加速车道应按规范要求适当加长。

A匝道中AK0+670与AK0+970处竖曲线直线长度为53m,小于3s行程,应调整移动边坡点位置。B、C匝道的凹形竖曲线段应做好排水设计,A匝道在汇入汕梅高速公路前应考虑与河沟斜交的问题。

C、D匝道合流时,合流鼻不宜设置偏置值。E、B匝道分流时主流B匝道与E匝道偏置互换。调整B匝道与汕梅高速公路合流连接部的超高方式,合流鼻汕梅高速公路外倾。C匝道与M、F匝道形成双出口,应做好标志设计。汕梅高速公路上C匝道出口前凸形竖曲线半径$R=17000m$,略偏小,汕梅高速公路上存在双出口,结合上条建议做好指路标志,保证流出车辆顺利识别出。

增设F匝道后,登岗立交出收费站后存在三路径选择,做好指路标志。登岗立交A

匝道并入汕梅高速公路处，桥墩应斜布，利于排水。SMK24+100～SMK24+195段设重力式挡土墙。

5）溪头互通

主线纵断面凸形竖曲线半径最小值按17000m控制，适当加大单喇叭互通中减速车道接小半径环线匝道的A值。互通范围内凸形竖曲线半径调整为不小于25000m；A值由定测阶段A=70调整为A≥80。

A、C匝道尽可能往主线靠拢。因A、C匝道北侧边坡较高且山体破碎，需调整A匝道的布置形式，施工图阶段匝道整体往汕梅方向移动约20m。施工图阶段，按照专家意见，调整A匝道的布置形式，同时将A匝道往主线靠近，减少挖方。

在汕梅高速公路中央分隔带设置桥墩，减少桥梁跨径。主流向潮南往返澄海（A、D匝道）设计速度按照80km/h进行控制，次要流向汕头往返朝南（B、C匝道）B匝道设计速度按照60km/h进行控制，C匝道设计速度按照50km/h进行控制。取消C匝道辅助车道。

匝道出口分流鼻端偏置渐变率应调整为规范要求的1/11。加强匝道凹曲线底部排水设计。匝道合流横坡一致时不存在路拱线。

6）鮀西互通

主线纵断面凸形竖曲线半径最小值按17000m控制，适当加大单喇叭互通中减速车道接小半径环线匝道的A值。互通范围内凸形竖曲线半径调整为不小于25000m；A值由定测阶段A=70调整为A≥80。主线纵断面适当下压、降低主线设计高程，主线设计高程压低约1.8m。A匝道上的收费广场往主线方向调整100m，使收费广场中心避开110kV高压线。收费广场外侧至省道S234间的A匝道宽度由双向双车道的16.5m，调整为双向四车道18.5m。

D匝道凸形竖曲线半径由定测的1600m优化调整为2008.467m。A匝道在主线桥底部位填筑高度达4～5m，因此本路段主线纵断较定测压低约1.8m，A匝道填方压低2m左右。A匝道路基宽度按单向双车道设计，考虑A匝道为R=60m的环形匝道，且A匝道为次交通流方向匝道，本互通主交通流匝道B、C匝道均采用单车道流入出的双车道，A、D匝道采用单车道匝道。

匝道出口分流鼻端偏置渐变率应调整为规范要求的1/11。加强匝道凹曲线底部排水设计。当匝道合流横坡一致时不存在路拱线。

出口匝道分流鼻端匝道侧偏置宽度按现行《公路路线设计规范》（JTG D20）取0.8m。A、D匝道分流鼻处大鼻端与小鼻端之间距离过近，不满足细则要求，予以适当增大。C匝道起点处凸形竖曲线不满足2800m，且半径有进一步增大的可能性。建议在现有边坡点不变的情况下，核查此处竖曲线是否可以满足2800m，若不满足，增大至2800m，提高行车安全性。

7) 桑田互通

分合流鼻端的线型设计应充分考虑横坡过渡,避免出现路拱。补充劝返车道,设在收费站内,与A1标统一。互通匝道路基填筑高度应尽可能降低。加强路面及互通内的排水设计(凹曲线内侧积水)。

对匝道平面进行优化调整,平曲线最小半径由200m改为满足70km/h的一般最小半径210m,路基宽为11.0m,行车道由3.50m改为3.75m。分合流鼻端的线形设计应充分考虑横坡过渡,避免出现路拱,设计中注意平、纵面的线形组合。A、B、C、D匝道均进行调整。

加强进入C、D匝道前后路段的安全设计,减速分流,优化线形组合。匝道凹曲线与缓和曲线部分重叠路段进行调整,优化线形组合。

8) 河溪互通

分合流鼻端的线形设计应充分考虑横坡过渡,避免出现路拱,设计中注意平、纵面的线形组合。并对C匝道鼻端及加减速车道进行微调整,C匝道加速车道长度应按规范要求加长20m,减速车道加长长度应满足规范的要求。

A匝道上的收费广场往主线方向调整100m,使收费广场中心避开110kV高压线。收费广场外侧至省道S234间的A匝道宽度由双向双车道的16.5m,调整为双向四车道18.5m。

匝道出口分流鼻端偏置渐变率应调整为规范要求的1/11。加强匝道凹曲线底部排水设计。当匝道合流横坡一致时不存在路拱线。

9) 华阳枢纽互通

将A匝道往南偏移约50m,改为下穿本项目主线,再上跨汕湛高速公路。E匝道与A匝道组成了汕湛高速公路上的双出口,不利于行车安全、车道识别,建议合并为单出口。内环F匝道平曲线可以进一步往内缩,控制用地。

施工图阶段,对主线平纵面、华阳互通方案进行优化调整。调整主线的纵坡,使A匝道先下穿主线再上跨汕湛高速公路,E匝道与A匝道合并为单出口,提高行车安全。减少潮汕环线深汕高速公路方向至汕湛高速公路潮阳方向的匝道。

分合流鼻端的线形设计应充分考虑横坡过渡,避免出现路拱。互通匝道路基填筑高度应尽可能降低。加强路面及互通内的排水设计(凹曲线内侧积水)。

对A、D匝道平纵面进行调整,合流时两匝道线形方位角匹配,控制合流安全。D匝道出口段的A值由72.11调整到81.24,大于一般值要求。A匝道凸曲线变坡点与S形平面曲线 GQ 点过近,对平纵组合优化。将 C、D、E、F 匝道改为单向单车道(10.5m 改为 9.0m),设计中注意平、纵面的线形组合。

匝道出口分流鼻端偏置渐变率应调整为规范要求的 1/11。加强匝道凹曲线底部排水设计。当匝道合流横坡一致时不存在路拱线。A 匝道为主流向匝道,匝道设计速度为 60km/h,设计中匝道平曲线路段的超高比细则要求的值少(如 $R=150m$ 时超高为 5%),对于半径不大的平曲线超高按细则要求的取值。A、B 匝道分流鼻处的偏置设计及渐变率取值应符合细则要求。

E 匝道分流时由 2 车道渐变为 3 车道的长度应为 60m 而不是 40m,B、F 匝道分流的渐变段也为 60m。而 A、D 匝道合流和 B、C 匝道合流时由 3 车道渐变为 2 车道的渐变段应为 90m。修改 A、E 匝道分流和 B、F 分流的渐变段长度。修改 A、D 匝道合流和 B、C 匝道合流的渐变段长度。

10) 金浦互通

补充劝返车道,设在收费站内,与 A1 标统一。互通匝道路基填筑高度应尽可能降低。加强路面及互通内的排水设计,特别是凹曲线内的排水设计。

收费站出口路段应保证有双向六车道,接国道 G324,上面主线高架桥的墩柱形式可考虑采用门架墩。设计中修改 A 匝道收费广场外侧至国道 G324 路段的路基宽,由 20.5m(双向四车道)改为 27.0m(双向六车道)。

平交口按红绿灯控制进行渠化设计。调整 B 匝道箱梁设计,与 E 匝道的桥墩相适应。

11) 井都互通

分合流鼻端的线形设计应充分考虑横坡过渡,避免出现路拱。在河溪、金浦、井都、西胪互通的收费广场边设置劝返车道。互通匝道路基填筑高度尽可能降低。加强路面及互通内的排水设计,特别是凹曲线内的排水设计。E 匝道靠拢主线,采用 S 形反弯曲线与平行式加速车道连接,不应以直线方式进入圆曲线。设计中压低主线纵断面,以降低匝道的坡度。调整 B、D 匝道,优化平纵组合设计。

立交平面图中标明匝道收费站中心桩号。匝道出口分流鼻端偏置渐变率调整为规范要求的 1/11。连接部设计需要进一步完善。加强匝道凹曲线底部排水设计。当匝道合流横坡一致时不存在路拱线。B、E 匝道分流时鼻端右侧未设置偏置加宽。B、E 匝道分流时,断面上形成三个完整车道,使车道横坡一致,尽可能避免同一车道内出现双向横坡。

12) 牛路枢纽互通

A、C 匝道设计速度为 70km/h,平曲线半径 $R=210m$,超高取 5% 偏低,将其调到细则要求的6%。车道宽度调整为3.75m。

5.2 交叉形式

5.2.1 下穿厦深高铁

1) 设计总体方案

本标段为潮汕环线高速公路1标段,上北互通1号桥左幅第4孔和右幅第5孔,设计下穿既有线厦深高铁,厦深高铁桥梁为跨径40m T形梁,上北互通1号桥与铁路交叉位置施工里程左线为ZK1+120.614~ZK1+160.729,右线为K1+104.154~K1+144.154。上北互通1号桥左线以分离式桥梁方式从厦深高铁74号墩和75号墩之间穿越,右线从厦深高铁73号墩和74号墩之间穿越,桥面宽度单幅12.5m,左幅与厦深高铁桥交叉角度为63°,右幅与厦深高铁桥梁交叉角度为61°,上北互通1号桥左幅桥面与厦深高铁桥梁下净空为8.782m,右幅桥面与厦深高铁桥梁下净空为8.717m。上北互通1号桥左右幅墩柱设计在厦深高铁正投影范围以外,左幅桩基中心距厦深高铁桥梁边缘垂直最近距离约9.04m,右幅桩基中心距厦深高铁桥梁边缘垂直最近距离约9.43m,见图5-16。

图5-16 上北互通1号桥下穿厦深高铁位置

2) 施工总体方案

按邻近营业线施工相关要求对73~75号桥墩进行物理防护,然后进行桥梁下结构施工和梁板架设施工,完工后再拆除防护,恢复交通。

3) 厦深高铁73~75号桥墩防护措施

为了保证机械车辆不碰撞桥墩,保证列车正常安全运行,对施工区域内的桥墩进行了封闭。根据现场调查,厦深高铁桥下73~75号桥墩均设置防护栅栏围挡,桩基施工前,需将铁路桥墩用竹排贴面,并用铁丝圈好固定牢固;墩柱周围设置防护圈,防护圈采用 $\phi100$mm 钢管、$\phi25$mm 螺纹钢筋及竹排相结合的刚柔防护体系;同时设置沙袋围堰,在该桥墩周围埋设沉降观测桩,并形成观测记录。对既有铁路桥桥墩防护如图 5-17 所示。

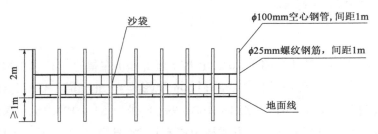

图 5-17 桥墩防护示意图

施工范围内,设置完善排水设施,排水沟距离厦深高铁桥墩距离应满足设计规范要求,厦深高铁桥墩上的雨水收集系统将排水引至高速公路排水沟向外排放。

桥墩处设限速牌、限高标识杆,同时设置安全警示牌、防护三角旗或警戒带。并在施工现场配置专职安全员一名,防止因机械操作不当,对梁底或桥墩造成破坏。

涉及铁路地下隐蔽管线和设施时,现场实际勘察后,还需要铁路相关部门到施工现场勘察认定。施工过程中注意防风工作,防止漂浮物等影响既有管线。

4) 上北互通下部构造施工

上北互通 1 号桥下穿厦深高铁两侧设计桩基础共 8 根,设计桩径为 180cm,设计桩长 80m,桩间距 7.2m,与厦深高铁交角 63°,桩基础与厦深高铁线路走向平行布置,桩基中心线与厦深高铁垂直最短距离为 9.04m。

为减少桩基施工对铁路桥墩地基的振动影响,采用"反循环"钻孔进行桩基施工。在墩台外侧里程段设置泥浆池。上北互通 1 号桥下穿厦深高铁左幅立面见图 5-18。

每根桩基施工周期约为 3d,配置 2 台钻机,桩检完成后紧接着进行下部结构施工。采用挖机进行基坑开挖、起重机起吊安装钢筋模板、罐车浇筑混凝土的施工方案。基坑开挖选用小型挖掘机,根据原地面及墩台高程推算,混凝土浇筑直接采用混凝土运输罐车浇筑,不使用混凝土输送泵等辅助机械,尽可能避免机械对厦深高铁梁体的碰撞。

5) 对厦深高铁安全监控

(1) 监测等级

根据《建筑变形测量规程》(JGJ 8—2007) 的规定,本项目变形监测的等级为 II 级。

(2) 平面基准点

平面基准点布设 2 点,基准点前后相互通视,形成监测平面基准线控制系统。为了提高观测精度,基准点采用强制对中墩观测埋设方式。

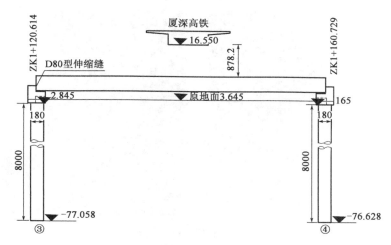

图 5-18　上北互通 1 号桥下穿厦深高铁左幅立面图(尺寸单位:cm;高程单位:m)

平面控制基线采用徕卡全站仪 TS09PLUS(标称测角精度 1s,测距精度 1.5mm + 2 × 10^{-6} mm)及其相配套的棱镜。在平面控制观测前,对全站仪进行全面检测、校准,在作业前需对各基准点进行二次观测(一天中温度最高和最低的时候测量平均值)以确定平面监测系统的初始值。在以后的作业过程中每月定期对工作基准点进行检核,以确保工作基准点的稳定和精确。平面控制基线采用测回法测量,盘左 3 次,盘右 3 次,测距三次平差后,精确计算其相对关系,作为基准点的坐标。

(3)沉降基准点

每个下穿区布设 2 个沉降基准点,沿厦深高铁深圳方向外选 1 处稳定可靠点作为基准点,再利用高速公路施工控制点 CPⅡ 水准点,作为本次高程监测基准点,并定期检核沉降基准点,确保稳定。沉降监测基准点埋设见图 5-19。

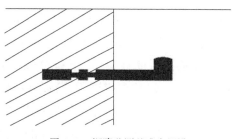

图 5-19　沉降监测基准点埋设

利用业主或监理方认可的水准点为起算数据与基准点进行联测,按《国家一、二等水准测量规范》(GB/T 12897—2006)的Ⅱ级沉降监测控制网的要求进行地面水准路线的测量,水准网拟布设为符合线路,在水准线路测量时同步进行各沉降监测点的高程测量。

(4)平面监测点

在测试桥墩的变形时,考虑桥墩及承台为一刚性体,因此将所有变形监测点埋设在桥墩上,采用膨胀螺栓将 L 形专业监测棱镜固定于桥墩上。为了保证测点便于观测,设置合理,且不影响桥墩的外观和使用性能,在厦深桥墩各布置 2 个监测棱镜,每个桥墩上下各布设一个,在3个桥墩上共计布设6个平面监测点。平面监测点埋设见图5-20。

图5-20 平面监测点埋设图

(5)沉降监测点

在线路临近的73~75号桥墩离地20cm处布设沉降点,每个桥墩布设4点,布设位置为4个角,共布设沉降监测点12个(编号为C1~C12)。

5.2.2 汕梅高铁跨线桥

1)设计总体方案

潮汕环线高速公路(含潮汕联络线)项目二期工程梅汕高铁跨线桥,又称畲汕铁路跨线桥,其里程为K13+678.56~K14+238.56,全桥长560m,桥梁孔跨布置为(2×30m+3×30m)预应力混凝土小箱梁桥面连续+(75m+140m+75m)连续刚构+(4×30m)预应力混凝土小箱梁桥面连续,上下行分幅布置。该桥与铁路营业线畲汕铁路(里程K109+871.9920及规划动车应用所处)以连续刚构形式进行跨越,连续刚构采用75m+140m+75m跨度(5~8号墩),其里程为K13+828.56~K14+118.56。

主桥平面位于半径$R=1000m$的同向圆曲线上,箱梁顶面设4%超高,箱底水平。该桥通过地段地下水除孔隙潜水外,深部尚蕴藏丰富的承压水,地下水受大气降水及邻近地表水的渗流补给,以蒸发和渗流方式进行排泄。根据水质分析,地下水对混凝土结构不具侵蚀性。本桥范围主要地层为粉质黏土、淤泥质粉质黏土、圆砾土及砂层。地震动加速度峰值为$0.20g$,地震基本烈度Ⅷ度,场地类别为Ⅲ类。

桥边跨(75m)跨越畲汕铁路线,6号墩(邻近铁路主墩)位于畲汕铁路线路左侧承台外沿,与铁路营业线坡脚最小距离为8m;主跨跨越动车应用所,站场净空10m。

下部结构:主墩采用双排薄壁墩,截面尺寸为1.5m×7.4m,6号和7号左幅墩高

18.327m、右幅墩高17.887m;边墩采用花瓶墩,5号和8号左幅墩高20.125m、右幅墩高19.685m;5号墩、8号边墩基础分别采用8根桩(5号墩桩长70m、8号墩桩长60m)和2个9.1m×9.1m×3m的钢筋混凝土承台;6号、7号主墩基础采用21根φ200cm钻孔灌注桩(6号墩桩长70m、7号墩桩长65m)和33.8m×13.8m×5m的钢筋混凝土承台。

上部结构:梁体采用单箱单室、变高度、变截面结构,箱梁顶宽14.6m、底宽7.4m;箱内顶板厚度为30cm,底板厚度25~100cm,梁底按二次抛物线变化,腹板厚50~80cm,按折线形变化;全联在0号块处设2个横隔板,横隔板设有过人孔洞;箱梁全长290m,18个节段,中支点桥墩上为0号段,0号段长12m,1~6号段长3m,7~12号段长3.5m,13~18号段长4m,合龙段长2m,边跨现浇段长4m;其中采用挂篮法施工时最重梁段重约171.7t。

2)施工方案

(1)前期施工组织

首先组织测量队进行复测和控制点加密,以准确测定桥梁墩、台位置;同时进行现场施工调查,修筑施工便道和进行施工现场布置;然后进行施工防护并组织设备、机具进场;各项准备工作完毕后进行现场施工。

①施工人员安排

根据本工程特点进行施工队伍安排、组织劳动力和任务划分,详见表5-1。

施工队伍安排、组织劳动力和任务划分　　表5-1

施工队伍	劳动力(人)	担负主要施工任务
桩基工班	20	负责5号、6号、7号和8号墩桩基施工
模板工班	40	负责承台、墩身、连续刚构模板和挂篮行走
钢筋工班	40	负责桩基、承台、墩身和连续刚构钢筋加工和绑扎
混凝土工班	20	负责桩基、承台、墩身和连续刚构钢筋加工和绑扎
混凝土供应工班	16	负责混凝土拌和和运输供应
预应力工班	12	负责所有预应力管道安装和钢筋张拉、注浆、封端
机电工班	4	负责自发电机械操作、保养、维修等
桥面工班	12	负责桥面封闭防护和桥面后续工作
测量工班	3	负责施工放样、监控量测和沉降观测
测控工班	4	负责现场防护、视频监控
综合工班	4	负责其他事项

悬臂浇筑连续刚构单个 T 构劳动力配置见表 5-2。

悬臂浇筑连续刚构单个 T 构劳动力配置表 表 5-2

序号	分项工程名称	任务划分	工种名称	劳动力数量(人)	备注
1	钢筋工程	钢筋场集中加工	钢筋工	4	提前一个月进场
2		梁部安装		8	—
3			电焊工	3	
4	模板及支架工程	地面加工	模板工	2	
5		挂篮走行		8	与钢筋安装工班共用
6		模板系统调整		4	
7		支架搭设	架子工	16	
8	混凝土工程	混凝土浇筑	混凝土工	5	
9	预应力工程	预应力筋安装	张拉工	6	与钢筋安装工班共用
10		预应力张拉、压浆	张拉工	3	—

②施工顺序和工期安排

施工主要顺序:施工准备→桩基→承台→墩身→连续刚构→桥面系。

以 6 号墩的桩基、承台、墩身和悬臂连续箱梁施工为主线,紧紧围绕施工关键线路组织施工,综合分析各种施工条件,实现工程整体协调推进,均衡生产,确保总工期。加大资源投入、加强技术力量、优化设备配置,提高施工生产效率,加快工程施工进度;同时针对实际情况做好施工机械设备储备,防止因为部分机械设备故障而影响施工生产。

③利用天窗施工

仅在防护棚搭设、拆除及挂篮走行时要点封锁施工,一般要点计划 90min,可以利用畲汕铁路天窗时间。每个月提前报送下个月天窗要点施工计划,施工前 3d 报送日计划。上跨畲汕铁路路基范围,对线路有影响的阶段为 6 号墩连续梁边跨 3~8 节段悬臂浇筑阶段。

(2)过渡施工方案

畲汕铁路跨线桥 6 号主墩距离铁路营业线最近,其承台最外沿距离畲汕铁路中线 16m。在桩基施工前,采用人工开挖探坑的方式,在铁路与承台之间查找管线。确定管线位置后,采用加固或改迁方式进行保护,畲汕铁路线路左侧 10kV 贯通线,在防护棚搭设前,联系产权单位完成落地迁改,落地迁改范围为潮龙线 123~125 号杆,两档贯通线采用高压电缆地埋方式迁改,迁改长度约 140m,并将 125 号杆道口值班房 10V 供电变压器移至 126 号杆。

(3)主体工程施工方案

施工准备完成后,首先安排铁路营业线两侧围蔽防护施工,然后有序安排桩基、承台、墩身和连续刚构施工,做好协调配合;根据地质条件采用车载反循环钻机进行桩基施工。对沉渣厚度、孔壁垂直度、孔径检查合格后,进入下道工序。在铁路防护棚搭设完成并验收合格后组织实施连续刚构施工,可采用挂篮法悬臂施工方法;桥梁各工序均衡生产,总体部署合理紧凑,并充分考虑冬雨季、交通条件、材料供应等因素对施工的影响,配足要素,合理规划。

(4)跨铁路悬臂段挂篮施工防护棚架施工方案

由于防护棚不可能一次施工完毕,所以只能利用畲汕铁路天窗时间进行每个分项施工。在每个分项施工前,应做好分项施工计划,提前与铁路部门沟通,确定好天窗时间,施工负责人在确保防护人员及施工人员全部就位后,方可发布施工命令。且在天窗施工期间,施工要紧凑、有序,要充分利用天窗时间,尽快完成每次分项施工、基础施工。

基础施工时,棚架条形基础位于铁路路基坡脚侧,条形基础施工之前先进行放样,清除表层虚土后,在基础顶垫10cm砂砾垫层,人工夯实,以减少对路基的扰动,后按照图纸设计要求绑扎钢筋,浇筑混凝土,并预埋好$60cm \times 60cm \times 15mm$的钢板预埋件。为保证防护棚架施工完毕后不影响路基排水,在条形基础施工时,每隔2m在基础底预埋$\phi15cm$的PVC管,用于铁路排水。同时为避免坡脚处倒积水,在路基坡脚处沿条形基础方向抹一层30cm厚的砂浆面层,保证积水不渗入路基中。

立柱按设计尺寸在场地加工成型后运至工地吊装,采用25t车载起重机配合塔式起重机进行吊装,人工配合安装。立柱安装前检查预埋件的位置、高程和平整度情况,检查钢管立柱的长度,根据检查情况及时调整,对钢管立柱和预埋底座进行编号。立柱焊接牢固后立即安装2根临时限位缆风钢丝绳,严禁立柱未焊接牢固或限位钢丝绳未紧固就松开牵引拉绳及吊索,以防止立柱钢管倒入铁路营业线上。

钢管焊接牢固后即松开牵引拉绳,每根钢管立柱大致就位后由人工扶正,对准提前放样好的设计位置并对垂直度进行校正,及时对钢管立柱底部进行围焊,按设计图纸加焊加劲肋,按此方法依次进行各钢管支墩安装。钢管支墩间采用14a槽钢进行剪刀撑式横向连接,以加强钢管支墩间的横向稳定性。

采用人工配合塔吊安装进行梁部及围栏施工,在主梁工字钢的两端设起吊环,先将主梁工字钢慢慢吊起,起吊高度超过纵梁时慢慢转向,待工字钢就位后焊接。吊装过程中派专职安全员现场指挥。横梁安装完毕后,再安装分配梁,最后安装竹胶板及防护围栏。

纵梁、分配梁、棚面板施工完毕后,棚架两侧各设8道6π缆风绳,缆风绳一端固定于立柱顶部,另一端用10号角钢以45°角固定于地面上,10号角钢入土深度不小于3m,以保证缆风绳受力均匀。

3)跨铁路悬臂段挂篮施工

跨铁路营业线作业,一般采取防护棚的方法。通常防护棚的方式有两种,一种是落地式防护棚,另一种是附着式防护棚。由于畲汕铁路为单线,且跨度较小,采用传统的落地式防护棚就能满足施工要求,故本桥跨铁路营业线悬臂施工连续刚构时采用落地式防护棚的方法作业。

防护棚架不可能一次性施工完毕,所以只能利用畲汕铁路天窗时间进行每个分项施工。在每个分项施工前应做好分项施工计划,提前与铁路部门进行沟通,确定好天窗时间,施工负责人在确保所有防护人员及施工人员就位以后,发布施工命令。且在天窗施工期间,尽快完成每次分项施工。按照施工计划依次完成基础施工、立柱施工、梁部及围栏施工、缆风绳施工。

防护棚架的拆除是难点。防护棚架受到连续刚构的限制,不能用起重机直接拆除。同样利用畲汕铁路天窗时间,在设备管理单位的配合下拆除。连续刚构施工完毕以后,按照从上到下的顺序拆除棚架,即先拆护栏,再拆面板,然后拆分配梁、横梁和纵梁,最后拆立柱。

4) 对畲汕营运铁路路基轨道稳定安全监测

为了准确了解施工对畲汕铁路路基、轨道的影响,及时发现可能存在的危险,应采取相应的措施,将不利影响降至最小。根据相关要求并结合工程特点,监测的内容为:施工区域内畲汕铁路路基、轨道水平位移监测,施工区域内畲汕铁路路基、轨道沉降位移监测。

5) 监测方法技术

(1) 监测等级

根据《工程测量规范》(GB 50026—2007)的规定,本项目变形监测的等级为Ⅲ级。

(2) 平面基准点

平面基准点布设2点,基准点相互通视,形成监测平面基准线控制系统。平面控制基线采用徕卡TCR402全站仪及其相配套的棱镜。在平面控制观测前,对全站仪进行全面检测、校准。之后每月定期对工作基准点进行检核,以确保工作基准点的稳定和精确。平面控制基线采用测回法测量,盘左3次,盘右3次,测距三次平差后,精确计算其相对关系,作为基准点的坐标。

(3) 沉降基准点布设

布设1个沉降基准点,与平面基准点共用,利用高速公路施工水准点,作为高程监测基准点,见图5-21。

(4) 沉降基准点测量

利用业主和设计单位交付的水准点为起算数据与基准点进行联测,根据《国家三、四等水准测量规范》(GB/T 12898—2004)Ⅲ级沉降监测控制网的要求进行地面水准路线的测量,水准网拟布设为附合线路,在水准路线测量时同步进行各沉降监测点的高程测量。

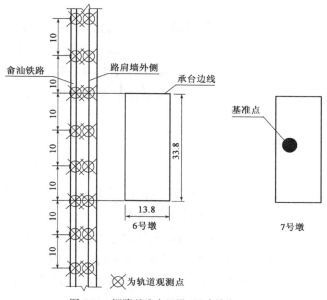

图 5-21 沉降基准点埋设(尺寸单位:m)

(5)平面监测点布设

沿铁路方向在路肩外侧,距离 6 号承台两侧各 20m,按照间距 10m 设置平面监测点(编号为:GC1、GC2、GC3、GC4),与沉降监测点共用。观测点位布设见图 5-22。

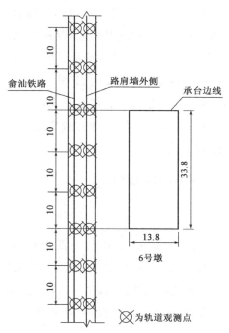

图 5-22 观测点位布设平面示意图(尺寸单位:m)

(6) 平面监测点测量

全站仪架设在工作基点上,瞄准基准点并定向依次观测平面监测点,选用徕卡 TCR402,采用极坐标法测量各监测点的三维坐标。每次测量时,测量1个测回次。边长的气温、气压改正由全站仪自行改正。按上述方法,各监测点连续测量至少两次作为初始观测值,以后的每次观测值与初始值之差即为累计水平位移量。相邻两次观测值之差即为本次监测的水平位移量。

6) 路基、轨道沉降整修措施

(1) 沉降原因

施工过程中引起路基沉降的因素有:桩基施工、承台施工、列车的振动荷载。桩基施工采用反循环钻机,施工过程中对土体的整体扰动性较小,若钻孔过程中出现坍孔等现象,也会对周围土体造成扰动,进而影响到路基沉降。承台施工涉及时间较长,过程中需要进行土体开挖,地下水会向承台集聚,造成地下水位下降,从而影响周围土体的整体稳定性,进而引起路基变形。承台施工中土体开挖后,列车的振动荷载也会造成路基的沉降变形。综上所述,承台施工是引起路基变形的主要原因,所以施工中需加强沉降观测,同时需采取相应保证措施。

(2) 保证措施

桩基施工过程中控制好泥浆量,同时施工过程中钻进速度不宜过快,以免扰动土体;承台施工采用钢板桩围挡,钢板桩的锁口应用止水材料捻缝,以防漏水,尽量避免钢板桩周围土体渗水;在基坑开挖中,在坑底基础范围之外设置集水坑并沿坑底周围开挖排水沟,使水流入集水坑内,通过水泵将水抽出基坑;承台开挖后,及时对钢板桩围挡进行内支撑加固,沿钢板桩内侧四周设一道围檩,围檩采用2I36b工字钢,距承台底4.56m,连成整体,以共同抵抗水平推力和位移,采用2I36b工字钢设置内支撑,位置不能影响承台后续施工;采用2[20槽钢设若干角撑以满足整体支撑和稳定要求,保证周围土体的整体稳定性,减少列车振动荷载对土体的扰动影响。

5.2.3 关埠1号高架特大桥下穿铁路

1) 设计总体方案

本标段为潮汕环线高速公路(含潮汕联络线)一期工程项目第12标段,主要工程范围为潮汕环线联络线 LK0+720~LK9+904 段土建工程,全长9.184km,位于广东省汕头市潮阳区境内。潮汕环线高速公路潮汕联络线左、右幅道路从杭深铁路榕江特大桥第220孔、221孔桥孔内以桥梁(关埠1号高架特大桥)形式通过。

主要技术指标:

(1)桥涵设计荷载:公路-Ⅰ级;
(2)道路等级:高速公路;
(3)设计速度:100km/h;
(4)单幅桥梁宽度:12.5m;
(5)车道数:4车道;
(6)抗震设防烈度:Ⅶ度;
(7)结构设计基准期:100年。

关埠1号高架特大桥下穿杭深铁路,公路桥梁中心线与铁路桥梁中心线交角为82°。公路与铁路交叉位置,公路桥的左幅K7+608.9和右幅K7+609.5第27跨分别下穿杭深铁路榕江特大桥(桥梁中心里程K1332+283)的第220跨及第221跨,铁路两侧桥墩与公路相对位置详见图5-23,桥梁下穿铁路现场见图5-24。

图5-23 铁路两侧桥墩与公路相对位置

图5-24 桥梁下穿铁路现场

(1)桩基。每个主墩采用2根φ180cm钻孔桩,两个墩左右幅共8根桩基,其中左右幅桩长皆为39m,桩基础横桥向布置,距铁路桥墩桩基最近的桩基为27-2号,距离为13.5m。

(2)系梁平面尺寸。2.9m(顺桥向)×7.4m(横桥向)×2.5m,系梁在原地面以下,开挖深度为2.5m左右。铁路右侧承台距离铁路桥墩边缘13.16m,左侧承台距离铁路桥墩边缘14.30m。

(3)上部构造。桥面宽度为11.5m,左右幅各4片30m预应力小箱梁,公路桥梁护栏为SS级防撞护栏(高度1.10m),护栏边距离榕江特大桥墩柱边最近距离为3.8m,桥梁路面顶距离榕江特大桥第220跨箱梁底净空高度平均为5.7m、距离第221跨平均为5.7m,施工时原地面距离铁路桥梁底高度为14.1m。

(4)气候及水文地质情况。本项目位于广东省汕头市境内,属亚热带季风气候,阳光充足、热量丰富,夏长冬暖,无霜期长;雨量充沛,降水集中在夏季,常受台风袭击。软土主要为淤泥、淤泥质粉质黏土、泥炭土、饱和软塑状粉质黏土,主要分布在榕江、练江港湾式沉积三角洲平原区、河流谷地和山间洼地,分布面积广,具有双层或多层结构,单层厚度在0.5~23.7m之间,靠丘陵渐薄,靠榕江或练江渐厚。

2)施工前准备

施工前,按要求与广铁集团各站段签订施工安全协议及办理营业线施工审批等相关施工手续,并按要求填报施工计划。邻近既有线施工过程中设置专职驻站员和现场防护员。施工全程在杭深铁路的桥墩设置观测点,一旦发现杭深铁路结构物沉降变形超出安全标准,立即通过相关程序及时反馈到铁路运营单位。

根据广铁集团《邻近营业线施工物理隔离防护指导意见书》(广铁建函〔2015〕562号)防护要求,桩基施工前,用防撞墩隔离防护设施对219~221号铁路桥墩靠近公路一侧墩体隔离。隔离防护设施应牢固,连接可靠。防撞墩靠施工一侧墩面距离铁路桥墩面分别为1.5m和2m,硬土以下埋深0.7m,防撞墩之间净距为1m,防撞墩采用C20钢筋混凝土制作,预埋槽钢外露5.7m、埋深0.3m,安装就位后利用横向间距2m、ϕ50mm钢管与槽钢连接牢固;防撞墩身涂刷警示斑马线,桥墩及槽钢贴有2~3m长的反光警示带。铁路桥下桥墩防护见图5-25。

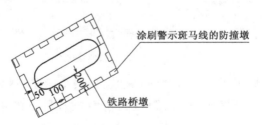

图5-25 铁路桥下桥墩防护图(尺寸单位:cm)

3）施工工序

（1）摩擦桩施工

钻孔桩为摩擦桩，尽可能地采用反循环钻孔工艺，采用25t汽车起重机完成钢筋笼吊装作业，以尽量远离既有线施工为原则（远离既有铁路侧）。距铁路桥墩最近的27-2号桩基距离为13.5m。

因此按27-2号→27-0号→27-3号→27-1号→26-3号→26-0号→26-2号→26-1号的施工顺序进行施工，钻机高度（7.5m）小于铁路桥梁高度14.1m，钻机施工均位于安全范围，反循环钻机摆放位置如图5-26所示。

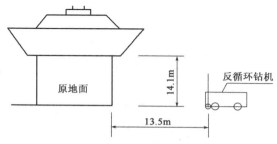

图5-26 反循环钻机摆放位置示意图

这一阶段施工主要控制既有铁路墩柱的稳定性、反循环钻机的摆放位置及钢筋笼的吊装，具体采取措施包括：钻孔桩开孔前，在铁路的桥墩处设置观测点，一旦发现杭深铁路结构物沉降变形超出安全标准，立即通过相关程序及时反馈到铁路运营单位；反循环钻机施工时与杭深铁路桥垂直布置。

（2）钢筋笼施工

施工作业时，桩基机身背向铁路摆放，始终与杭深铁路桥墩保持足够的施工安全距离。施工桩基时尽量采用反循环钻机施工，最大限度减小振动和干扰。钢筋笼现场采用汽车起重机吊装，采用双吊点法安装入孔钢筋笼，采用汽车起重机吊装入孔。

施工单位确认钢筋笼无问题后，起吊钢筋笼，起重机站位要在背向铁路的一侧，确保钢筋笼平放时不侵入铁路限界，并用钢板对起重机支腿进行铺垫，以防起重机倾覆。将钢筋笼调整垂直后，再转动起重机大臂，将钢筋笼吊至孔口下放，下降速度要均匀，不得碰撞孔壁，就位后使钢筋笼轴线与桩轴线重合。第一截钢筋笼下放完成后，将第二截钢筋笼吊装至孔口，与第一截钢筋笼对接好，进行钢筋笼焊接。

钢筋笼对接好后，在钢筋笼上拉两道缆风绳，防止钢筋笼倒向铁路一侧。钢筋笼连接完毕后，继续下放钢筋笼，钢筋笼入孔达到设计高程后，在孔口用小钢轨固定在井口井字形方木上，防止混凝土灌注过程中钢筋笼浮起或位移。灌注完毕且待上部混凝土初凝后，解除钢筋笼的缆风绳。

(3) 系梁施工

系梁在原地面以下,开挖深度为2.5m左右,与既有杭深铁路桥墩最近距离为13.15m,基坑预留50cm工作面,按1:1.5的系数放坡开挖。系梁开挖如图5-27所示。这一阶段施工主要防控基坑开挖塌方及模板吊装过程中影响铁路桥墩稳定和安全的问题,开挖前在四周预留排水沟槽,以防雨水浸泡基坑;开挖时严禁在基坑周边1.5m范围内堆放土方,以防压塌基坑边坡造成坍塌,同时在基坑周边做好安全围护结构。起重机站位要在背向铁路的一侧,确保模板吊装时不碰撞铁路桥墩。

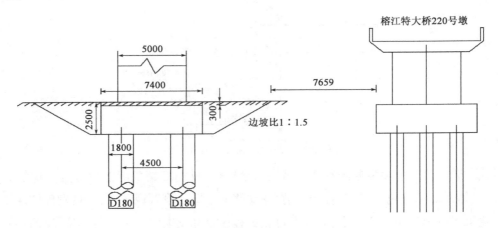

图5-27 系梁开挖示意图(尺寸单位:mm)

(4) 墩柱及盖梁施工

由于公路桥下穿铁路桥,在进行钢筋绑扎、模板安装、混凝土浇筑时,应确保施工中起重机、挖掘机的站位,行走路线不碰撞和剐蹭铁路桥墩。钢筋的原材和下料应在远离铁路的钢筋加工场地内进行加工制作,各种半成品由装载机和运梁炮车运至桥墩附近,并确保堆放在铁路限界外。

盖梁施工顺序:测量放线→摩擦抱箍→安装底模→钢筋加工及绑扎→安装侧模→浇筑混凝土→拆模、养护。各工序施工要点如下:

①现浇支架及模板:采用双抱箍支承型钢横梁作为底模支架的方法进行施工,支架完成后铺设盖梁底模,在钢筋绑扎完成后,支立加固侧模。底模和侧模均采用新制定型大块钢模板,其每块模板的面积大于2.0m²。

②箱梁架设:杭深铁路桥下共8片30m预制小箱梁,在预制梁场完成预制后用运梁炮车运送至现场,因净空(5.7m)较小无法采用架桥机,所以采用汽车起重机起吊安装箱梁。

4)施工质量保证措施

(1)在项目部内广泛开展"争创精品工程"活动。全面加强质量意识教育,提高精品意识,使项目部全体职工均能按做艺术精品的要求进行施工。

(2)做好文件和资料的管理工作。施工中各施工表格应按业主或监理工程师要求的格式进行填写,对于设计图纸、会议纪要、变更设计、来往文件,应设专人进行文件管理,做好收、发、管、存、归档的工作。及时收集和整理施工过程中形成的各类工程资料,认真填写各类资料表格。

(3)推广全面质量管理。开展质量控制小组活动,以工程中的重大技术问题及常见质量通病为课题,不断攻克技术上的难关及解决施工中的常见质量问题。

(4)建立质量奖罚制度。对积极贯彻执行质量管理制度,精心施工,工程质量达到优良标准,受到一致好评或对解决质量问题、攻克技术难关有突出贡献的班组或个人进行奖励;反之,对所完成的工程质量低劣、重复出现质量问题的班组或个人,视情节轻重、损失多少进行罚款或调离岗位。

(5)加强施工过程的全面控制

①所有的施工项目均须有详尽的施工方案。项目部施工方案的确定及变更均须由本公司工程部审批,重要工序或有特殊工艺要求的工序、项目,还须本公司技术负责人审定后实施。施工中必须严格按审定后的施工方案执行,不得擅作更改,各级质量安全检查部门负责监督。

②进行详细的工程技术交底。每个部位、工序施工前,均须进行详细的技术交底。技术交底分三级:项目部总工程师向生产副经理、各部门进行总体方向、方法、标准、目标类的交底;工程部长向主管技术员进行方案、工艺工法的交底;主管技术员向作业班组负责人、作业班组全体人员进行可直接操作执行的工艺工法、具体数据的交底。

③加强施工测量控制管理工作。对建设单位或设计单位移交的基准线、点(包括坐标点、水准点)进行认真的复核。根据施工需要,合理布置现场测量控制网,并按规范要求进行闭合测量,严格控制测量精确度。测量仪器、工具,须按国家计量管理的相关要求,定期送检,测量仪器在使用时应定期进行常规检查、校准,发现仪器失准或因意外摔跌、碰撞,应立即停止使用,并送指定的计量检测所进行鉴定、检修。

④加强工序质量控制。各工序施工过程中,必须严格执行技术标准,严格按设计图纸进行施工。各工序在隐蔽前必须经施工员、施工班组、工程质安部三级质检人员分别验收合格并签名认可,且经工程监理(必要时需经设计人员)验收合格并签名认可后,方可进行下一工序的施工。

⑤各工序在施工过程中,须有施工员、质检员在现场指导、监督,对施工中遇到的问题

及时进行处理或纠正,保证每个工序均符合设计及规范要求。

⑥及时对已完工序进行检查和验收。驻现场质检员在每道工序完成后,须进行外观检查和实测检查,资料收集与填写检查,对达不到设计要求验收标准的,提出纠正和预防措施并要求进行整改。

⑦加强材料管理,控制原材料、半成品的质量。施工中所用的水泥、砂、碎石、块石等应有相应的质量证明书,还须按规范要求进行抽检试验,合格后方可使用,达不到设计要求的原材料不准使用。原材料、半成品的堆放应符合现场要求,分类分规格堆放,并挂上标识牌,以防误用。

⑧施工中应投入足够的机械设备,保证施工的顺利进行,要加强机械设备管理工作,做好保养、维护工作,保证其最佳工作状态,以确保工程质量。

(6)加强测量控制

①工程所需的观测仪器若属强制检定设备,必须经有资质单位检定合格后方可进入现场使用;若属非强制检定设备,应根据"非强制性检定仪器检定方法"进行检定。仪器进场且检查一切正常后方可使用,并在使用过程中进行定期检查。

②监测点的安装、埋设,均要按照有关规范和规程要求实施,严格操作步骤,做好各点的标记、编号和测点保护工作,确保监测点的成活率。及时做好初始值的施测,确保初始值正确稳定。

③严格做好工况记录。施测过程中发现突变与异常,要进行复测与检查,及时分析和探明产生的原因,必要时及时向有关方进行通报,以便采取有效措施。严格按有关规范规定,定期做一次基准点的检测工作,以便了解基准点的稳定性,确保监测成果可靠和准确。

④加强全过程的质量检查和监督,监测资料必须经过"自检—互检—自检"流程,确认无误后提交给有关方。认真做好施工工况记录,结合施工及监测数据,及时总结与预测周围环境安全性,积极配合信息化施工。

5.2.4 登岗互通A匝道下穿杭深高铁桥梁

1)设计总体方案

既有汕梅高速公路于K24+154采用路基形式下穿杭深高铁五嘉陇特大桥53号和54号墩,下穿处高铁桥梁为跨度(52+88+52)m变截面连续梁,公路路线中心线与铁路线路中心线交角为47°,见图5-28、图5-29,登岗互通A匝道在汕梅高速公路与杭深高铁交叉处高速路基西侧接入(即54号墩一侧),需要在汕梅高速西侧加宽3.75m。加宽处高速公路设计高程为7.3m,五嘉陇特大桥梁底高程为13.1m,桥下净空为5.7m,五嘉陇特大桥54号墩承台高程为0.556m,具体参数见表5-3。为了避免加宽后路基边坡压力传递给54号墩,在加宽外侧设置90m长挡墙,新建挡墙外边缘与54号墩承台最短距离为5.5m,新建挡墙外边缘与54号墩桥墩边缘最短距离为9.9m。

图 5-28 汕梅高速公路拼宽下穿杭深高铁

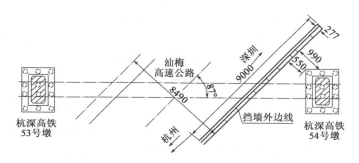

图 5-29 汕梅高速公路拼宽下穿杭深高铁54号墩相对位置(尺寸单位:cm)

杭深高铁与登岗互通A匝道交叉参数表　　　　　　　　　　　表5-3

位置	公路里程桩号	路面设计高程	铁路里程桩号	铁路梁底高程	桥下净空
登岗互通A匝道	AK1+755	7.4m	K1320+692	13.1m	5.7m

2) 对54号墩防护

(1) 防护原则

为保障铁路运营安全,最大限度地减小对杭深高铁桥梁的振动和干扰,应采取合理的保障措施保障施工安全。在杭深高铁的承台、桥墩、轨道顶面设置观测点,在地面上布设有效的监控点进行沉降实时监测。一旦发现杭深高铁结构物沉降变形超出安全标准,立即通过相关程序及时反馈到铁路运营单位;做好现场的桥墩防护,防止机械对桥墩的碰撞,确保杭深高铁桥梁结构安全;填筑路基时,采用静压方式压实,严禁振动作业。

(2) 防护措施

为了保证机械车辆不碰撞桥墩,保证列车正常安全运行,对施工区域内的桥墩进行物理防护(广铁建函[2015]562号)。

施工前在距54号墩(靠高速公路侧)2.7m处设置钢筋混凝土防撞墩,防护长度为12m。钢筋混凝土防撞墩尺寸为1m×1.2m×0.5m(长×宽×厚)。设置位置距54号墩混凝土面最小距离不小于2.5m,防撞墩埋深0.7m,地面以上高度为0.5m,墩间净距不大于1.2m,共设置6个,防撞墩墩身涂刷警示斑马线,同时对54号墩混凝土面从下向上2~3m处贴反光警示带,见图5-30。

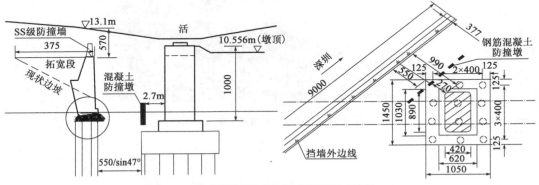

图5-30 对既有铁路桥桥墩防护示意图(尺寸单位:cm)

施工范围内,沿施工边界外1m设置临时排水沟,与杭深高铁桥墩距离应满足设计规范要求,杭深高铁桥墩上的雨水收集系统将排水引至高速公路排水沟向外排放。

在施工现场配置专职安全员一名,由专人指挥机械施工,防止对梁底或桥墩造成破坏;同时安排专人对施工现场内容易产生的漂浮物体进行捡拾,防止塑料等漂浮物随风上浮影响既有线。

3)工程安全监测

监测的主要目的是在潮汕环线高速公路二期工程登岗互通A匝道下穿杭深高铁桥孔新建立交工程施工过程中,对铁路桥墩的变形、沉降进行安全监控,确保施工过程中杭深铁路的运输安全。监测范围为与公路桥梁交叉的2个桥墩。

(1)桥墩变形控制标准

变形监测频次及预警值见表5-4。

变形监测频次及预警值 表5-4

序号	监测项目	警戒值			
		次变化量	24h变化量		累计变化量
			预警值	报警值	
1	桥墩水平变形(mm)	1.0	1.0	2.0	3.0
2	桥墩沉降(mm)	1.0	1.0	2.0	3.0

续上表

序号	监测项目	警戒值			
		次变化量	24h 变化量		累计变化量
			预警值	报警值	
3	两相邻承台的差异沉降(mm)	1.0	1.0	2.0	2.0
4	地面沉降(cm)	2	2.5	5	50

(2)监测点布置及使用仪器

监测点布置及使用仪器见表5-5。

监测点布置及使用仪器表 表5-5

序号	监测项目	测点设置部位	仪器设备	测点数量(点、孔、断面)
1	桥墩台沉降	53、54号墩(台)的墩(台)身四角	水准仪	8
2	桥墩台变形	53、54号墩(台)的墩(台)身四角	全站仪	8
3	周边地表沉降	53、54号墩(台)的垂直线路方向两侧	水准仪	4

(3)桥墩台沉降变形

桥墩台沉降人工监测范围为杭深高铁五嘉陇特大桥53号和54号墩台顺线路方向，两侧各布设一个测点，且离地面高度不得大于3m，共计8个监测点。桥墩台水平变形人工监测范围为杭深高铁五嘉陇特大桥53号和54号墩台垂直线路方向，两侧各布设一个测点，且离地面高度不得大于3m，共计8个监测点。

为避免对桥墩造成破坏，桥墩沉降监测点用因瓦尺贴纸布置，桥墩位移监测点用棱镜反光贴片布置。定期检查监测点是否有松动和脱落现象。

5.2.5 上北互通高接高

1)设计总体方案

潮汕环线高速公路主线起于汕头市澄海区隆都镇尧里村西侧，与澄海连接线终点相接，起点桩号为K0+000，终于澄海区隆都镇上北村北侧，终点桩号为K4+075.399，路线全长约4.075km。

主要桥梁：上北枢纽互通1号桥，上北枢纽互通2号桥，汕汾高速小桥，金沙大桥，互通区A、B1、B2、B3、C、D、E1、E2、E3、F1、F2、G1、G2、H1、H2等匝道桥。上北枢纽互通平面图见图5-31。

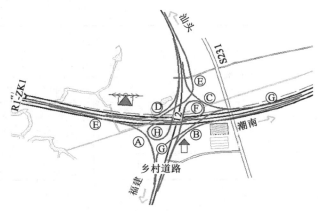

图 5-31 上北枢纽互通平面图

(1) 水文地质

选线地区地处南亚热带季风气候,为华南沿海台风区(Ⅳ7),温暖多雨,年平均降水量在 1300~1800mm 之间,终年无雪少霜,地表水水系发育,地下水补给充沛。丘陵地区基岩裂隙发育,河谷和平原地区地形平坦,有利于大气降水的渗入补给和汇集,从而有利于形成丰富的地表水以及地下裂隙水、孔隙水及断裂破碎带状水。每年的 4—9 月份,雨水集中,此间为汛期,常伴有洪水出现,与本区地形和降雨情况有关。该区地下水的分布主要受岩性、构造、地貌和植被等因素的控制和影响。根据地下水的赋存特征,场区内地下水类型可分为第四系松散类孔隙水及基岩裂隙水两类。

(2) 地质构造历史

本标段项目地处潮汕地区,中三叠世前地质时期属华南古陆隆起区,处于剥蚀阶段,中三叠世的印支运动结束了古陆隆起,进入板块运动时期,为大陆边缘活动带阶段,晚三叠世,由于海侵作用,在大陆前缘凹地沉积海陆交相碎屑岩,早侏罗世至晚三叠世沉积成浅海相碎屑岩。中侏罗世,随着太平洋板块向欧亚板块俯冲的进一步加剧,形成线路区大面积分布的花岗岩,地壳上升遭受风化剥蚀。晚侏罗世,在断陷盆地以火山强烈喷发为主,形成上侏罗统的火山碎屑岩。早白垩世,板块俯冲减慢,陆地遭受剥蚀,在内陆盆地沉积红色火山碎屑岩。第三纪地壳上升经剥蚀。第四纪表现为间隙式上升,经风化剥蚀与沉积作用,形成了现代地貌景观。

(3) 气象

项目位置处于赤道低气压带和副热带高气压带之间,在东信风区之中;地处亚欧大陆的东南端,受海风的影响很大;冬半年常吹偏北风,夏半年常吹偏南风或东南风,是明显的季风区;夏季又处于西北太平洋低纬度台风盛行区域中。常年雨水充沛,无霜期长,春季潮湿,阴雨日多;初夏气温回升,冷暖多变,常有暴雨;夏季虽高温而少酷暑,常受台风袭击;秋季凉爽干燥,天气晴朗,气温下降明显;冬无严寒,但有短期寒冷;年日照2000～2500h,日照最短月份为3月份;年降雨量1300～1800mm,多集中在4—9月份;年平均气温21～22℃,最低气温在0℃以上,最高气温36～40℃,多出现于7月中旬或8月初,为太平洋副热带高压控制期间。

2)上北枢纽互通组成

上北枢纽互通组成见表5-6。

上北枢纽互通　　　　　　　　　　表5-6

序号	桥名	跨径布置	桥长(m)	上部结构形式
1	上北枢纽互通主线2号桥	8×25+20+20+(25+35+25)+2×25+(21.609+2×24.5+22.434)+3×25.2+(27.643+40+28.357)+2×30.161+2×30.162+30.186+2×30.185+27×25.2+8×25	1731.245	预应力混凝土小箱梁(桥面连续)+预应力混凝土简支小箱梁+预应力混凝土现浇箱梁
2	A匝道桥	11×25+25.101	302.941	预应力混凝土小箱梁
3	B1匝道桥	1×10	17.02	预应力混凝土空心板
4	B2匝道桥	1×20	25.08	预应力混凝土小箱梁
5	B3匝道桥	9×25+3×30+30.3+29.7	377.84	预应力混凝土小箱梁
6	C匝道桥	7×25	177.84	预应力混凝土小箱梁
7	D匝道桥	8×25	202.84	预应力混凝土小箱梁
8	E1匝道桥	8×25	202.84	预应力混凝土小箱梁
9	E2匝道桥	5×25+(27.18+2×35+27.573)+6×20+5×25	500.433	预应力混凝土小箱梁+预应力混凝土现浇箱梁
10	E3匝道桥	1×20	25.08	预应力混凝土小箱梁
11	F1匝道桥	1×20	25.08	预应力混凝土小箱梁
12	F2匝道桥	13×20	262.54	预应力混凝土现浇箱梁
13	G1匝道桥	8×25+20+21.679+23.321+20+6×20+8×25+(31.968+2×40+30.435)+(3×25)+(2×20)+(3×20)	924.943	预应力混凝土小箱梁+预应力混凝土现浇箱梁
14	G2匝道桥	3×20	62.54	预应力混凝土小箱梁
15	H1匝道桥	1×20	25.08	预应力混凝土小箱梁
16	H2匝道桥	14×20	282.54	预应力混凝土现浇箱梁

其中主线2号桥第17、18跨上跨汕汾高速公路,下部结构为桩基础、柱式墩,上部结构为预应力混凝土小箱梁。E2匝道桥第7、8跨上跨汕汾高速公路,下部结构为桩基础、矩形墩,上部结构为预应力混凝土现浇箱梁。G1匝道桥第28、29跨上跨汕汾高速公路,下部结构为

桩基础、矩形墩,上部结构为预应力混凝土现浇箱梁。潮汕环线跨汕汾高速公路桥群平面布置见图5-32。

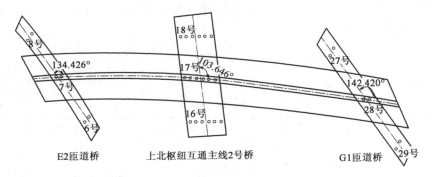

图5-32 潮汕环线高速公路跨汕汾高速公路桥群平面布置图

(1)汕汾高速公路小桥(加宽部分)见表5-7。

汕汾高速公路小桥(加宽部分) 表5-7

序号	桥名	跨径布置	桥长(m)	上部结构形式	位置
1	SFK28+434.3汕汾高速公路小桥(加宽部分)	16+13+16	52.02	预应力混凝土空心板	左侧
2	SFK28+763汕汾高速公路小桥(加宽部分)	10+13	30.02	预应力混凝土空心板	两侧
3	SFK29+878.5汕汾高速公路中桥(加宽部分)	8×16+8×13	237.02	预应力混凝土空心板	两侧

(2)上北枢纽立交与汕汾高速公路拼接路基信息见表5-8。

上北枢纽立交与汕汾高速公路拼接路基信息 表5-8

序号	里程桩号	处理长度(m)	处理方案	加宽宽度(m)	填土高度(m)	位置
1	SFK28+465~SFK28+692	227.3	轻质土	4.8~12.5	5.4~5.9	左侧
2	SFK28+715~SFK28+751	36	—	0~1.75	4.5~6.5	左侧
3	SFK28+775~SFK28+930	155.5	CFG桩	4.5~9	4~5.5	左侧
4	SFK28+930~SFK28+983	53	轻质土	4.5~9	3.8~4.8	左侧
5	SFK29+679~SFK29+763	83.5	CFG桩	10~14.3	5~5.6	左侧
6	SFK29+995~SFK30+435	440.5	轻质土	1.75~4.5	6.1~7	左侧
7	SFK30+435~SFK30+480	45	—	0~1.75	6.2~6.3	左侧
8	SFK28+650~SFK28+710	60	—	0~1.75	4.2~4.6	右侧
9	SFK28+775~SFK28+900	125.5	轻质土	5.5~10.2	3.2~4	右侧
10	SFK29+995~SFK30+510	515.5	轻质土	4.3~9.5	6.1~6.7	右侧
11	SFK30+510~SFK30+530	20	—	0~1.75	6.2~6.4	右侧

(3)涵洞接长见表5-9。

涵洞接长 表5-9

中心里程桩号	结构	孔-宽(m)×高(m)	交角(°)	涵长(m)	备注
加宽涵SFK28+985.39	箱涵	1-4×2.5	90	21.3	两侧加宽

3)汕汾高速公路工程概况

(1)汕汾高速公路互通设计

设计范围为SFK28+396.031～SFK30+530,长度2133.969m。位于半径1300m,右偏圆曲线上。路基宽度26m,双向四车道。横断面布置为3m中央分隔带+2×0.75m左侧路缘带+2×(2×3.75m)行车道+2×2.5m硬路肩+2×0.75m土路肩。路面为沥青路面,单向横坡。3m中央分隔带采用波形护栏,高度75cm。波形护栏面到路缘石外侧边70cm。其中波形护栏外侧面之间宽度1.6m。路缘石高度15cm。中央分隔带正中位置,路面以下70cm左右,埋设2根直径1cm通信信号管线。中央分隔带超高外侧(潮汕环线大里程侧)有一条排水沟,净深度40cm,盖板宽度75cm,见图5-33。

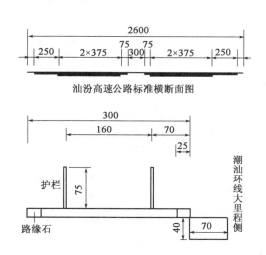

图5-33 汕汾高速公路中央分隔带示意图(尺寸单位:cm)

(2)上跨汕汾高速公路三处

主线2号桥第17、18跨上跨汕汾高速公路,上部结构为预应力混凝土小箱梁,单跨25m,净空5.5m。下部结构详细情况见表5-10。

E2匝道桥第7、8跨上跨汕汾高速公路,上部结构为预应力混凝土现浇箱梁,单跨长度35m。净空5.5m。下部结构详细情况见表5-11。

主线 2 号桥 16~18 号墩下部结构　　表 5-10

序号	墩号	位置	桩基				墩柱			系梁	
			桩号	桩径(m)	桩长(m)	桩基类别	编号	墩径(m)	墩高(m)	左/右幅	宽(m)×高(m)
1	16 号墩	汕汾高速公路边坡坡脚外	16-0 号桩	1.8	69	摩擦桩	16-0 号墩	1.5	10.855	左幅	1.2×1.5
2			16-1 号桩		69		16-1 号墩		11.016		
3			16-2 号桩		69		16-2 号墩		11.177		
4			16-3 号桩		69		16-3 号墩		11.289	右幅	1.2×1.5
5			16-4 号桩		69		16-4 号墩		11.455		
6			16-5 号桩		69		16-5 号墩		11.621		
7	17 号墩	汕汾高速公路中央分隔带中间	17-0 号桩	1.8	72	摩擦桩	17-0 号墩	1.5	8.028	左幅	1.2×1.5
8			17-1 号桩		72		17-1 号墩		8.188		
9			17-2 号桩		72		17-2 号墩		8.348		
10			17-3 号桩		72		17-3 号墩		8.460	右幅	1.2×1.5
11			17-4 号桩		72		17-4 号墩		8.622		
12			17-5 号桩		72		17-5 号墩		8.784		
13	18 号墩	汕汾高速公路边坡坡脚外	18-0 号桩	1.8	69	摩擦桩	18-0 号墩	1.5	10.568	左幅	1.2×1.5
14			18-1 号桩		69		18-1 号墩		10.731		
15			18-2 号桩		69		18-2 号墩		10.894		
16			18-3 号桩		69		18-3 号墩		11.009	右幅	1.2×1.5
17			18-4 号桩		69		18-4 号墩		11.173		
18			18-5 号桩		69		18-5 号墩		11.337		

E2 匝道桥 6~8 号墩下部结构　　表 5-11

序号	墩号	位置	桩基				墩柱			系梁/承台
			桩号	桩径(m)	桩长(m)	桩基类别	编号	尺寸(m)	墩高(m)	尺寸(m)
1	6 号墩	汕汾高速公路边坡坡脚外	6-0 号桩	1.6	80	摩擦桩	6-0 号墩	圆柱墩 φ1.5	8.711	1.2×1.5（系梁宽×高）
2			6-1 号桩		80	摩擦桩	6-1 号墩		8.801	
3	7 号墩	汕汾高速公路中央分隔带中间	7-0 号桩	1.8	85	摩擦桩	7-0 号墩	矩形墩 宽×长(1.5×3)	7.522	7.4×2.1×2（承台长×宽×高）
4			7-1 号桩		85	摩擦桩	7-1 号墩			
5	8 号墩	汕汾高速公路边坡坡脚外	8-0 号桩	1.6	80	摩擦桩	8-0 号墩	圆柱墩 φ1.5	10.372	1.2×1.5（系梁宽×高）
6			8-1 号桩		80	摩擦桩	8-1 号墩		10.580	

G1 匝道桥 28、29 跨上跨汕汾高速公路，上部结构为预应力混凝土现浇箱梁，单跨长 40m，净空 5.5m。下部结构详细情况见表 5-12。

5 互通立交

G1 匝道桥 27~29 号墩下部结构 表 5-12

序号	墩号	位置	桩基				墩柱			系梁/承台
			桩号	桩径(m)	桩长(m)	桩基类别	编号	尺寸(m)	墩高(m)	尺寸(m)
1	27 号墩	汕汾高速公路边坡坡脚外	27-0 号桩	1.8	80	摩擦桩	27-0 号墩	圆柱墩 φ1.6	9.934	1.2×1.5（系梁宽×高）
2			27-1 号桩		80	摩擦桩	27-1 号墩		9.814	
3	28 号墩	汕汾高速公路中央分隔带	28-0 号桩	1.8	80	摩擦桩	28-0 号墩	矩形墩 宽×长 (1.5×3)	7.474	7.4×2.1×2（承台长×宽×高）
4			28-1 号桩		80	摩擦桩	28-1 号墩			
5	29 号墩	汕汾高速公路边坡坡脚外	29-0 号桩	1.8	80	摩擦桩	29-0 号墩	圆柱墩 φ1.6	10.612	1.2×1.5（系梁宽×高）
6			29-1 号桩		80	摩擦桩	29-1 号墩		10.670	

（3）拼宽桥

汕汾高速公路互通设计范围内有 3 处桥梁拼宽。SFK28+434.3 汕汾高速公路小桥，原桥跨径组合为 16m+13m+16m，桥长 52.02m，上部结构为预应力混凝土空心板。现设计在原桥左侧进行拼宽。SFK28+763 汕汾高速公路小桥，原桥跨径组合为 10m+13m，桥长 30.02m，上部结构为预应力混凝土空心板。现设计在原桥两侧进行拼宽。SFK29+878.5 汕汾高速公路中桥，原桥跨径组合为 8×16m+8×13m，桥长 237.02m，上部结构为预应力混凝土空心板。现设计在原桥两侧进行拼宽。

拼宽桥梁上部结构与老桥相连，下部结构分离。上部结构采用与老桥对应跨径，空心板拼接时拆除原桥护栏、原桥悬臂凿除 2m 宽原桥铺装。对应拼宽边板伸出钢筋位置，需在老桥边板侧面相应位置植入钢筋，若对应拼宽边板伸出钢筋位置位于老桥板顶以上位置，可将该钢筋由植入调整为嵌入现浇层形式，相应增加其嵌入长度。

老桥桥面及拼宽桥桥面与湿接缝宽度所组成的 4m（新桥 2m+湿接缝 0.46m+老桥桥面 1.54m）范围为新老桥面拼接后浇带，该部分与新老板梁拼接湿接缝同时浇筑。老桥边板与预制拼接板的拼接面及新老桥梁顶面需凿毛成凹凸不小于 6mm 的粗糙面，以利于新旧混凝土良好结合；新老桥面拼接后浇带及湿接缝混凝土浇筑前，必须清除结合面上的浮皮并用水冲洗干净，最后洒水保持结合面湿润。

为保证桥面平顺，施工过程中根据原桥墩位高程将对拼宽部分桥墩高程进行调整，具体见表 5-13~表 5-15。

SFK28+434.300 汕汾高速公路小桥 表 5-13

序号	里程桩号	拼宽桥与原桥桥面相交处		差值(cm)
		拼宽桥设计高程(m)	原桥实测高程(m)	
1	SFK28+411.800	10.440	10.403	-3.7

续上表

序号	里程桩号	拼宽桥与原桥桥面相交处		差值(cm)
		拼宽桥设计高程(m)	原桥实测高程(m)	
2	SFK28+427.800	10.432	10.411	-2.1
3	SFK28+440.800	10.418	10.398	-2.0
4	SFK28+456.800	10.394	10.372	-2.2

SFK28+763汕汾高速公路小桥 表5-14

序号	里程桩号	拼宽桥与原桥桥面相交处					
		左侧			右侧		
		拼宽桥设计高程(m)	原桥实测高程(m)	差值(cm)	拼宽桥设计高程(m)	原桥实测高程(m)	差值(cm)
1	SFK28+751.500	8.715	8.688	-2.7	8.264	8.240	-2.4
2	SFK28+761.500	8.668	8.651	-1.7	8.217	8.184	-3.3
3	SFK28+774.500	8.608	8.583	-2.5	8.157	8.129	-2.8

SFK29+878.500汕汾高速公路小桥 表5-15

序号	里程桩号	拼宽桥与原桥桥面相交处					
		左侧			右侧		
		拼宽桥设计高程(m)	原桥实测高程(m)	差值(cm)	拼宽桥设计高程(m)	原桥实测高程(m)	差值(cm)
1	SFK29+778.500	9.266	9.221	-4.5	9.266	9.236	-3.0
2	SFK29+810.500	9.381	9.342	-3.9	9.381	9.349	-3.2
3	SFK29+842.500	9.495	9.480	-1.5	9.495	9.473	-2.2
4	SFK29+874.500	9.610	9.586	-2.4	9.610	9.581	-2.9
5	SFK29+903.500	9.714	9.682	-3.2	9.714	9.689	-2.5
6	SFK29+929.500	9.807	9.783	-2.4	9.807	9.776	-3.1
7	SFK29+955.500	9.900	9.871	-2.9	9.900	9.868	-3.2
8	SFK29+981.500	9.993	9.973	-2.0	9.993	9.967	-2.6

需等到拼宽桥完成预期沉降后,方能连接拼宽侧与老桥对应钢筋,同时进行新老桥面拼接后浇带及湿接缝的现浇施工。考虑到车辆通行对湿接缝施工的影响,故将后浇带及湿接缝的施工留至路面标施工路面时进行。

(4)拼宽路基施工

路基拼宽设计参数见表5-16。拼宽路基在汕汾高速公路护栏外施工,对高速公路影响较小。

路基拼宽设计参数表 表5-16

序号	里程桩号	处理长度(m)	处理方案	加宽宽度(m)	填土高度(m)	位置
1	SFK28+465~SFK28+692	227.3	轻质土	4.8~12.5	5.4~5.9	左侧
2	SFK28+715~SFK28+751	36	—	0~1.75	4.5~6.5	左侧
3	SFK28+775~SFK28+930	155.5	CFG桩	4.5~9	4~5.5	左侧
4	SFK28+930~SFK28+983	53	轻质土	4.5~9	3.8~4.8	左侧
5	SFK29+679~SFK29+763	83.5	CFG桩	10~14.3	5~5.6	左侧
6	SFK29+995~SFK30+435	440.5	轻质土	1.75~4.5	6.1~7	左侧
7	SFK30+435~SFK30+480	45	—	0~1.75	6.2~6.3	左侧
8	SFK28+650~SFK28+710	60	—	0~1.75	4.2~4.6	右侧
9	SFK28+775~SFK28+900	125.5	轻质土	5.5~10.2	3.2~4	右侧
10	SFK29+995~SFK30+510	515.5	轻质土	4.3~9.5	6.1~6.7	右侧
11	SFK30+510~SFK30+530	20	—	0~1.75	6.2~6.4	右侧

4)中央分隔带管线迁改

SFK28+985.389盖板涵中央分隔带管线沿汕汾高速公路右侧路肩改入至SFK29+535.48中桥。将临时通信线穿入软式塑料管沿汕汾高速公路右侧路肩布设,采用U形钉固定于土路肩上。待汕汾高速公路中央分隔带内下部结构施工完成后按设计要求完成永久迁改,如图5-34所示。

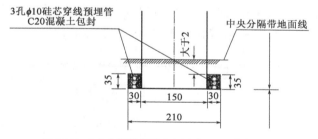

图5-34 中央分隔带管线永久迁改(尺寸单位:cm)

5)汕汾高速公路中央分隔带、边坡处及拼宽桥钻孔桩基础施工

上北枢纽互通主线2号桥6根桩基、G1匝道桥2根桩基、E2匝道桥2根桩基位于中央分隔带,具体见表5-17。

汕汾高速公路中央分隔带内桩基统计表 表5-17

桥名	桩基编号	桩径(cm)	桩长(m)	桩基类别	配置机械
主线2号桥	17-0号桩	180	72	摩擦桩	3台反循环回旋钻
	17-1号桩	180	72	摩擦桩	
	17-2号桩	180	72	摩擦桩	

续上表

桥名	桩基编号	桩径(cm)	桩长(m)	桩基类别	配置机械
主线2号桥	17-3号桩	180	72	摩擦桩	3台反循环回旋钻
	17-4号桩	180	72	摩擦桩	
	17-5号桩	180	72	摩擦桩	
G1匝道桥	28-0号桩	180	80	摩擦桩	
	28-1号桩	180	80	摩擦桩	
E2匝道桥	7-0号桩	180	85	摩擦桩	
	7-1号桩	180	85	摩擦桩	

首先,封闭汕汾高速公路道路左侧超车道及3m中央分隔带,做好交通围蔽、疏导安全组织。然后,人工拆除钢质护栏的波形板,用小型砂轮切割机沿着路缘石高度,切断防护栏的钢立柱。

根据地质资料,中央分隔带内桩基拟选用反循环回旋钻进行桩基施工,中央分隔带内场地平整、压实,然后铺垫枕木作钻孔平台。汕汾高速公路边坡桩基及拼宽桥桩基施工前,做好防护及围挡工作。

施工中央分隔带内桩基时所有的物资、机械、人员都通过潮州收费站上高速公路,从湖心收费站下高速公路。临建高速公路边坡桩基可利用上北互通区既有便道。

制作护筒,进行护筒的埋设,由于施工现场条件的限制,无法在高速公路路面上开挖泥浆池及沉淀池,泥浆循环采用泥浆泵从孔内抽出泥浆,在地面钢箱内进行循环的施工工艺,解决泥浆循环问题。施工机械、钻机见图5-35和图5-36。

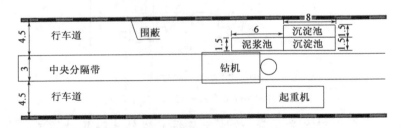

图5-35 中央分隔带内桩基施工机械布置示意图(尺寸单位:m)

靠近高速公路边坡桩基采用就地开挖泥浆池的方式施工,但泥浆池开挖不得破坏汕汾高速公路路基边坡及坡脚水沟。

桩基的钻孔作业,必须隔桩钻孔,严禁相邻桩基无间隔施工。对孔位、孔径、孔深和孔形等进行检查,孔位偏差均满足设计要求后,进行验孔。利用超声波成孔检测仪对孔径、孔深、孔形和垂直度等进行检测。当钻孔深度达到设计要求后,立即进行清孔,清孔采用换浆法。清孔后的孔底沉渣厚度及泥浆指标满足规范要求时,即停止清孔作业,进行钢筋笼安装作业。再进行导管的安装,导管采用起重机配合人工安装。钻孔灌注桩混凝土采用集中拌制,混凝土运输车运输,导管法灌注。为保证混凝土能连续供应,采用地泵灌注混凝土。混凝土灌注过程中,拆卸下来的导管应及时运到汕汾高速公路坡脚外冲洗,避免污染高速公路路面。混凝土灌注高程应比设计高程高出不小于0.5m,以保证桩与墩柱之间的混凝土连接质量,多余部分在接桩前凿除,破桩头时,注意保护桩基主筋。

图5-36 中央分隔带内桩基施工钻机布置示意图

6)汕汾高速公路中央分隔带、边坡处及拼宽桥系梁(承台)施工

系梁(承台)施工工艺:基坑开挖→钢板桩施工→破桩头→桩基检测→测量放线→绑扎钢筋→安装模板→浇筑混凝土→拆模、养护。各部分具体系梁(承台)尺寸见表5-18。

各个系梁(承台)尺寸　　　　表5-18

桥名	系梁(承台)数量	系梁尺寸宽(m)×高(m)	承台尺寸长(m)×宽(m)×高(m)	系梁(承台)顶面高程(m)	汕汾高速公路路面高程(m)
主线2号桥	4	1.2×1.5	—	6.4	7.84
G1匝道桥	1	—	7.4×2.1×2	6.9	8.4
E2匝道桥	1	—	7.4×2.1×2	5.9	7.37

G1、E2匝道桥处中央分隔带承台施工时,需破坏水沟。为确保水沟排水通畅,待钢板桩施工完成后,在水沟底布置直径160mm PVC管、砂浆包裹,做临时排水通道。

7)上北互通与汕汾高速公路衔接路基施工

上北枢纽互通与汕汾高速公路衔接路基需进行拼接及加宽。

(1)气泡混合轻质土路基拼宽

为严格控制气泡混合轻质土施工质量,对拼宽段气泡混合轻质土路基采用分段、分区、全面分层浇筑。

气泡混合轻质土基础及侧向面板施工:基础开挖完成后,在基坑底部铺设15cm厚碎石垫层,人工整平并采用小型振动夯夯实。面板基础采用C25混凝土浇筑,在浇筑前,准确放样角钢支柱的位置,将支柱预埋在基础中。面板通过6mm拉杆将面板预埋筋与角钢支柱连接,安装应垂直且定位准确,外侧平面位置偏差不应超过1cm。面板采用C25混凝土现场预制,模板为定型钢模,面板尺寸90cm×30cm×6cm,面板内设置一层2mm的铁丝网,间距20cm×20cm。气泡混合轻质土路基拼宽见图5-37。

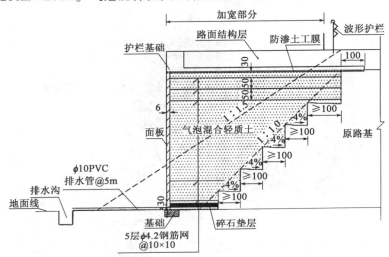

图5-37 气泡混合轻质土路基拼宽图(尺寸单位:mm)

气泡混合轻质土的浇筑及养护:气泡混合轻质土单层浇筑厚度控制在0.3~1.0m范围内,宜按0.5m进行浇筑。应沿浇筑区纵向方向自一端向另一端浇筑。单个浇筑区浇筑层的浇筑施工时间应控制在水泥浆初凝时间内,单个浇筑层宜一次性浇筑完毕,必要时最多分两次浇筑,且两次浇筑的时间间隔应控制在6~24h。同一区段上下相邻浇筑层,当施工期气温不低于15℃,最短浇筑间隔时间可按8~12h控制,否则,浇筑间隔时间不应低于2d。浇筑过程中,当需要移动浇筑管时,应沿浇筑管放置的方向前后移动,而不宜左右移动浇筑管,如确实需要左右移动浇筑管,则应将浇筑管尽可能提出当前已浇筑轻质土表面后移动。浇筑时出料口宜埋入轻质土内,进行扫平表面时,应尽量使浇筑口保持水平,并使浇筑口离当前浇筑轻质土表面尽可能低。

气泡混合轻质土浇筑硬化成型后,在强度未达到设计强度前,不宜直接进入使用状态。浇筑至设计高程后,在表面覆盖塑料薄膜进行保湿养护。

(2)普通填料路基拼接

每两级台阶根部到加宽路基边坡宽度范围内铺设单层土工格栅,土工格栅宽度最大不超过8m。土工格栅拉紧后用U形钉固定,U形钉采用φ6mm钢筋制作,正方形布置,间距2m×2m。

①路基填料选择。加宽路基填料原则上应与老路基填料保持一致,并尽量采用高强度、水稳定性好的材料填筑,禁止采用不符合规范要求的材料填筑路基。

②清表后的边桩恢复。在路基清表后填筑前,技术人员首先根据加宽路基设计宽度及其边坡坡度恢复加宽路基边线,并用石灰撒出路基填筑边线。为使路基边缘压实度也能满足规范要求,路基填筑边线比加宽路基坡脚线超宽50cm。

③路基填筑材料铺筑、初平。施工时,施工人员事先根据运输路基填料车辆的运载量及填筑材料松铺厚度,计算出每车路基填筑材料的卸载间距。每层填筑严格执行"划格上土、挂线施工",准备直径3cm、长150cm红白相间(25cm刻度)的花杆,在边线位置每隔20m插一根,依据花杆上的刻度连续挂好线绳,线绳应绷紧,作为机械平整时的依据,保证平整度和松铺厚度。运输车按要求卸料后,用推土机初平,检查松铺厚度、平整度。

④含水率调整。填筑材料初平后,及时安排试验技术人员对填筑材料的含水率进行检测,含水率不合格要洒水或翻拌晾晒,当含水率在试验确定的最佳含水率±2%以内时,可进行下道工序施工。

⑤精平。路基填筑材料碾压前按照计算的摊铺高程,每隔10m做出高程台,用平地机精平,精平后路基填筑材料应保持整体平整,表面平整度满足规范要求。精平时应使路基横坡向加宽路基外侧倾卸,以利于路基排水。

⑥路基填筑材料的碾压。施工前,通过试验段确定适宜的压实设备和合理的碾压方案。施工时严格按照试验段总结的碾压组合顺序和碾压方式进行碾压。如果开挖后老路台阶上的土基强度达不到要求,需将表面强度不足的土层翻拌晾晒,再与新路基土一起碾压至规定的密实度。

⑦检测。路基碾压完毕,且自检压实度符合规范要求。报监理工程师检验,经监理工程师检验合格后,进行下一工序施工。

8)涵洞拼接施工

施工前做好汕汾高速公路交通安全防护、施工围蔽工作。拆除原涵洞洞口的八字墙、锥坡、洞口铺砌等构造物前,施打16号槽钢钢板桩,确保高速公路路基稳定。钢板桩沿涵洞宽度方向距离八字墙基础1m,沿长度方向距离八字墙基础0.3m。

原涵洞由于路基沉降、施工误差等因素的影响,高程会有所变化,并可能存在积水、阻水等,所以施工前要对原涵底高程复测。

(1)涵洞底软基处理

SFK28+970~SFK28+985左侧涵洞拼宽段软基处理形式设计为CFG桩,填土高度

4.9~5.3m。软土特性:3.5m 厚粗砂,松散,饱和;3.1m 厚淤泥,流塑;2.3m 粗砂,松散,饱和;4.7m 淤泥,流塑液化指数 28.74,严重液化;软土层底深度 18m,软土层厚 13.6m。上覆地层为素填土、粉质黏土,下卧地层为粉质黏土。

汕汾高速公路坡脚范围内软基已处理,涵洞软基处理只在高速公路坡脚外施工,不会对高速边坡造成较大影响。涵洞路段 CFG 桩处理设计见图 5-38。

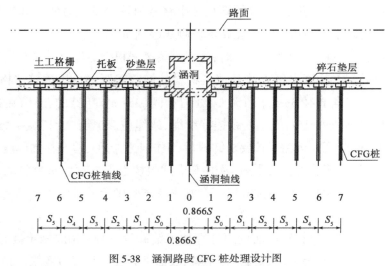

图 5-38 涵洞路段 CFG 桩处理设计图
$S、S_0、\cdots、S_5$-不同排 CFG 桩的桩间距

(2)涵洞施工

涵洞施工工艺为:测量放样→基坑开挖→砂砾垫层铺设及基础浇筑→钢筋工程→模板工程→箱涵混凝土浇筑→八字墙及出入口铺砌施工→沉降缝施工→防水措施。

9)跨汕汾高速公路连续梁施工

上北枢纽互通跨汕汾高速公路 G1、E2 匝道连续箱梁均为单箱双室。G1 匝道第 28、29 跨上跨汕汾高速公路,设计为连续箱梁,单箱双室形式,顶板宽 12.5m,底板宽 7.5m,两侧悬臂各 2.5m,主梁高 2.2m,顶板厚 0.25~0.5m,底板厚 0.22~0.47m,腹板厚 0.45~0.8m。E2 匝道桥设计为连续箱梁,在第 7、8 跨上跨汕汾高速公路,单箱双室形式,顶板宽 10.5cm,底板宽 6.5m,单侧悬臂等宽 2m,主梁高 2m,顶板厚 0.25~0.5m,底板厚 0.22~0.47m,腹板厚 0.45~0.8m。箱梁采用盘扣式满堂支架 + 门洞支架纵向分层现浇施工,第一次先浇筑底板和腹板,将混凝土浇至翼板根部转角处,浇筑的梁高为 G1 匝道桥 2.20m,E2 匝道桥 2m;第一次浇筑完后 7d 再进行第二次浇筑,第二次浇筑的范围是顶板及翼板,整联纵向按照设计整体施工。

盘扣式满堂支架自下往上布设:50cm 厚风化石 + 15cm 厚 C20 混凝土(跨线段汕汾高

速公路路面采用门洞支架)+5×20cm木板+可调底座+支架立杆+可调顶托+横向I14工字钢+纵向10cm×10cm方木+18mm厚竹胶板。箱梁净空见表5-19。

箱梁净空表　　　　表5-19

序号	项目	主线2号桥	G匝道桥	E匝道桥
1	汕汾高速公路路面实测高程(m)	8.29	8.13	7.41
2	上跨桥梁梁底高程(m)	16.7	15.253	14.27
3	净空(m)	8.41	7.12	6.86

(1)支架

连续梁支架采用承插型盘扣式钢管支架,立杆、横杆、斜杆材质为Q345钢材。立杆管径60mm,壁厚3.2mm;横杆管径48mm,壁厚2.75mm;斜杆管径42.8mm,壁厚2.5mm;上下托均采用60cm高可调式上下托。

跨汕汾高速公路设双向通道,G1匝道、E2匝道单个门洞净宽10m,净高不小于5m,采用16根φ530mm×9mm钢管立柱,间距2m,钢管立柱间设置16号槽钢剪刀撑。柱顶横梁采用I50a工字钢,纵梁采用I50a工字钢,横纵梁工字钢间距分别为20cm和40cm。顶部分配横梁采用I12.6工字钢,间距30cm。分配槽钢横梁上面再铺设一层8cm×8cm方木,间距20cm。最后铺设18cm厚竹胶板底模。

(2)模板

模板由底模、侧模、内膜和端模四大部分组成。模板在安装时,所有的拼缝均设双面胶带贴紧,以防漏浆。

底模:模板大部分采用2440mm×1220mm×18mm桥梁专用竹胶板,长度方向顺桥向布置,用钉固定在支架顶部纵向方木上,模板底部纵向方木间距为20cm,其中腹板位置满铺。

侧模:采用18mm厚竹胶板,水平纵向采用100mm×100mm方木,间距30cm,外侧背带采用100mm×100mm方木,间距与支架立杆间距相同。

内膜:采用18mm厚竹胶板,水平纵向背带采用100mm×100mm方木,间距25cm;竖向背带同样采用100mm×100mm方木,纵向间距60cm。

端模:采用18mm厚竹胶板,水平背带采用100mm×100mm方木,间距25cm;竖向背带也采用双钢管,间隔60cm,与内模采用对拉方法加固。

(3)浇筑混凝土

混凝土浇筑顺序:横向及纵向均从高程较小的一端往高程较大的方向分层浇筑,在浇筑顶板时应从中间及两侧向腹板浇筑,浇筑时按分段水平分层连续进行,分层厚度不大于30cm,同时应均匀、对称进行,以免造成偏压。混凝土浇筑速度要确保下层混凝土初凝前覆盖上层混凝土。

(4)支架拆除

支架拆除工艺为:安全网→栏杆→剪刀撑→纵横向水平杆→立杆。

10)上跨汕汾高速公路部分桥面附属施工

(1)现浇横隔梁及湿接缝施工

施工工艺为:连接横梁和湿接缝钢筋→自检合格后报监理工程师验收→安装横梁和湿接缝模板→自检模板合格后,报监理工程师验收模板→浇筑混凝土(先浇筑横梁混凝土,后浇筑湿接缝混凝土)。

(2)桥面调平层施工

进行桥面连续处理后,浇筑桥面调平层混凝土前应先清除结合面上的浮皮,在梁板顶面凿毛处理,并用高压水枪冲洗干净。安装调平层钢筋网。用型钢安装桥面混凝土模板,注意要严格控制好混凝土面高程,混凝土浇筑前用3m尺检查模板接头是否满足规范要求。人工摊铺混凝土,在卸料摊铺混合料过程中,应严格控制钢筋网的保护层厚度,确保其符合规定要求。用三辊轴滚振、激振、提浆,待混凝土表面合适时,用3m刮尺整平,刮板收浆抹面,以确保调平平整度。

(3)防撞护栏施工

护栏施工工艺流程见图5-39。

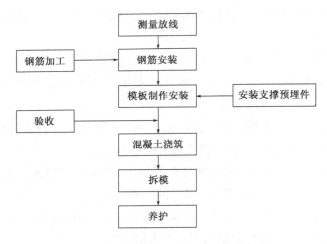

图5-39 护栏施工工艺流程图

(4)排水系统施工

桥面排水由桥面进水口集水至排水管,排水管经由桥墩立柱引入地面排水系统,桥面进水口位置应设在每个墩的纵坡上方。排水系统分为预埋部分和安装部分两步施工,预埋部分在梁体施工、桥面施工时即施工完成。PVC 管安装部分用膨胀螺栓定位箍将 PVC 管固定即可。

(5) 中央分隔带恢复及防撞岛施工

上北枢纽互通主线 2 号桥 17 号墩、G1 匝道桥 28 号墩、E2 匝道桥 7 号墩位于汕汾高速公路中央分隔带,采用防撞岛对墩柱进行保护。

混凝土基础与周边土体接触面应做成粗糙面,以增大摩擦力和机械咬合力。汕汾高速公路中央分隔带宽3m,设计防撞岛基础宽2m。防撞岛左右50cm 侧按汕汾高速公路中央分隔带形式,采用20cm 厚浆砌片石。

11) 施工监控监测

桥梁扩宽施工时,为保证扩宽旧桥运营行车安全,以及新旧桥梁拼接质量,施工期将对扩宽旧桥进行沉降变形观测。在连续梁浇筑过程中,为确保汕汾高速公路行车安全,对支架进行变形监测。

(1) 拼宽桥施工监控监测

通过对拼宽桥原桥进行监控监测,及时掌握拼宽桥施工对原桥的影响,分析原桥的稳定性,便于采取相应的措施,保证施工过程安全,以便引导正确施工。主要监测原桥基础沉降及墩顶偏位。

沉降点布设于原桥桥墩拼宽侧,高于原地面 50cm 左右。位移点布设于原桥桥墩盖梁拼宽侧。测点布设见图 5-40。

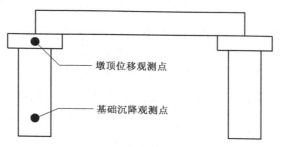

图 5-40 测点布设示意图

由于施工过程中不确定性因素多,为确保施工过程原桥运营安全,必须进行同步跟踪监测。根据变形监测等级要求及工程现场实际,确定本项目的监测报警值,见表 5-20。

监测报警值　　　　　　表 5-20

序号	监测项目	警戒值(mm)	
		单次变化量	累计变化量
1	墩顶位移观测	1	3
2	基础沉降观测	1	3

(2) 拼宽路基及涵洞施工监控监测

通过对拼宽路基及涵洞进行监控监测,及时掌握拼宽路基及涵洞施工对汕汾高速公路路基的影响,分析原路基的稳定性,便于采取相应的措施,保证施工过程安全,以便引导正确施工。监控监测的内容是汕汾高速公路拼宽路基及涵洞位置沉降及位移监测。

沉降点布设于拼宽路基路肩,按10m间距布设沉降观测桩,拟采用木桩,打入路基30cm深,高于原地面20cm左右。位移点布设于拼宽路基侧。

由于施工过程中不确定性因素多,为确保施工过程原路基运营安全,必须进行同步跟踪监测。根据变形监测等级要求及工程现场实际,确定本项目的监测报警值,见表5-21。

监测报警值　　　　　　　　　　　　　　　表5-21

序号	监测项目	警戒值(mm)	
		单次变化量	累计变化量
1	路肩位移观测	2	10
2	路肩沉降观测	2	10

(3) 连续梁混凝土浇筑过程中监控监测

模板支架系统在混凝土浇筑过程中和浇筑后一段时间内,由于受压可能发生一定的沉降和位移,如变化过大可能发生垮塌事故,为及时反映模架支撑系统的变化情况,预防事故的发生,需要对模架系统进行沉降和位移监测。

监测项目及其预警值:支架沉降量10mm;支架位移5mm。若发现异常情况,立即停止浇筑混凝土施工作业。浇筑前观测一次,采集初始数据。浇筑时,每隔1h观测一次。浇筑完成后,每天观测一次,直至张拉压浆完成。

监测断面布设3个水平位移监测点和3个支架沉降监测点。支架监测点布置在支架顶部,监测点确定后,一般情况下不得任意改变,以免造成混乱和增大误差。水平位移监测点拟采用反射片作标志,在支架立柱上部固定监测标志,并用红油漆编号。水平位移监测断面一跨布置3个,分别为跨中、1/4跨处。支架沉降监测点一般选在连续梁截面积较大的中部。在最顶上的支架,用短钢管横担垂直引下一钢管,钢管上端固定,下端不落地不固定。再在钢管下端固定一段约1m长钢尺作为观测尺。观测结果异常时,立即停止混凝土浇筑,撤离人员,并立即向项目主要领导汇报。